장애와 사회복지

Disability and Social Welfare

장애와 사회복지

Disability and Social Welfare

배화옥 · 임채영 공저

학지사

머리말

현대사회를 살아가노라면 어느 누구도 장애의 위험으로부터 완전하게 벗어날 수 없다는 것은 부인할 수 없는 사실이다. 우리나라는 1981년 「심신장애자복지법」을 제정 · 시행해 오면서부터 30년이 넘게 장애인의 다양한 복지욕구 충족 및 문제해결을 위한 노력을 통해 장애인복지와 관련한 법과 제도, 서비스 등을 발전시켜 왔다. 그럼에도 장애인의 완전한 사회참여와 평등, 인권, 비장애인과 함께 더불어 살아가는 사회통합을 실현하기 위해서는 여전히 개선하고 노력해야 할 부분들이 있다.

이 책은 장애인복지를 공부하는 사회복지학과 학생들의 지식수준을 높이고 장애인복지 분야에서 활동하는 사회복지사의 능력을 배양하기 위한 목적으로 마련된 것이다. 장애인과 장애인복지에 대한 이해를 도모하고자 장애개념과 범주, 장애 특성, 장애인복지의 기초개념, 관련법과 발달사, 서비스실천과 생애주기별 서비스 및 관련보장서비스 등의 내용을 담고 있다.

이 책은 수년 동안 장애인복지론 강의에 활용하였던 다양한 참고서적과 그동안 강의를 진행하면서 부가하였던 내용들을 모아 엮은 것이다. 제1부는 장애와 장애인에 대한 전반적인 이해를 돕고자 제1장 장애 개념, 제2장 장애 분류, 제3장 장애 특성, 제4장 장애 인구, 제5장 장애 이론으로 나누어 살펴보았고, 제2부는 장애인복지에 대한 이해와 포괄적인 지식체계를 다지고자 제6장 장애인복지 기초 개념을 시작으로 제7장 장애인복지 발전 역사, 제8장 장애인복지 관련 법령, 제9장 장애인복지 정책과 전달체계, 제10장 장애인복지 실천을 다루었다. 제3부는 장애인복지 서비스의 내용을 세분화하여 제11장

생애주기별 서비스, 제12장 소득보장서비스, 제13장 고용보장서비스, 제14장 의료보장서비스, 제15장 자립생활과 활동지원서비스로 설명하였다.

저자들은 최근의 장애인복지 데이터의 동향을 반영하고자 노력하였지만 출판에 이르고 보니 미흡한 부분이 있음을 인정한다. 이러한 부분은 계속해서 수정 · 보완해 나갈 것이므로 독자 여러분의 비판적인 충고를 바란다. 이 책이 장애인복지 분야에서 전문사회복지사가 되고자 하는 학생들에게 도움이 되기를 기대한다.

바쁜 일정에도 불구하고 이 책을 완성하기까지 도움을 주신 학지사 편집부 박나리 선생님께 진심으로 감사의 말씀을 드린다.

2020년 3월

배화옥, 임채영

차례

제2부

장애인복지

제3부

장애인복지 서비스

제1부

장애 이해

제1장

장애 개념

1. 개념 정의

장애란 무엇을 의미하는가. 장애 개념은 어떻게 정의할 수 있는가. 장애인 복지를 실천하기 위한 기초는 장애 개념을 정확하게 규명하는 데서 출발한다.

장애 개념은 일반적으로 장애와 장애인을 어떻게 바라보는가를 말한다. 장애 개념은 한 사회에서 장애와 장애인을 바라보는 기본적인 시각이라고 정의할 수 있다. 장애 개념은 장애에 대한 국가와 사회의 복지철학과 시대적 및 역사적 가치관이 반영된 결과물이기 때문에 간단한 어휘나 단순한 개념으로 정의되지 않는다. 따라서 한 사회가 장애와 장애인을 어떠한 관점으로 바라보는가에 따라 장애 개념은 상대적으로 정의될 수밖에 없다. 그 결과 장애의 개념 정의는 사회, 문화, 국가에 따라 상대적으로 차이가 나타나며 개념 정의가 매우 복잡할 수밖에 없다.

일반적으로 장애 개념은 광의의 개념과 협의의 개념으로 나눌 수 있다. 보편적 보호를 강조하는 국가에서 사회적 장애까지 포함하여 광범위한 의미로 장애를 정의하는 경우 광의의 개념이 되는 반면, 선택적 복지를 채택하는 국가에서 일부 사람들의 신체적 혹은 정신적 장애만 국한하여 장애를 좁은 의미로 정의하는 경우는 협의의 개념이 된다.

사람은 태아에서부터 죽을 때까지 일생 동안 언제 어디서나 장애를 입을 가능성이 있다. 단순하게 신체적 손상으로 인하여 장애가 발생할 수 있을 뿐만 아니라, 심리적으로나 정신적 능력의 한계에 부딪히는 것도 장애라고 볼 수 있다. 신체적 손상이나 심리적 및 정신적 장애를 가진 사람은 일상생활을 유지하거나 사회생활을 수행하는 가운데 여러 가지 장벽과 애로를 경험하게 된다. 이러한 신체적 손상, 심리적 및 정신적 능력의 한계, 일상생활과 사회생활에서 경험하는 장벽과 애로는 장애 개념을 정의하는 데 필요한 요소이다.

그러나 장애 개념을 정의하고자 할 때 신체적 손상, 심리적 및 정신적 한계, 생활상의 장벽과 애로를 장애로 정의하지 않는다. 또한 일시적 장애상태를 장애로 정의하지 않는다. 즉, 한 사회가 마련한 법제도적 규준에 부합하여야만 장애라고 정의할 수 있다. 우리나라에서도 장애 개념과 장애인 개념은 법제도가 정하는 기준에 부합하여 정의가 이루어진다. 현재 우리나라 「장애인복지법」 제2조 제1항은 장애를 '신체적 · 정신적 장애로 오랫동안 일상생활이나 사회생활에서 받는 상당한 제약'으로 규정하고 있으며, 신체적 장애는 '주요 외부 신체 기능의 장애, 내부기관의 장애 등'으로, 정신적 장애는 '발달장애 또는 정신 질환으로 발생하는 장애'로 규정하고 있다. 여기서 장애인은 '장애로 제약을 받는 자'를 말한다. 「장애인차별금지 및 권리구제 등에 관한 법률」(약칭 「장애인차별금지법」) 또한 유사한 정의를 하고 있는데, 제2조 제1항에서 장애라 함은 '신체적 · 정신적 손상 또는 기능상실이 장기간에 걸쳐 개인의 일상 또는 사회생활에 상당한 제약을 초래하는 상태'로 정의하고 있으며, 제2조 제2항에서 장애인이라 함은 '장애가 있는 사람'이라고 규정하였다.

「장애인복지법」과 「장애인차별금지법」에 나타난 장애의 개념을 구체적으로 들여다보면, 장애는 손상과 기능상실로 정의되고 있으며 또한 손상과 기능상실이라는 원인적 요건이 일상생활이나 사회생활에서 발생하는 제약이라는 결과적 상태로 나타나는 것으로 규정됨을 알 수 있다. 즉, 법이 규정하는 장애의 개념은 신체적 손상이나 기능상실이 사회적 자원을 획득할 수 없는 능력의 상실로 이어지고 능력의 상실은 일상생활이나 사회생활을 유지하기 힘든 사회적 제약으로 이어지는 관계성이 나타나고 있으며, 여기에 장기간이라는 시간적 요소가 포함되어 있는 것으로 나타난다.

한편, 「장애인복지법」과 「장애인차별금지법」은 신체적 장애와 정신적 장애로 장애 범주를 분류하고 있으며, 신체적 장애는 신체 외부의 기능장애와 내부기관의 장애로, 정신적 장애는 발달장애와 정신 질환으로 장애 유형을 다시 분류하고 있다. 이처럼 우리나라 장애인복지 관련법은 장애의 원인과 결과적 상태, 시간적 요소, 장애 범주 및 장애 유형을 포함하여 장애 개념을 규정하고 있음을 알 수 있다.

이와 같이 장애 개념을 정확하게 이해하는 일은 장애인복지를 이해하기 위한 기초 작업의 일환이다. 장애에 대한 개념 정의는 장애인복지의 정책적 및 실천적 측면에 매우 중요한 영향을 미치기 때문이다. 장애를 어떻게 정의하느냐에 따라 다음과 같이 몇 가지 핵심적인 결과가 달라질 수 있다. 첫째, 장애 개념정의에 따라 장애 범주가 확대되거나 법정 장애 유형이 달라진다. 장애 범주의 확대는 장애 출현율과 직결됨과 동시에 장애 인구 규모의 차이를 낳는다. 둘째, 장애 유형 및 장애 범주는 장애인복지의 거시적 측면인 관련 법제도와 장애인복지 정책 방향, 장애인복지 재정 규모 등에 영향을 미치는 중요한 요인으로 작용한다. 셋째, 미시적 측면에서 바라보면 장애의 개념 정의는 장애인을 위하여 어떤 내용의 서비스를 어느 정도의 수준으로 제공할 것인가를 결정하는 요인으로 작용한다. 즉, 장애인을 대상으로 하는 서비스 내용과 범위를 결정하게 된다. 이처럼 장애의 개념 정의는 한 사회의 사회적, 경제적, 문화적 수준을 반영하기 때문에 장애를 어떻게 정의하는가는 장애인의 장애인복지 수준을 결정하고 나아가 장애인의 삶의 질 제고에 영향을 미치는 주요 요인이 된다.

2. 장애 개념 체계화

장애 개념을 체계화하는 작업은 쉽지 않은 일이다. 장애개념을 체계화하기 위하여 국제사회에서 광범위한 노력을 기울였는데 그 결과 역사적으로 괄목할 만한 장애 개념 분류작업이 몇 차례 실행되었다. 첫 번째 작업은 WHO가 1980년에 수행한 1차 국제장애분류(International Classification of Impairments, Disabilities, and Handicaps: ICIDH-1)이고, 두 번째 작업은 WHO가 1999년 ICIDH-1이 가진 문제점에 대한 비판을 수용하고 이를 대폭 개정하여 2차 국제장애분류(International Classification of Functioning and Disability: ICIDH-2)를 발표한 것이다. 3년 후 2001년 WHO는 ICHDH-2의 핵심적 내용을 다 계승하면서도 보다 더 내용을 구체화하여 장애 개념 체계화 작업을 완성하였으며, 그 결과 오늘날 국제사회에서 보편적으로 받아들여지고 있는 국제기능장애건강분류(International Classification of Functioning, Disability and Health: ICF)가 탄생하게 되었다.

1) ICIDH-1

1980년 WHO가 수행한 1차 국제장애분류(International Classification of Impairments, Disabilities, and Handicaps: ICIDH-1)는 제목이 말하는 그대로 장애를 손상(impairments), 장애(disabilities), 사회적 불리(handicaps)로 분류한 것이다. ICIDH-1은 병리적 모델을 바탕으로 하여 일차적으로 질병(disease)에서 출발한다. 질병은 신체구조학적 혹은 심리적 과정에서 야기되는 진행성 이상상태나 만성질환을 의미한다. 질병을 가진 사람은 일상생활을 원활하게 할 수 없고, 사회적 역할을 감당하기 어려우며, 남들과 일상적인 관계를 유지하기가 어렵다. 따라서 질병은 손상으로 이어진다. 그러나 신체적 혹은 심리적 이상상태나 만성질환은 진행형이기 때문에 장애로 분류되지는 않는다.

ICIDH-1이 규정하는 첫 번째 장애는 손상(impairments)이다. 손상은 질병의 결과이거나 신체적 및 심리적 이상상태를 원인으로 하여 나타나는 신체구조, 내부기관, 장기, 외형의 이상 내지 비정상으로 규정한다. 따라서 ICIDH-1이 규정하는 손상은 지체 장애, 시·청각 장애, 선천적 기형이나 추형도 포함한다. 즉, 손상은 신체구조와 장기라는 신체적 차원이다.

ICIDH-1이 두 번째 규정하는 장애(disabilities)는 해부학적, 신체구조학적, 생리적, 심리적 구조나 기능의 이상 혹은 손상이라는 개념으로 이해할 수 있다. 장애는 손상으로 야기된 기능장애와 여기서 파생된 능력장애를 포함하고 있다. 일시적 또는 영구적 손실로 인한 기능상실, 무능력, 능력 상실이라는 개념으로 이해된다. 기능장애는 일상생활기능의 부족, 시·청각기능 상실, 심장병이나 신장병 등의 만성질환을 포함하고 있다. 능력장애는 기능장애에서 야기된 것으로 정상적으로 간주되는 범위 내에서 활동을 수행하는 능력의 결여나 제한을 의미한다. 즉, 장애는 기능과 능력이라고 하는 개인적 차원의 장애이다.

마지막으로 ICIDH-1이 규정하는 사회적 불리(handicaps)는 기능장애나 능력장애로부터 야기된 것으로 정상적인 역할을 수행하는 데 수반되는 상대적인 제약이나 불이익을 말한다. 즉, 개인의 특성으로 분류하는 것이 아니라 사회적 기준에서 바라봤을 때 장애를 가진 사람이 다른 사람들과 달리 불이익을 경험할 수 있는 상황을 의미한다. 즉, 불리는 역할과 참여라는 사회적 차원의 장애이다.

그러나 ICIDH-1은 다음과 같은 몇 가지 핵심적인 비판을 받았다. 첫째, 의학적 차원에서 손상을 체계화한 것으로 질병에서 손상, 기능장애, 사회적 불리로 이어지는 일방적인 인과관계를 설정한 점이다. 그러나 질병이 반드시 손상으로 이어지지 않거나, 신체구조의 손상이 반드시 기능장애로 이어지지 않을 수도 있다. 또한 기능장애나 사회적 불리가 손상을 야기할 수 있다고 보는 역인과적 관계성을 간과한 점도 지적되었다. 둘째, 기능장애와 여기서 파생되는 능력장애를 포함하고 있으나 기능장애와 능력장애를 하나의 장애

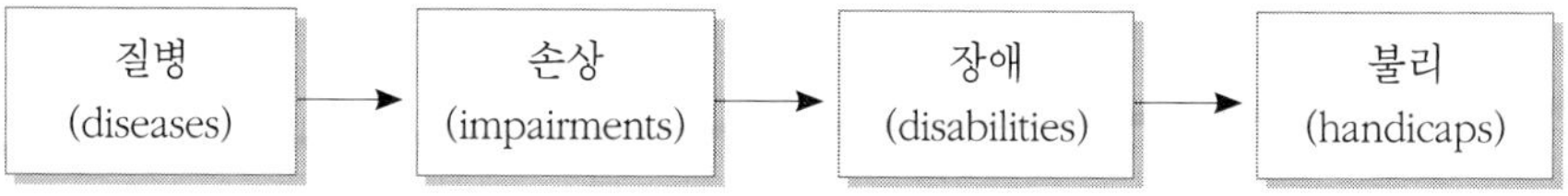

그림 1-1 ICIDH-1(WHO, 1980)

로 분류하고 있어, 두 가지 장애가 가진 특성에 대한 명확한 구분과 관계성을 규명하지 않고 있다는 점이다. 셋째, 능력장애를 규명하는 데 인간의 주체성을 인정하지 않았다. 인간은 목적지향적인 행동을 할 수 있음에도 불구하고, 구조장애와 기능장애를 가진 인간을 곧장 능력장애를 가진 장애인으로 오인함으로써 인간의 주체적인 행동능력을 무시하고 있다는 점이다. 넷째, 손상과 무능력으로 인하여 사회적 불리를 경험하는 것으로 인과관계를 설정하였는데, 비장애인을 기준으로 형성되어 있는 사회환경 자체가 장벽이나 장애로 작용할 수 있다는 사회적 장애에 대한 개념이 누락되어 있다(WHO, 2001).

2) ICIDH-2

WHO는 ICIDH-1이 내포하고 있는 문제점에 비판을 수용하면서 이를 수차례 개정하여 1999년 2차 국제장애분류(International Classification of Functioning and Disability: ICIDH-2)를 발표하였다. 따라서 ICHDH-2는 ICIDH-1에 비해 장애 개념을 획기적으로 분류하고 정립한 것이다.

ICIDH-2의 대표적인 특징은, 첫째, 장애 개념을 분류하기 위하여 질병, 이상, 손상, 트라우마 등의 건강요건을 장애 개념의 구성요소로 포함하고, 건강요건과 기능상태를 체계적으로 관련지어 구조적 분류를 시도한 것이다. 즉, ICIDH-2 분류의 가장 큰 목적은 기능과 장애를 건강의 매우 주요한 구성요소로 포함하여 분류 틀을 구성한 것이었다. 따라서 ICIDH-2는 ICIDH-1에 비해 건강이라는 목적적 구성요소를 포함하고 있어 큰 차이가 있음을 알 수 있다.

둘째, ICIDH-2는 장애 개념을 신체적, 개인적, 사회적의 세 가지 차원의 기능상태로 재분류한 것이다. ICIDH-2가 명시하는 기능과 장애는 포괄적인 개념으로 신체적 기능과 구조, 개인적 차원의 활동, 사회적 차원의 참여라는 세 가지 개념으로 정의할 수 있다. 이 세 가지 개념은 장애가 발생하는 영역이자 동시에 결과를 명시하는 것으로 신체구조와 기능의 손상(impairment), 활동상의 장애(disability), 사회적 참여제약(handicap)으로 분류된다. 따라서 ICIDH-2는 ICIDH-1에 비해 체계적인 분류를 하고 있는 것이 특징이라 할 수 있다. 또한 신체구조와 기능의 손상과 활동상의 장애, 활동상의 장애와 사회적 참여제약이 서로 상호적으로 작용하여 인과관계를 형성하는 것으로 체계화하였다. 즉, ICIDH-2는 일직선적인 인과관계를 설정하였던 ICIDH-1에 비해 보다 구조적이고 입체적으로 장애 개념을 정의하고 있다.

셋째, ICIDH-2에서는 환경과 개인이라는 상황적 요인을 장애 개념에 포함한 것이 가장 큰 차이점의 하나이다. 즉, 기능구조의 손상, 활동상의 장애, 참여제약이 환경적 및 개인적 요인에 의해 발생할 수 있다고 본 것이다. 즉, 장애와 비장애를 신체구조와 기능만으로 구분하는 것은 불합리하며 반드시 환경과의 상호관계를 고려하여야 한다는 점에서 ICIDH-1에 비해 현격하게 개선된 것으로 평가할 수 있다. 특히 ICIDH-1이 장애를 손상, 장애, 불리라는 부정적 어휘를 사용하여 장애의 부정적인 측면을 강조한 반면, ICIDH-2는 기능과 구조, 활동, 참여라는 긍정적인 어휘를 사용함으로써 장애 개념을 보다 더 긍정적인 측면에서 분류한 것도 개선된 점이다.

그럼에도 불구하고 ICIDH-2는 여전히 한두 가지 한계점을 내포하고 있다. 인간을 전인적이고 복합적인 존재로 보지 않고 구조와 기능, 활동, 참여 등으로 인간의 기능과 장애에 초점을 두고 장애 개념을 체계화한 점, 신체구조장애와 심신기능장애를 구분하지 않고 한 영역으로 분류한 점, 구조장애와 기능장애로 인하여 발생할 수 있는 능력장애 개념을 포함하지 않아 장애의 원인과 결과를 고려하지 않은 점이다.

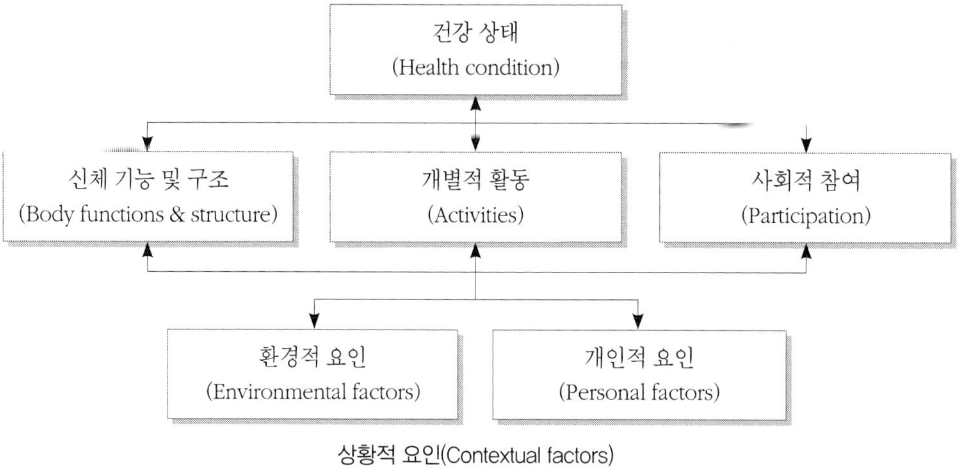

그림 1-2 ICIDH-2(WHO, 1999)

3) ICF

WHO가 2001년 발표한 국제기능장애건강분류(International Classification of Functioning, Disability and Health: ICF)는 ICIDH-2의 핵심적 내용을 대부분 계승하였으나 ICIDH-2가 여전히 극복하지 못한 한두 가지 문제점에 대한 비판을 수용하여 장애 개념을 보다 더 통합적으로 및 포괄적으로 체계화한 것이다.

ICF의 기본 목적은 장애를 질병으로의 개념화가 아니라 인간의 건강 또는 건강과 관련된 상태로 개념화한 것이다. ICF는 건강정보시스템 구축을 위하여 체계적 부호화 방식으로 건강관련 상태, 결과 및 결정요인을 이해하고 연구하기 위한 과학적 기반을 제공하기 때문에, 다양한 전문가 집단 및 영역에서 사용 가능하다. 따라서 장애가 있는 사람뿐만 아니라 학자, 전문가, 연구자, 정책 입안자 및 일반인과 같이 다양한 인구집단이 사용할 수 있는 다목적 분류로 설계되었다.

ICF는 장애 개념을 기능수행 및 장애 영역과 배경 영역의 두 부분으로 분류하였다. 기능수행 및 장애 영역은 다시 신체기능 및 구조와 활동 및 참여라는 요소로 구성되어 있는데, 각각의 구성개념과 긍정적 측면과 부정적 측면을 다 포함하고 있다. 배경 영역은 환경요인과 개인요인으로 구성되어 있으며, 각각의 구성개념을 포함하고 있다. 환경요인은 긍정적 측면과 부정적 측면을 포함하고 있으나, 개인요인에는 적용되지 않는다.

ICF의 분류구조를 자세히 살펴보면 보면, 크게 두 부분으로 구성되어 있다. 1부는 기능수행과 장애 영역이며 이 영역은 다시 신체기능과 구조 그리고 활동과 참여의 두 가지 요소로 구분된다. 신체기능은 인체의 생리적 및 심리적 기능을 의미한다. 신체구조는 사지나 기관 등 인체의 해부학적 부분을 말한다. 신체 기능과 구조의 손상은 중요한 변형이나 손실에 의한 신체 기능 또는 구조의 이상, 결함, 손실 등의 문제를 의미한다. 손상은 일시적이거나 영구적일 수 있고, 진행형이거나 퇴행적, 또는 고정적일 수 있으며 간헐적이거나 지속적일 수 있다. 손상은 또 다른 손상을 유발하기도 한다. 가령, 근력의 부족은 동작 기능에 손상을 유발할 수 있고, 심장기능은 호흡기능 손상과 관련이 있을 수 있으며, 지각 손상은 사고기능을 저해할 수 있다.

다음으로 활동과 참여인데 활동은 개인이 과업이나 행동을 수행하는 것을 말하며, 따라서 활동 제한은 개인이 활동을 수행하는 동안 경험하는 어려움이다. 참여는 생활 상황에 관여하는 것을 의미하며, 따라서 참여 제약은 생활 상황에 관여하는 동안 개인이 경험하는 제약을 의미한다. 활동제한과 참여제약은 생활영역 전 범위에서 발생할 수 있다. 또한 활동제한과 참여제약은 수행과 관련된 신체기능과 신체구조 손상이 없는 경우에도 사회적 환경이 직접적인 원인이 되어 발생할 수도 있다. 예를 들면, 개인이 충분한 능력을 가지고 있음에도 불구하고 서비스 접근이 허용되지 않거나 차별 또는 편견과 같은 원인으로 능력을 발휘하지 못할 경우에 발생하게 된다.

2부는 배경 영역이며, 환경요인과 개인요인으로 다시 분류된다. 환경요인은 기능과 장애에 영향을 미치는 외부적 영향요인을 말하며, 개인요인은 기능과 장애에 영향을 미치는 내부적 요인을 말한다. 환경요인은 기능과 장애

〈표 1-1〉 ICF 개요

<table>
<tr><th></th><th colspan="2">1영역: 기능수행과 장애요소</th><th colspan="2">2영역: 배경요인</th></tr>
<tr><td>구성요소</td><td>신체기능과 구조</td><td>활동과 참여</td><td>환경요인</td><td>개인요인</td></tr>
<tr><td>영역</td><td>신체기능
신체구조</td><td>생활 영역
(과업, 행동)</td><td>기능과 장애에
미치는 외적 영향</td><td>기능과 장애에
미치는 내적 영향</td></tr>
<tr><td>개념</td><td>신체기능의 변화
(생리학적)
신체구조의 변화
(해부학적)</td><td>표준 환경에서
과업수행 능력
현재 환경에서
과업수행 능력</td><td>물리적, 사회적, 태도
영역에서의 촉진요인
또는 방해요인</td><td>개인 특성이
미치는 영향력</td></tr>
<tr><td rowspan="2">긍정적
측면</td><td>기능과 구조의 통합</td><td>활동과 참여</td><td rowspan="2">촉진요인</td><td rowspan="2">–</td></tr>
<tr><td colspan="2">기능</td></tr>
<tr><td rowspan="2">부정적
측면</td><td>손상</td><td>활동제한, 참여제약</td><td rowspan="2">장해요인/방해요인</td><td rowspan="2">–</td></tr>
<tr><td colspan="2">장애</td></tr>
</table>

출처: WHO, 2001, p. 9.

를 촉진시키거나 방해하는 물리적, 사회적, 태도 요인을 의미하며, 개인요인은 개인이 가진 특성이 미치는 영향력을 의미한다.

ICF의 가장 큰 특징이라면 접근방식이 '위험요인'이 아닌 개인이 생활하고 있는 배경을 설명하는 '환경요인'을 포함하고 있다는 것이다. 즉, ICIDH-1이 분류하였던 질병으로부터 결과로 나타나는 장애에 초점을 두는 것이 아니라, 질병이나 건강상태에 결과적으로 미치는 영향요인에 초점을 둔 것이다. 즉, 장애는 개인에게 귀속된 객관적인 실체가 아니라 건강조건이나 배경요인에 의해 달라질 수 있다는 뜻이다.

WHO(2001)는 ICF를 다차원적이자 상호교류적 모델이라고 부르고 있다. ICF에 따르면 개인의 신체기능과 구조, 활동 및 참여 기능은 건강조건과 배경요인이나 상황적 맥락에 의해 복합적으로 영향을 받는다. 이는 한 개인의 장애는 상황적 맥락에서 바라보아야 함을 의미하며, 인간과 상황의 상호작용의 결과로 해석해야 함을 강조하는 것이다. ICF는 이 모든 개념이 상호영향을 주고받는 구조라고 보는 것으로, 개인적 손상이나 질병이 환경요인이나 개인요인과의 상호작용에 의하여 기능손상과 장애를 설명한다. 따라서 앞서 ICIDH-1이 장애의 단순 분류에 그쳤다면, 그리고 ICIDH-2가 ICIDH-1으로부터 한층 개선되어 구조적이고 입체적이었다면, ICF는 장애의 각 영역이 상호보완적이며 구조적으로 통합되도록 고안된 복합 분류체계로 이러한 분류에 의하면 장애를 가진 사람을 전인적 존재로 바라보는 것이다.

ICF는 다양한 원칙을 포함하여 만든 다목적 분류체계로 여러 분야에 적용될 수 있다는 이점이 있다. 또한 ICF는 장애 개념에 대한 체계적인 분류와 긍정적인 어휘 사용, 그리고 환경 지향적인 상황요인을 포함한 점이 높이 평가된다. 결론적으로 ICF의 특징은 장애의 개인적 특성과 사회환경적 특성을 통합한 것으로 장애의 개념을 보다 포괄적이며 체계적으로 정의하고 있다고 평가할 수 있다.

ICIDH-1에서부터 ICF까지 국제사회가 수행한 장애 개념의 체계화 작업에 대한 역사를 자세히 고찰하여 보면 지금까지 장애의 개념이 어떻게 규정되어 왔는지 그 변화의 특징을 알 수 있다.

첫째, 장애를 규정하는 개념이 단순분류에서 복합분류로 일직선적인 흐름에서 입체적 · 구조적으로 바뀌었다. 의료적 측면에서 신체적 손상과 기능의 상실에 초점을 두던 단순 개념에서 활동과 참여로 개념의 범위를 넓혔을 뿐만 아니라, 환경요인과 개인요인을 포함하는 배경요인 등 복합적이고 다양한 개념을 포함하고 있다.

둘째, 장애를 바라보는 시각이 개인적 관점에서 사회적 관점으로 변화하였음을 알 수 있다. 장애를 개인의 신체적 손상이나 기능장애로만 국한하지 않고 인간과 환경 간의 상호작용으로 장애의 개념을 정의하고 있으며, 신체구조와 기능손상이 없어도 사회적 영향에 의해 장애가 발생할 수 있다는 점을 강조하였다. 이는 국가와 사회의 적극적인 책임을 명시하는 것이다.

셋째, 장애인의 선택권과 자기결정권을 강조하는 것이 나타났다. 장애인을 전인적 존재 및 주체적 존재로 봄으로써 장애인 당사자의 자기결정과 선택에 대한 존중을 포함하고 있음을 알 수 있다.

넷째, 장애의 개념을 규정할 때 점차 긍정적인 어휘를 사용하는 추세에 있다. 부정적인 어휘인 손상, 장애, 불리를 사용하지 않고, 기능, 활동, 참여라는 긍정적인 어휘를 사용하여 장애 개념을 규정하고 있음을 알 수 있다.

3. 장애 개념 재분류

1) 개인적 장애

개인적 장애는 크게 신체장애(impairment, deficiency), 의식장애(despair), 그리고 능력장애(disability)로 분류한다.

(1) 신체장애

신체장애(impairment, deficiency)는 문자 그대로 신체적 손상 혹은 이상을 말한다. 해부학적 신체구성 요소의 손상 또는 손실로 인하여 신체의 구조와 기능에 장애가 발생하거나 생리학적 원인으로 기능의 이상이나 손상이 발생하는 것을 의미한다. 따라서 신체장애는 해부학적 신체 구조장애와 생리학적 신체 기능장애로 구분할 수 있다. 여기서 신체는 인간 유기체 전체를 의미하므로 뇌 기능과 마음도 포함된다. 따라서 정신기능 또는 심리적 기능도 신체기능에 포함된다. 신체장애는 최초로 발생하는 1차 장애이다. 신체장애의 특징은 원래의 상태로 복귀할 수 없는 불가역성을 가지고 있다. 또한 영구적인 속성이 있어 완전 변화가 어려우며 제한적인 변화만 가능한 것으로 본다.

(2) 의식장애

의식장애(despair)는 신체장애가 직간접적으로 원인이 되어 발생하는 신체적, 심리적, 사회적 의식의 이상 상태를 의미한다. 의식장애는 인식과정의 이상, 반응과정의 이상, 선택과정의 이상상태가 발생한다. 인식과정의 이상은 심리적 문제가 있을 경우 일반적 표상과 외부의 행동대상에 대한 지각성이 일치하지 않는 것을 의미하고, 반응과정의 이상은 대상에 대한 객관적인 인식이 곤란하고 그것이 동기가 되어서 대상의 속성에 대한 동인적인 반응이 약화되거나 나타나지 않음을 의미하며, 선택과정의 이상은 대상에 대한 동인적 반응이 없을 경우 목적 달성을 할 수 없는 상태에서 부정적인 판단과 태도를 보이는 것을 의미한다. 이처럼 인식의 구성요소 사이에 동기지향적인 과정을 성립하지 못하는 것을 의식장애라 한다.

지성적 인식이 미흡하거나 객관적 반응을 하지 못하거나 이성적 선택에 이상 상태가 발생하는 것을 말하는데, 결과적으로 그릇된 인식과정, 부정적인 태도, 왜곡된 반응, 불안, 자기부인, 그릇된 대인관계, 회피 등이 발현되는 것이다. 왜곡된 반응으로는 열등의식, 무능의식, 피해의식, 편견의식, 결핍의식, 이기심 등으로 표출되며 보통 장애의식이라고 일컫는다.

의식장애는 신체장애가 직간접적으로 원인이 되어 나타나는 2차 장애이기는 하지만, 신체장애가 반드시 의식장애로 이어지는 것은 아니다. 또한 의식장애는 개인차가 존재한다. 신체장애가 신체적, 심리적, 관계적 측면에 제약을 낳기는 하지만 장애인이 이를 극복하고자 노력하는 동시에 사회가 이러한 제한을 약화시키고자 노력하면 모든 장애인이 의식장애를 가지는 것은 아니라는 것이다.

(3) 능력장애

능력장애(disability)는 신체장애와 의식장애가 동시에 복합적으로 작용하여 발생하는 3차 장애이다. 의식장애가 신체장애와 통합적으로 발생하여 목적지향적인 주체행동을 할 수 없는 상태를 능력장애라고 한다. 두 개의 장애가 결합되어 있어, 즉 장애를 가진 사람이 주체적인 행동을 할 수 없는 상태를 의미하며, 개인적 장애의 통합적 총체를 일컫는다. 그러나 신체장애가 필연적으로 능력장애로 이어지는 것이 아니듯이, 의식장애가 없는 한 장애인이라도 목적지향적인 삶과 주체적인 사회생활을 이어 갈 수 있다. 결론적으로 개인적 장애 가운데 신체장애는 불가역적으로 완전한 변화가 불가능하지만 의식장애는 가변적인 것으로 변화가 가능하므로 능력장애도 변화할 수 있다고 본다.

2) 사회적 장애

사회적 장애는 장애라기보다 장애인의 완전한 참여를 가로막는 사회적 장벽(social barrier)이라는 개념으로 보는 것이 타당하다. 사회적 장애는 장애인이 처한 사회적 환경의 장벽을 총칭하는 것이다. 따라서 앞서 개인적 장애가 내부에서 발생하는 데 반해 사회적 장애는 외부로부터 발생하기 때문에 외부 사회 환경의 장벽의 규모와 강도가 장애인이 경험하는 사회적 장애의 크기와 강도를 결정하게 된다. 사회적 장벽은 물리적 장벽, 문화적 장벽, 심리적 장벽으로 세분화할 수 있다.

(1) 물리적 장벽

물리적 장벽은 문자 그대로 물리적 환경이 장벽으로 작용하는 것을 말한다. 물리적 환경은 거주공간 및 생활공간과 사회적 경제적 목적을 위한 작업공간 등의 공간과 장애인이 생활하는 가운데 이용하는 여러 다양한 물리적 수단을 포함한다. 장애인이 거주하는 공간과 작업하는 공간의 구조와 배치가 장애인의 생활을 제약하거나 물리적 시설설비가 장애인의 원활한 접근과 이동을 허락하지 않거나, 물리적 수단이 비장애인을 기준으로 형성되어 있어 장애인의 용이한 사용이 제한되는 것 등을 말한다. 물리적 환경의 장벽은 신체장애를 가진 사람에게 능력장애를 유발할 수 있는 가능성이 있다. 따라서 이상적인 물리적 환경의 구축이야말로 장애인의 사회생활에 있어서 필수적인 요건이다.

(2) 문화적 장벽

문화란 진리를 구하고 끊임없이 진보·향상하려는 인간의 정신적 활동을 의미한다. 문화는 인간의 정신적 활동에 따른 정신적 및 물질적 성과를 의미하며 학문, 예술, 종교, 도덕과 같은 총체적 성과를 말한다. 문화는 언어, 문자, 영상매체와 같은 상징문화와 도덕, 종교, 관습과 같은 규범문화로 구분할 수 있다. 한 사회의 구성원들 모두가 공유하면서 누릴 수 있도록 문화적 환경이 형성되어야 한다. 그러나 이러한 문화적 환경이 비장애인 위주로 형성되어 있을 때 장애인에게는 장벽으로 작용할 수밖에 없다. 즉, 문화적 수단이 장애인이 접근하기 어렵고 활용하기 어려운 방식으로 형성되어 있거나 장애인이 문화적 생활을 향유할 수 없도록 차단되어 있을 경우 이는 문화적 장벽이 되는 것이다. 또한 한 사회의 문화적 환경이 개인의 장애를 고려하지 않은 채 문화적 가치기준이 장애인을 포용하지 못하고 장애인을 사회의 구성원으로 받아들이지 않는 문화적 환경이라면 환경 자체가 장벽이 될 수밖에 없다.

(3) 심리적 장벽

가족, 친족, 지역사회, 국가 등의 사회공동체는 그 사회를 규제하는 규범문화를 승인하고 내면화하여 집단 특유의 심리적 환경을 구성한다. 앞서 문화적 장벽이 사회공동체 구성원이 가진 심리적 환경을 형성하는 데 영향을 끼쳐 장애인을 배척하거나 편견과 차별의식을 가지게 되면 이는 장애인에게 심리적 장벽이 된다. 결과적으로 장애인에 대하여 공정하지 못하고 사실과 어긋난 견해를 가지거나 장애인을 회피하거나 거부하기도 하며, 심하게는 장애인을 공격하거나 상해를 입히기도 하며 극단적인 경우 공동체로부터 장애인을 추방하거나 살해하는 일이 일어나기도 한다.

3) 사회적 불리

사회적 불리(handicap)는 손상이나 장애로부터 기인하는 것으로 연령, 성,

사회적 및 문화적 요소를 기준으로 하였을 때 한 개인이 정상적인 역할을 수행하지 못하게 하는 제약이나 제한을 의미한다. 사회적 불리는 개인적 장애와 사회적 장애가 결합하여 결과적으로 나타나는 장애이다. 개인적 장애의 발생 원인이 내부이고 사회적 장애의 발생 원인은 외부인 반면, 사회적 불리는 개인적 장애와 사회적 장애로 인하여 장애인이 경험하는 결과론적 장애 상태라고 본다. 즉, 사회적 불리는 개인적 장애와 사회적 장애가 통합된 것을 의미하는 장애의 총체적인 개념이 된다.

사회적 불리는 장애인의 사회참여를 제한하고 그 결과 완전한 사회통합을 저해한다. 사회적 불리는 장애인이 사회공동체의 구성원으로서의 역할을 할 수 없게 만든다. 이 때문에 장애인복지가 궁극적으로 해결해야 할 장애의 개념이라고 할 수 있다. 사회적 불리를 야기하는 요소는 장애뿐만이 아니다. 인종, 성별, 종교, 연령 등의 여러 가지 사회적 영역도 사회적 불리를 야기하는 요인이 되고 있는데 아직까지 장애와 이러한 사회적 불리 영역의 접목은 이루어지고 있지 않는 실정이다.

생각해 봅시다

1. 장애인을 대상으로 한 영화를 한 편 감상한 후에 영화 속에 나타난 장애와 장애인을 바라보는 시각에 대해 설명해 봅시다.
2. 개인적으로 장애를 경험한 적이 있는지 그리고 장애를 입었을 때 가장 불편했던 점은 무엇이었는지 얘기해 봅시다.
3. 이웃이나 친구로 알고 지내는 장애인이 있으면 그 사람이 경험하는 가장 큰 애로사항이 어떤 것인지 알아봅시다. 또한 그 애로사항이 발생하게 된 근본적인 원인이 무엇인지 알아봅시다.
4. 장애인의 사회통합을 가장 저해하는 장애는 무엇인지 설명해 봅시다.
5. 능력장애를 극복하고 자주적이고 독립적인 삶을 살아가기 위하여 우리 사회가 해야 할 일은 무엇인지 논의해 봅시다.

제2장

장애 분류

1. 요인별 분류

1) 발생시기별 분류

장애가 발생하는 시기에 따라 선천적 장애, 후천적 장애, 노인성 장애로 분류한다. 선천적 장애는 출산 전이나 출산 시 장애를 입는 것이고, 후천적 장애는 출생 후 성장하면서 성인이 되어 가는 과정이거나 성인이 된 후 발생하는 장애를 말한다. 마찬가지로 노인성 장애는 노인이 된 후 발생하는 장애를 말하는데, 노령기에 주로 발생하는 만성질환으로 인하여 발생한 장애가 대표적이다.

2) 발생원인별 분류

시기별 분류와 맥을 같이하여 장애 원인을 선천적 원인, 출생 시 원인, 후천적 원인, 원인불명으로 분류한다. 선천적 원인으로는 유전성, 염색체 이상, 선천성 발육기형, 모체 만성질환(당뇨, 빈혈, 고혈압, 알코올중독, 약물남용), 모체 감염(풍진, 매독, 후천성 면역결핍증 등) 등이 있고 이를 원인으로 하여 발생하는 태내성 장애를 말한다. 출생 시 원인은 조산, 난산, 출산 시 외상 등이 있고 신생아 가사상태, 두개골 내 출혈, 중증 황달 등도 출생 시 원인으로 분류된다.

후천적 원인은 질환과 사고로 분류하는데, 질환에는 신경계 질환, 정신 질환, 감각기 질환, 심혈관 질환, 호흡기 질환, 소화기계 질환, 대사, 면역 및 내분비계 질환, 신장 · 비뇨 · 생식기계 질환, 근골격계 질환, 신생물(종양) 질환, 중독성 질환, 감염성 질환 등 거의 모든 질환이 포함된다. 사고에는 폭력에 의한 사고, 가정 내 안전사고, 교통사고, 운동 및 놀이 사고, 화상, 약물사고 등이 있다. 이 밖에 정확한 원인을 규명해 낼 수 없는 경우를 원인불명으로 분류한다.

3) 발생요인별 분류

장애 발생에 영향을 미치는 요인을 인체의 내부에서 찾는가 아니면 외부에서 찾는가에 따라 장애를 분류하기도 한다. 장애의 발생 원인이 인체 내부로부터 기인하였는지 아니면 인체 외부로부터 영향을 받았는지를 기준으로 분류하는 것이다. 손상, 염증, 질병과 같은 생물학적 요인으로 장애가 발생하는 것은 내재적 요인(intrinsic handicaps)이 되는 것이고, 학습환경 결여, 교육기회 박탈, 학대와 폭력, 빈곤과 물질적 결핍, 모성박탈 등 심리사회적 요인으로 장애가 발생하는 것은 외부 환경적 요인(extrinsic handicaps)이라고 할 수 있다. 내재적 요인과 외부 환경적 요인은 서로 원인과 결과가 될 수 있으며, 하나의 장애가 내부적 요인과 외부적 요인을 동시에 가지고 있는 경우도 있다.

4) 발달영역별 분류

「장애인복지법 시행령」 제2조에 의하면 장애가 발생하는 영역에 따라 신체적 장애와 정신적 장애로 분류하고 있다. 신체적 장애는 주요 외부 신체기능의 장애와 내부기관의 장애 등을 말하며, 정신적 장애는 발달장애 또는 정신질환으로 발생하는 장애를 말한다. 장애가 발생하는 신체의 영역 혹은 부위에 따라 장애를 분류하기도 한다. 지체장애와 같은 운동발달 장애, 언어장애나 청각장애와 같은 언어발달 장애, 정동장애와 같은 정신발달 장애, 지적장애와 같은 지각발달 장애, 발달장애 혹은 자폐증과 같은 정서발달 장애로 구분된다.

5) 기간별 분류

「장애인복지법」 제2조 제1항은 장애를 정의함에 있어서 '오랫동안'이라는 시간적 개념을 포함하고 있다. 따라서 일시적으로 장애가 발생하였다가 회복되는 경우를 장애라고 규정하지 않는다. 장애 상태가 머무는 기간에 따라 일시적 장애, 단기적 장애, 장기적 장애, 항구적 혹은 영구적 장애로 구분한다. 장애라고 함은 일반적으로 준영구적 혹은 영구적 장애를 의미한다. 영구적 장애를 제외하고 장애로부터 회복해서 비장애 상태로 돌아올 수 있는 가능성이 있다고 본다.

6) 정도별 분류

종전에는 장애 정도를 장애 등급으로 분류하였다. 즉, 등록 장애인에게 의학적 상태에 따라 1급부터 6급까지 세분화된 등급을 부여하고 이를 각종 서비스의 절대적 기준으로 활용하여 왔기 때문에 개인의 서비스 필요 정도와 서비스 목적이 일치하지 않는 문제가 자주 발생하였다.[1)]

2019년 7월 이후 「장애인복지법」 개정과 더불어 기존의 장애 등급제가 폐지됨에 따라 등록 장애인은 1급부터 6급을 부여받았으나 장애인은 장애의 정도에 따라 '장애의 정도가 심한 장애인'과 '장애의 정도가 심하지 않은 장애인'으로 단순하게 구분된다.[2)] 즉, 장애의 정도가 심한 장애인(종전 1~3급)과 장애의 정도가 심하지 않은 장애인(4~6급)으로 구분되는 것이다.

여기서 중복장애는 '장애의 정도가 심한 중증장애'와는 다른 개념이다. 일부 장애인은 두 개 이상의 장애 유형을 가지고 있는데, 대표적인 장애를 주장애라 하고 2순위 이상 장애를 동반장애라 한다. 중복장애를 가졌더라도 장애 정도에 따라 중복장애인이 반드시 중증장애인으로 분류되지 않을 수도 있다. 따라서 중복장애인과 중증장애인의 개념은 동일하지 않다.

2. 장애 범주

장애 범주는 법적 장애 유형을 의미한다. 법령에 따라 어떤 유형의 장애와 어느 정도의 장애를 법적으로 받아들이느냐를 정하는 것이다. 장애와 장애인에 대한 관점이 선별주의 관점에서 보편주의 관점으로 옮아 감에 따라 장애 범주도 확대되는 추이를 보인다. 이와 더불어 의학 및 과학기술 발달, 장

1) 서비스 기준으로 장애 등급을 활용하여 왔기 때문에 실제 필요도와 상관없이 등급이 높아서 서비스를 이용하거나 서비스를 필요로 하지만 등급이 낮아서 신청하지 못하는 사례가 있었다.

2) 종전에는 「장애인복지법」에 의거하여 장애 등급을 1~6급으로 구분하였으며 1~2급을 중증 장애, 3~6급을 경증 장애로 구분하였다. 뇌병변장애, 시각장애, 지적장애, 자폐성장애, 정신장애, 심장장애, 호흡기장애, 뇌전증 및 상지에 장애가 있는 지체장애의 경우 3급도 중증으로 분류하였다. 장애 유형에 따라 등급이 다르며 따라서 장애 유형별 중증 장애와 경증 장애가 다달랐다.

애에 대한 인식 개선, 장애인복지제도의 발달도 장애 범주 확대에 영향을 미치는 주요 요인으로 작용한다.

우리나라 장애 범주 관련 역사를 살펴보면 두 차례의 확대과정을 거치면서 발전되었음을 알 수 있다. 1981년 제정된 「심신장애자복지법」을 근거로 우리나라 장애 범주는 지체장애, 시각장애, 청각장애, 언어장애, 정신지체(지적장애)의 5개 범주로 시작하였다. 1989년 「장애인복지법」으로 개정된 이후 10년이 지난 1999년에 기존의 5개 장애 범주에 뇌병변장애, 신장장애, 심장장애, 정신장애, 발달장애(자폐성장애)의 5개 장애 범주가 추가되면서 10개 범주로 확대되었다. 이것이 1차 장애 범주 확대이다. 2차 장애 범주 확대는 2003년 7월 1일에 이루어졌는데 호흡기장애, 간장애, 안면장애, 장루 · 요루장애, 간질장애(뇌전증)의 5개 장애 범주가 더 추가되면서 총 15개 장애 범주로 확대되었으며 지금까지 15개 장애 범주를 법정 장애 유형으로 받아들이고 있다.

장애 범주 확대 역사를 살펴보면 몇 가지 뚜렷한 변화의 특징을 찾을 수 있다. 첫째, 장애 범주의 세분화가 이루어진 것을 알 수 있다. 1차 확대에서 지체장애가 지체장애와 뇌병변장애로 분류된 것과 정신지체(지적장애) 외에 정신장애와 발달장애(자폐성장애)가 추가로 분류된 것이 그 예이다. 둘째, 장애 범주가 신체내부기관으로 확대된 것을 꼽을 수 있다. 1차 확대와 2차 확대를 통하여 신체내부기관의 장애 범주 5개가 추가된 것이다. 셋째, 안면장애와 같이 사회적 거부감과 기피를 발생하는 사회적 장애가 추가된 것을 볼 수 있다. 이상과 같이 장애 범주 확대의 특징을 요약하면, 장애 특성에 따라 세분화하는 것, 신체내부기관장애가 추가된 것, 사회적 장애를 추가한 것 등 장애 개념의 개인적 모델에서 점차 사회적 모델로 변화하는 것을 지적할 수 있다.

이와 더불어 장애 범주의 명칭도 꾸준히 변경되어 왔음을 알 수 있다. 정신지체는 지적장애로, 발달장애는 자폐성장애로, 간질장애는 뇌전증으로, 최근에는 정신분열증을 조현병으로 바꾸어 사용하고 있다. 이러한 배경에는 특정 장애를 가진 장애인에 대하여 낙인을 부여하지 않고자 하는 사회적 모델 관점에서 실행된 것이다.

「장애인복지법」이 정하고 있는 15개 장애 범주를 여러 가지 기준으로 분류할 수 있다. 우선 신체와 정신을 기준으로 장애 범주를 분류했을 때 신체적 장애 12개 범주와 정신적 장애 3개 범주로 나뉜다. 신체적 장애는 신체외부 기능장애 6개 범주와 신체내부 기관장애 6개 범주로 다시 나뉜다.

신체외부 기능장애는 신체의 절단이나 변형 등의 지체장애, 중추신경의 손상으로 인한 뇌병변장애, 시력이나 시야의 손상인 시각장애, 청력이나 평형감각의 손상인 청각장애, 언어적 의사소통이 어려운 언어장애, 얼굴 변형이나 화상과 같은 안면장애로 분류가 된다. 신체내부 기관장애는 신장, 심장,

〈표 2-1〉 장애 범주 분류

<table>
<tr><th>대분류</th><th>중분류</th><th>소분류</th><th>세분류</th><th>확대 범주</th></tr>
<tr><td rowspan="12">신체적 장애</td><td rowspan="6">신체 외부 기능 장애</td><td>지체장애</td><td>신체절단, 변형, 손상, 기능장애</td><td rowspan="6"></td></tr>
<tr><td>뇌병변장애</td><td>중추신경계 손상 장애</td></tr>
<tr><td>시각장애</td><td>시력장애, 시야결손장애</td></tr>
<tr><td>청각장애</td><td>청력장애, 평형기능장애</td></tr>
<tr><td>언어장애</td><td>언어장애, 음성장애, 유창성장애</td></tr>
<tr><td>안면장애</td><td>안면부 변형, 추상, 함몰, 비후 등</td></tr>
<tr><td rowspan="6">신체 내부 기관 장애</td><td>신장장애</td><td>투석치료, 신장이식</td><td rowspan="6">소화기장애, 비뇨기장애, 피부질환, 암, 만성통증 등</td></tr>
<tr><td>심장장애</td><td>일상생활이 현저히 제한되는 심장기능 이상</td></tr>
<tr><td>간장애</td><td>일상생활이 현저히 제한되는 만성 · 중증의 간 기능 이상</td></tr>
<tr><td>호흡기장애</td><td>일상생활이 현저히 제한되는 만성 · 중증의 호흡기 이상</td></tr>
<tr><td>장루 · 요루 장애</td><td>일상생활이 현저히 제한되는 배변 · 배뇨 이상</td></tr>
<tr><td>뇌전증</td><td>일상생활이 현저히 제한되는 만성 · 중증의 간질</td></tr>
<tr><td rowspan="3">정신적 장애</td><td colspan="2">지적장애</td><td>지능지수 70 이하</td><td rowspan="3">알코올 · 약물 중독, 기질성 뇌증후군, 치매</td></tr>
<tr><td colspan="2">정신장애</td><td>조현병, 정동장애, 우울장애</td></tr>
<tr><td colspan="2">자폐성장애</td><td>소아자폐, 자폐성장애</td></tr>
</table>

간장, 호흡기, 배변 또는 배뇨에 지장이 있는 장루 · 요루장애, 그리고 뇌의 기질적 이상인 뇌전증이 있다. 정신적 장애는 지적 사고능력이 떨어지는 지적장애, 조현병이나 우울증과 같은 정신장애, 그리고 발달장애와 같은 자폐성장애가 있다.

3. 국제 장애 범주

해외 선진국들은 법적 장애 범주를 정하기 위한 기준을 매우 포괄적으로 잡고 있는 편이다. 의료적 기준을 바탕으로 장애 범주를 정하는 우리나라에 비해, 해외 선진국들은 주로 직업 활동을 이어 갈 수 있는 능력이나 소득을 창출할 수 있는 능력이 법으로 정한 기준을 초과하지 않을 경우 장애라고 정하는 방식을 채택한다. 따라서 일상생활능력을 기준으로 하는 우리나라와 비교하면 해외 선진국들에서는 직업능력, 소득능력, 경제활동능력이 기준이 된다. 이 때문에 우리나라의 법정 장애 범주가 15개인 데 반해, 해외 선진국들이 정하는 장애 범주는 매우 다양하여 장애를 포괄적으로 인정하고 있음을 알 수 있다.

〈표 2-2〉 OECD 국가 포괄적 장애 기준

국가	장애 기준
호주	장애 진단표 기준 20점 이상 및 주당 15시간 이하 노동력
오스트리아	직업능력 50%선 이하
벨기에	소득능력 66.6%선 이하
캐나다	일상적 경제활동 불능상태
체코	모든 경제활동 33%선 이하
덴마크	직업능력 50%선 이하
프랑스	소득능력 66.6%선 이하

독일	직업능력 25%선 이하
헝가리	직업능력 67%선 이하
아일랜드	영구적 직업불능
이탈리아	직업능력 66.6%선 이하
한국	의료적 기준
룩셈부르크	일 또는 직업 불능
멕시코	직업능력 50%선 이하
네덜란드	소득능력 35%선 이하
노르웨이	직업능력 50%선 이하
폴란드	일시적 혹은 영구적 직업능력 감소
포르투갈	소득능력 66.6%선 이하
슬로바키아	직업능력 40%선 이하
스페인	직업능력 33%선 이하
스웨덴	직업능력 25%선 이하
스위스	소득능력 40%선 이하
터키	직업능력 66.6%선 이하와 의료적 상태
영국	일상적 직업활동 제한
미국	실질적 소득활동 불능 상태

출처: OECD, 2003.

한국과 일본에 비해 유럽 국가들이나 미국이 인정하고 있는 장애 범주의 특징을 살펴보면 몇 가지 뚜렷한 차이가 나타난다. 첫째, 신체외부 장애 범주는 큰 차이가 나타나지 않으나, 다양한 신체내부 기관장애를 인정하고 있음을 알 수 있다. 즉, 생식기, 비뇨기, 혈액, 내분비계 외에 암, AIDS, 알레르기, 당뇨 등이 포함되어 있다. 둘째, 정신적 장애의 범주를 매우 포괄적으로 인정하고 있다. 약물중독이나 알코올중독 외에도 정서장애, 학습장애, 치매 등이 포함되어 있음이 나타난다. 셋째, 스웨덴의 경우 신체적 장애와 정신적 장애 외에 사회적 장애를 매우 광범위하게 인정하고 있는데, 의사소통이 어려운 이주민, 노동력 감소로 인한 실생활 의존자 등을 포함하고 있음을 확인할 수 있다.

그 결과 우리나라와 일본에 비해 장애 인구의 비율이 상대적으로 높게 나타난다. 이들 국가의 장애 인구는 전체 인구의 10% 이상을 구성하고 있으며, 특히 스웨덴의 경우 20%선을 상회한다. 우리나라도 장애 개념이 개인적 모델에서 사회적 모델로 이동해 가면서 점차적으로 선진국 수준에 도달하도록 장애 범주의 확대를 추진하고 있는 중이다. 현재 15개 장애 범주에 포함되어 있지 않은 소화기계 장애, 비뇨기계 장애, 피부질환과 같은 신체 내·외부적 장애와 만성알코올·약물중독, 기질성 뇌증후군, 정신발달장애, 치매와 같은 정신적 장애, 그리고 만성통증, 암 등이 향후 장애 범주로 확대될 것으로 논의되고 있는 중이다.

〈표 2-3〉 장애 범주 국제 비교

국가	장애 범주	장애 인구 비율
한국	신체: 지체, 뇌병변, 시각, 청각, 언어, 안면장애 내부: 신장, 심장, 호흡기, 간장, 장루·요루, 간질장애 정신: 지적장애, 정신장애, 자폐성장애	5.4
일본	신체: 지체, 시각, 청각, 언어장애 내부: 심장, 호흡기, 신장, 방광 및 직장, 소장기능장애 정신: 지적장애, 정신장애	7.4
미국	신체: 지체, 시각, 청각, 언어, 안면추형, 감각기관 장애 내부: 생식기, 소화기, 비뇨기, 피부, 혈액, 내분비계, 암, AIDS 정신: 정신질환, 발달장애, 정서장애, 학습장애, 알코올중독	12.8
스웨덴	신체: 지체, 시각, 청각, 언어장애 내부: 폐질환, 심장, 알레르기, 당뇨 정신: 지적장애, 학습장애, 정신장애, 정서장애, 약물·알코올중독 사회적 장애: 의사소통이 어려운 이주민, 실생활 의존인	16.1

호주	신체: 지체, 시각, 청각, 언어, 안면기형 내부: 심장, 신장, 호흡기, 당뇨, 암, AIDS 정신: 지적장애, 정신장애, 정서장애, 알코올중독, 약물중독	18.3
독일	신체: 지체, 시각, 청각, 언어, 추형 내부: 호흡기, 심장·순환기, 소화기, 비뇨기, 신장, 생식기, 신진대사, 혈관, 피부 정신: 지적장애, 정신질환, 정서장애	14.9

출처: 1) OECD, 2003.
2) 고용노동부, 한국장애인고용공단 고용개발원, 2018.

〈표 2-4〉 유럽연합 국가별 장애인 출현율

(단위: 천 명, %)

국가	장애 인구	전체 인구	장애인 출현율
EU 28개국	44,460	317,520	14.0
그리스	459	6,508	7.1
네덜란드	1,497	10,991	13.6
덴마크	547	3,614	15.1
독일	6,877	46,211	14.9
라트비아	248	1,382	17.9
루마니아	1,598	14,622	10.9
룩셈부르크	73	345	21.2
리투아니아	268	2,040	13.1
몰타	21	289	7.2
벨기에	965	6,951	13.9
불가리아	497	4,864	10.2
스웨덴	983	6,111	16.1
스페인	2,343	29,104	8.1
슬로바키아	399	3,865	10.3
슬로베니아	265	1,423	18.6
아일랜드	160	3,048	5.3

에스토니아	167	903	18.5
영국	6,644	39,741	16.7
오스트리아	1,328	5,650	23.5
이탈리아	3,164	36,738	8.6
체코	604	7,234	8.3
크로아티아	418	2,731	15.3
키프로스	54	570	9.5
포르투갈	1,224	7,097	17.2
폴란드	3,665	25,824	14.2
프랑스	8,348	39,564	21.1
핀란드	761	3,410	22.3
헝가리	883	6,693	13.2

출처: 고용노동부, 한국장애인고용공단 고용개발원, 2018.

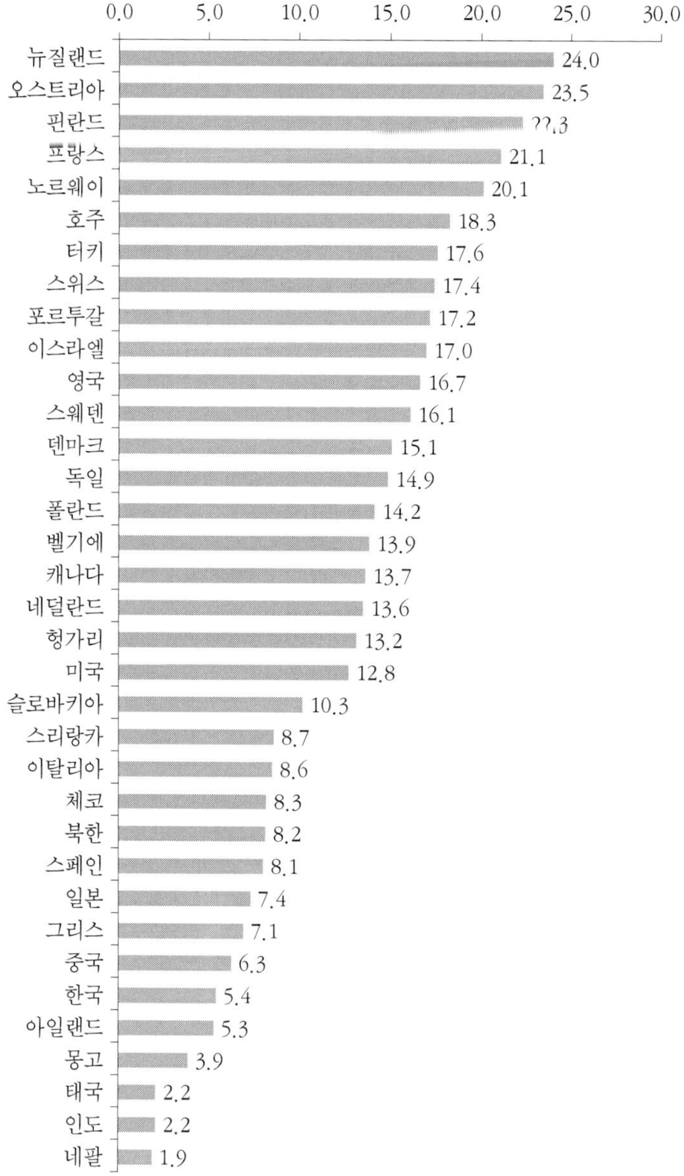

그림 2-1 해외 주요국 장애 인구 구성비

주: 각 국가의 장애인에 대한 정의, 문화적 차이 및 장애 판정의 주관적인 요소 등 장애 인정 범위와 연령 등 상세 조건이 상이하므로 비교 시 유의할 것.

출처: 고용노동부, 한국장애인고용공단 고용개발원, 2018.

생각해 봅시다

1. 「장애인복지법」이 분류한 장애 범주를 설명해 봅시다.
2. 현행 「장애인복지법」은 장애 정도에 따라 1~6등급으로 분류하고 있는데 이와 관련된 문제점이 무엇인지 지적해 봅시다.
3. 장애 등급제가 폐지된다면 어떠한 장애판정체계를 도입할 것인지 논의해 봅시다.
4. 장애 범주를 어떤 기준으로 재분류할 수 있을지 생각해 봅시다.
5. 현재의 장애 범주에서 더 확대되어야 할 장애 범주는 어떤 것이 있는지 논의해 봅시다. 장애 범주를 확대함으로써 얻을 수 있는 사회적 이익과 발생할 수 있는 문제점이 무엇인지 생각해 봅시다.

제3장

장애 특성

1. 지체장애

1) 정의와 기준

지체장애는 질병이나 외상으로 인하여 신체에 발생하는 영구적인 운동장애나 기능장애를 의미한다. 지체장애로 포함되는 신체의 범위는 몸통에서 사지까지 매우 넓고 다양하다. 몸통은 척추를 중심으로 하여 머리, 목, 상반신을 포함하며, 사지는 어깨관절에서 손가락, 다리관절에서 발가락까지 다 해당된다. 「장애인복지법 시행령」 제2조는 지체장애의 기준을 다음과 같이 구체적으로 정하고 있다.

가. 한 팔, 한 다리 또는 몸통의 기능에 영속적인 장애가 있는 사람
나. 한 손의 엄지손가락을 손가락 뼈 관절 이상의 부위에서 잃은 사람 또는

한 손의 둘째 손가락을 포함한 두 개 이상의 손가락을 모두 제1손가락뼈 관절 이상의 부위에서 잃은 사람

다. 한 다리를 가로발목뼈관절(lisfranc joint) 이상의 부위에서 잃은 사람

라. 두 발의 발가락을 모두 잃은 사람

마. 한 손의 엄지손가락 기능을 잃은 사람 또는 한 손의 둘째 손가락을 포함한 손가락 두 개 이상의 기능을 잃은 사람

바. 왜소증으로 키가 심하게 작거나 척추에 현저한 변형 또는 기형이 있는 사람

사. 지체에 위 항목의 어느 하나에 해당되는 장애 정도 이상의 장애가 있다고 인정되는 사람

일상생활에서의 장애 정도는 이동능력, 신변처리 등 일상생활활동(Activities of Daily Living: ADL)과 수단적 일상생활활동(Instrumental Activities of Daily Living: IADL)을 기준으로 평가한다. 평가항목으로는 걷기, 휠체어타기, 양치질하기, 세수하기, 옷 입기, 화장실 가기 등이 있다. 상지기능과 하지기능의 제한정도와 일상생활에서 타인에 대한 의존정도를 '독립적' '약간 의존' '보통 의존' '심한 의존' '전적 의존'으로 분류한다. 현재 「장애인복지법」에서는 1~6급으로 분류하고 있다.

2) 원인과 유형

신체운동기관이 있는 중추신경, 근육, 골격, 관절 등의 손상, 결함, 기형이 원인이 된다. 선천적 원인과 후천적 원인으로 나눌 수 있는데, 선천적 원인으로는 유전적 결함, 염색체 이상, 대사성 장애, 기형, 출생전후의 바이러스 감염, 임신 중 흡연 및 음주, 약물복용, 매독, 풍진, 혈액형 불일치, 고령임신 등이 있다. 후천적 원인으로는 사고가 주요 원인이고 질환에 의한 신경계 손상, 당뇨병, 혈액순환장애, 관절염 등의 만성질환이 원인이 되기도 한다.

지체장애 유형으로는 척수손상으로 인한 신경마비, 바이러스 감염으로 인한 소아마비, 근무력증(dystrophy), 관절 경직, 절단, 변형, 기형, 왜소증 등이 있다.

3) 특성

지체장애 출현율은 지체장애가 있는 모든 사례 건수를 집계하는데, 인구 1,000명당 26.13건이다. 성별 지체장애 출현율은 남자 29.55건, 여자 22.74건으로 남자가 여자에 비해 조금 높은 편이다. 지체장애 출현율은 연령이 증가할수록 큰 폭으로 증가하는 경향을 보이며 70대 이상에서 125.15건으로 가장 높은 출현율을 보인다.

관절장애가 68.2%로 가장 많고, 절단 13.3%, 마비 13.5%, 변형 5.1% 순이다. 남자의 경우 절단, 마비, 변형이 많고, 여자는 관절장애가 많은 편이다. 장애 부위를 상지, 하지, 척추로 구분하였을 때 하지장애가 44.9%로 가장 많고, 척추 32.1%, 상지 23.0% 순이다. 성별로 살펴보면 남자의 경우 상지 한쪽과 하지 한쪽이 많은 반면, 여자의 경우 하지 양쪽이 좋지 않은 비율이 높다.

마비, 절단과 달리 척수장애의 경우 신체적 변형이 일어나는 특징이 있다. 뇌손상으로 인하여 지능발달 지체가 수반되거나 학습능력 장애가 유발되기도 한다.

대표적인 재활보조기구로는 상지의지, 하지의지, 척추보조기, 상지보조기, 하지보조기, 자세보조기구, 정형외과용 구두, 지팡이, 목발, 보행기, 전동휠체어, 수동휠체어, 전동스쿠터 등 가장 종류가 많고 다양하다.

2. 뇌병변장애

1) 정의와 기준

뇌 발육시기에 손상을 입는 뇌성마비, 뇌졸중, 뇌혈관 손상, 혈관장애 등 뇌의 기질적 병변으로 인하여 발생한 신체적 장애를 의미한다. 「장애인복지법 시행령」은 '뇌성마비, 외상성 뇌손상, 뇌졸중 등 뇌의 기질적 병변으로 인하여 발생한 신체적 장애로 보행이나 일상생활의 동작 등에 상당한 제약을 받는 사람'으로 규정하고 있다. 발병 이후 6개월 동안 지속적인 치료를 받아야 하는 경우 장애로 판정한다.

보행상의 장애 정도는 '보행에 있어서 도움과 보호 필요' '보행이 현저한 정도 제한' '보행이 경중한 정도 제한' '보행이 경미한 정도 제한' '보행 시 파행이 보임'으로 분류하고, 일상생활 동작에서 장애 정도는 일상생활동작이 '현저히 제한' '상당히 제한', 섬세한 일상생활동작이 '현저히 제한' '상당히 제한' '경중한 정도 제한'으로 분류한다. 마비의 정도, 범위, 운동기능 장애 정도에 따라 장애 정도를 신변처리 등 일상생활이 전혀 불가능한 정도에서 보행 시 불안정한 상태를 보이는 정도까지 구분한다.

2) 원인과 유형

생물학적 원인으로는 태아의 뇌 발육 부전, 임신 중 방사선 노출, 약물중독, 분만사고 등이 있으며 지체장애의 발생원인과 매우 유사하다. 유아기 때 황달, 뇌막염, 외상 등이 원인이 되기도 한다. 신경계 원인인 뇌경색, 뇌출혈 등으로 인하여 발생한다. 심장병, 고혈압, 동맥경화가 원인이며 과로, 스트레스, 불안감이 원인이 되기도 한다. 유형으로는 뇌성마비, 뇌졸중, 외상성 뇌손상이 있다.

3) 특성

뇌성마비는 유전이 되지 않는다. 미국의 경우 뇌병변장애 발생은 연간 5천 명 정도이다. 우리나라의 뇌병변장애 출현율은 인구 1,000명당 6~7명 정도로 추산된다. 성별로는 남자의 경우 인구 1,000명당 7.26건, 여자의 경우 인구 1,000명당 4.86명으로, 남자의 뇌병변장애 출현율이 여자에 비해 높다.

특히 조산이나 저체중 출생과 같은 위험인자가 있는 경우 1,000명 가운데 47.1명이다. 최근 들어 만혼에 따른 산모의 노산으로 인하여 저체중아와 미숙아 출산율이 증가하고 있으며 뇌성마비 발생률도 증가하는 추세이다. 뇌병변장애 가운데 뇌성마비는 주로 아동기에 발생되며, 연령이 증가할수록 출현율이 높아진다. 그 이유는 뇌졸중의 비중이 커지기 때문이라고 볼 수 있다. 따라서 60대 이후 출현율이 크게 높아지는 것으로 나타난다.

뇌병변장애의 장애부위를 알아보면 상지와 하지에 장애가 있는 비율이 유사하며, 상지 양쪽과 하지 양쪽 모두에 장애가 있는 비율도 각각 8.4%, 13.1%나 된다. 이러한 점이 지체장애와는 다른 특성을 보여 주고 있다. 장애부위에 있어서 남녀별 큰 차이가 없는 것도 특징이다.

뇌병변장애의 가장 큰 특징은 완전 회복이 어렵다는 것이다. 또 하나의 뚜렷한 특징은 언어장애, 지적장애, 시각장애, 청각장애 등 다양한 장애를 복합적으로 수반하는 경우가 일반적이다. 배뇨, 배변 등 무기력한 의존성이 있으며 통제할 수 없는 신체적 특징이 나타나기도 한다.

뇌성마비의 동반 증상을 살펴보면 마비특성에 따라 경직형, 불수의 운동형(무정위 운동형), 강직형, 운동실조형, 진전형으로 구분한다. 경직형(spastic)은 가장 많이 나타나는 유형으로 전체 가운데 50~60%를 차지한다. 간헐성 경련이 일어나기 때문에 경련형이라고 한다. 근육운동 조정능력을 상실하여 무릎을 구부리고 발끝으로 걷는 가위걸음을 하거나 교차보행을 하는 등 과장된 몸짓을 보인다. 정신지체 발생률이 높다.

무정위형 혹은 무정위 운동형(athetoid)은 불수의 운동형이라고 하는데 본인의 의지에 의해서 조절하는 것이 힘들거나 불가능하다. 침을 흘리거나, 자신의 의지와 상관없이 크고 불규칙적이며 뒤틀린 동작을 나타낸다. 사지, 목, 안면 등을 지속적으로 불규칙하게 뒤틀거나 꿈틀거리는 것을 억제하지 못한다. 전체 유형 가운데 20% 정도를 차지한다.

실조형(ataxic)은 평형감각 장애가 주된 증상이다. 평행장애 혹은 균형장애로 걸음걸이가 불안정하고 가만히 서 있기가 어렵다. 특히 균형감각과 손의 사용감각이 떨어져서 걸을 때 현기증을 느끼고 보조가 없으면 넘어진다. 근육 긴장도 결핍과 공간개념이 부족하다.

강직형(rigid)은 근이 긴장되거나 관절이 굳어져 사지의 어떤 부위를 움직이려고 할 때 지속적인 저항을 나타내는 것으로, 대부분 사지가 극도로 딱딱하고 오랜 기간 동안 고정되어 있어 움직이지 못하는 경우이다. 뇌성마비의 흔치 않은 유형이다.

진전형(tremor)은 주기적으로 나타나는 억제할 수 없이 일어나는 신체의 떨림이 특징이며, 행동을 통제하려고 할 때 더욱 증가한다. 목적성 운동을 하고자 할 때 사지의 떨림이 나타난다.

혼합형(mixed)은 이상의 한 유형에 속하지 않고 두 가지 유형이 중복된 상태를 말한다.

3. 시각장애

1) 정의와 기준

물체의 존재 및 그 형태를 인식하는 눈의 능력을 시력이라고 하는데, 시각장애는 시력 기관의 기능 결함이나 시신경 손상으로 인한 시력 제한을 의미한다. 「장애인복지법 시행령」은 시각장애를 '시기능의 현저한 저하 또는 손실에 의해 일상생활 또는 사회생활에 제약이 있는 사람'이라고 규정하고 있다.「장애인복지법 시행령」제2조는 시각장애의 기준을 다음과 같이 정하고 있다.

가. 나쁜 눈의 시력이 0.02 이하인 사람
나. 좋은 눈의 시력이 0.2 이하인 사람
다. 두 눈의 시야가 각각 주시점에서 10도 이하로 남은 사람
라. 두 눈의 시야 2분의 1 이상을 잃은 사람

시력의 상실 또는 감소로 인한 장애를 정도별로 나누어 보면, 시력이 전혀 없는 상태를 전맹(total blindness: 시력 0)이라 하고, 암실에서 장애인의 눈에 광선을 점멸하여 이를 인식할 수 있는 상태를 광각(light-perception), 눈앞에서 손을 좌우로 움직일 때 이를 알아볼 수 있을 정도를 수동(hand movement), 자기 앞 1m 전방의 손가락 수를 헤아릴 수 있는 상태를 지수(finger count: 시력 0.02 이하)로 표현한다. 또한 눈으로 한 점을 주시하고 있을 때 그 눈이 볼 수 있는 외계의 범위를 시야(visual field)라고 하는데, 시야의 범위가 좁은 경우에도 주변시력의 감퇴로 행동장애를 일으킬 수 있다.

종전에는 시력표에 의거하여 1급(좋은 눈 .02 이하)~6급(나쁜 눈 .02 이하)으로 구분하였다. 시력장애 판정은 교정시력이 0.005 미만일 경우 전맹이라 하며 약시는 고도 약시, 중등도 약시, 경도 약시로 구분한다. 통상 시각장애는 전맹(1미터 전방의 손가락 구분 불가능), 약시(교정시력, 고도 약시, 중등도 약시, 경도 약시 구분)로 구분한다. 한쪽 눈의 실명도 시야결손장애가 되므로 시각장애에 포함된다. 의학적으로는 절대맹, 사회적 맹, 경제적 맹, 교육적 맹, 노인성 시각장애(백내장, 녹내장)로 구분한다.

2) 원인과 유형

시각손상이 발생하는 시기를 3~5세 기준선으로 하여 선천적 원인과 후천

적 원인으로 구분한다. 선천적 원인으로 발생하는 시각장애는 전체 5% 정도이며 유전적 원인과 산모건강이 결정적이다. 후천적 원인으로는 망막과 시신경 이상, 바이러스 감염, 감염성 질환(결핵, 매독, 뇌막염 등), 전신질환(당뇨병, 영양), 외상(사고), 약물중독, 심리적 원인 등이 있다. 후천적 원인으로는 백내장(수정체 이물질), 녹내장(안압이 높아서 시신경 파괴), 결막염, 포도막염, 망막박리, 외상 등이 있다. 시각장애는 크게 시력 감퇴에 의한 시력장애와 시야 결손에 의한 시야결손장애로 구분하고 있다.

3) 특성

시력장애와 시야결손장애를 합쳐 시각장애 출현율은 인구 1,000명당 5.81건이다. 남자의 경우 인구 1,000명당 6.84건, 여자의 경우 4.79건으로 남자가 여자에 비해 상대적으로 높은 편이다. 연령이 높아지면서 출현율도 높아지는데 60세 이후부터 출현율이 급격하게 증가하는 추세이다. 전체 시각장애인 가운데 시야결손장애는 0.9%에 불과하다. 나머지 대부분이 시력장애로 인한 시각장애인이며, 성별 차이는 크게 나타나지 않는다.

시각장애의 특성은 체력이나 운동능력이 저하되는 것이다. 또한 지능에 상관없이 지적장애 발생 가능성이 있다. 보장구로는 안경, 콘택트렌즈, 의안이 대표적이며, 시각장애인용 지팡이, 스크린 리더, 화면확대기, 휴대용점자정보단말기, 음성손목시계, 음성탁상시계, 시각장애인용 안내견, 점자프린터, 화면해설기 등이 있다. 시각장애인들 가운데 점자해독이 가능한 비율은 전체 시각장애인의 12.4%에 불과하고 나머지 86%는 점자해독이 불가능한 것으로 나타나고 있다(나머지 1.6%는 배우는 중이다). 남성의 점자해독률은 19.5%로 여성의 4.7%에 비해 3배 가까이 높은 것으로 나타났다.

4. 청각장애

1) 정의와 기준

청각이란 소리를 느끼는 감각적 능력을 의미하는데, 청각장애는 '청각기관의 결함이나 손실로 인하여 청각 능력의 일시적 혹은 영구적 장애'를 말한다. 그 결과 외부와의 의사소통에 현저한 제약이 발생한다. 청력장애란 일반적으로 데시벨(dB)의 소리를 들을 수 있는가와 같은 크기의 소리라도 어음의 청음명료도를 퍼센트로 표시하여 그 장애 정도를 판정하는데, 일반적으로 말을 알아듣지 못하는 경우(70데시벨 이상), 일상생활에서 소리를 듣지 못하는 현저한 장애(35~69데시벨)를 청각장애라 한다. 「장애인복지법 시행령」은 청각장애를 다음과 같이 정의하고 있다.

가. 두 귀의 청력 손실이 각각 60데시벨 이상인 사람
나. 한 귀의 청력 손실이 80데시벨 이상, 다른 귀의 청력 손실이 40데시벨 이상인 사람
다. 두 귀에 들리는 보통 말소리의 명료도가 50퍼센트 이하인 사람
라. 평형기능에 상당한 장애가 있는 사람

청각장애의 판정은 40센티 이하의 거리를 두고 소리를 평가하는데, 음차검사(음차자루를 진동시켜 들을 수 있을 때까지 시간 측정), 순음청력검사(주파수를 활용하여 소리의 강도를 조절하여 청력 검사), 언어청력검사(말소리 청력 검사, 낱말 분별력 검사) 등이 있으며 장애 정도를 구분한다. 평형기능장애는 10미터 기준 직선 보행이 가능한가 여부에 따라 판정하며, 중앙선에서 60센티 이상 이탈하면 평형기능장애가 된다.

2) 원인과 유형

선천적 원인과 후천적 원인으로 나눌 수 있는데 선천적 원인은 비유전적 원인이 많다. 산모의 풍진, 바이러스 질환, 영양실조, 약물남용, 임신 8~12주 사이에 산모 구타 등이 원인이 된다. 후천적 요인이 청각장애의 90%를 차지한다. 분만 시 신생아 외상, 출생 후 각종 질병(유행성 감기, 고열, 홍역, 뇌막염, 성홍열, 중이염 등)과 사고로 인한 두부 외상, 오염이나 중독으로 인한 진행성 난청이 원인이 되며, 노인성 난청도 청각장애로 분류된다.

일반적으로 청력장애와 평형기능장애로 구분하는데, 청력장애는 다시 농과 난청으로 분류한다. 농(deafness)은 보청기를 착용하거나 착용하지 않은 상태에서 귀만으로 말을 들어 이해할 수 없을 정도의 청력장애를 말한다. 일반적으로 70데시벨 이상의 소리여야 한다. 따라서 농은 언어적 정보교환이 불가능하다.[1] 반면, 난청(hard-of-hearing)은 보청기를 착용하거나 착용하지 않은 상태에서 귀만으로 말을 들어 이해하기가 불가능하지는 않으나 곤란한 정도의 청력장애를 말한다. 일반적으로 35~69데시벨 소리이다. 난청은 잔존 청력이 있어 보청기를 이용하여 정보교환이 가능한 것을 의미한다.

평형기능장애는 전정기관의 이상으로 공간 내에서 자세 및 방향감을 유지하는 능력에 장애가 있는 것을 말한다. 즉, 공간 내에서 자세 및 방향감을 유지하는 능력을 말하는 것으로 쉽게 말해 어지럼증으로 몸의 중심을 잡지 못하는 것을 말하며, 세반고리관 및 전정기관에 의해 유지된다. 청각기관의 손상으로 신체의 평형기능에 장애가 있어 생활에 불편이 따르는 경우이다.

1) 정상적인 청력 범위는 0~20데시벨이고, 30데시벨은 속삭임, 가정의 평균 소음은 50~60데시벨이며, 제트기 엔진 소리는 140데시벨이나 된다.

3) 특성

청각장애 출현율은 인구 1,000명당 6.41건이며, 남자의 경우 인구 1,000명당 7.25건, 여자의 경우 인구 1,000명당 5.58건으로 남자가 여자에 비해 상대적으로 높다. 이는 시각장애와 유사한 비율이다. 청각장애 또한 시각장애와 마찬가지로 60대 이후에 급격하게 증가하는 추세이며 남자가 여자에 비해 증가폭이 훨씬 크게 나타난다.

청각장애의 장애 형태를 청력장애와 평형기능장애로 구분하였을 때 청력장애가 99.6%로 거의 전부를 차지하고 있고, 청력장애와 평형기능장애를 동시에 가진 비율이 0.4%이다. 여성은 청력장애와 평형기능장애를 가진 비율이 0.9%이나 남성은 없다.

청각장애의 가장 큰 특징은 의사소통의 단절로 인하여 지능검사에서 낮은 점수를 받는 경우가 많다는 것이며, 자폐증상이나 자기중심적 사고를 많이 하는 편이다. 관련 재활보조기구로는 보청기가 대표적이며 화상전화기, 문자전화기, 문자송수신기, 음성증폭기, 자막수신기 등이 있고 인공와우(달팽이관) 수술을 하는 경우도 있다. 관련 재활수단으로는 수화, 구화, 필담 등이 있다. 보청기를 사용하고 있는 청각장애인은 73.2%이며, 26.8%는 사용하지 않고 있다. 청각장애인의 3.7%만이 인공와우수술을 한 것으로 나타났다. 수화를 사용할 수 있는 비율은 7.2%이며, 여자가 남자에 비해 비율이 조금 높다.

5. 언어장애

1) 정의와 기준

언어장애는 구음기관과 조음기관의 이상으로 인한 언어발달의 지체를 의미한다. 대뇌의 기능결함으로 인한 언어습득 장애도 언어장애에 해당되며,

24~30개월 사이를 기준으로 한다. 일반적으로 언어장애는 어떤 사람이 의사소통상의 방해를 받아 사회생활 면에서 정상적인 적응이 불가능한 경우를 말하는 것으로, ① 말이 불완전하거나, ② 말이 쉽게 이해되지 않거나, ③ 음성이 듣기에 거북하거나, ④ 특정 음성의 변형이 있거나, ⑤ 발성이 어렵거나 말의 리듬, 음조 혹은 고저에 이상이 있거나, ⑥ 말이 말하는 사람의 연령, 성, 신체적인 발달정도와 일치하지 않는 특성을 보이는 경우 등을 일컫는다. 「장애인복지법 시행령」에서는 언어장애를 '음성 기능이나 언어 기능에 영속적으로 상당한 장애가 있는 사람'이라고 정의하고 있다.

2) 원인과 유형

언어장애의 원인은 기질적 원인과 기능적 원인으로 나눌 수 있다. 기질적 원인으로는 뇌의 언어중추 신경조직이나 신경기관의 손상, 구음(발성)기관의 기형, 손상, 신경마비로 인한 언어조절 손상, 그리고 뇌성마비, 뇌혈관장애, 신경계 외상, 구개파열, 혀, 목, 후두 등의 조음(발음)기관의 손상이 원인이다. 기능적 원인으로는 구음장애가 있는데 구음장애, 즉 음성장애는 음의 고저, 발성 문제, 심리적 문제로 인하여 언어전달이 어려운 상태를 말한다. 지적발달능력이 형성되지 못하거나 청각손실로 인하여 언어습득과정을 정상적으로 경험하지 못하여 발생하는 언어 학습능력 장애도 있다. 언어장애는 다음과 같이 분류될 수 있다.

(1) 음성장애

후두, 구강, 비강 등에 장애가 있으면 음성장애(voice disorder)를 일으키게 되는데, 음성장애가 후두 내의 기능장애와 관련이 있으면 발성(phonation)장애, 구강 및 비강통로의 기능장애와 관련이 있으면 공명(resonance)장애라고 한다. 구음기관이 마비가 되거나 장애가 있으면 호흡, 발성, 공명에 영향을 주어 정상적인 말의 속도, 강도, 시간, 정확성에 문제가 생기는 것을 말한다.

(2) 조음장애

조음장애(articulation disorder)는 음운장애(phonological disorder) 또는 발음장애라고도 하며, 말할 때 말소리를 생략, 대치, 왜곡 또는 첨가하는 것을 말한다. 소리는 들리나 발음이 불명확하거나 발음이 이상하거나 발음이 정확하지 않아 알아듣기 어려운 장애를 말한다.

(3) 유창성장애

말의 흐름에는 유창성, 속도, 리듬 등 세 가지 요소가 포함되어 있다. 이 세 가지 요소 중 일부 또는 전부에 이상이 있으면 말의 흐름에 장애가 있다고 한다. 이를 말의 흐름장애 또는 유창성장애라고 하는데 여기에는 말더듬과 속화증이 대표적이다. 말더듬(stuttering)은 말소리, 음절 또는 조음운동을 비정상적으로 반복하거나 또는 연장하는 것이다. 속화증(cluttering)은 말더듬과 유사하나 말더듬과는 반대로 성급하게 말하는 것이다. 화자가 자기의 말에 주의를 기울이면 개선되지만 이완되어 있을 경우에는 두드러지게 나타난다.

(4) 기타

음성장애, 음운장애, 유창성장애 외에 뇌성마비, 지적장애, 청각장애에 따른 언어장애가 있고, 언어발달지체, 실어증 등이 있다.

3) 특성

언어장애 출현율은 인구 1,000명당 1.95건이며, 남자의 경우 인구 1,000명당 2.37건, 여자의 경우 인구 1,000명당 1.55건으로 남자가 여자에 비해 높다. 특히 남자는 60세 이후부터 급격한 증가 추세를 보인다.

말은 하지만 발음이 이상하여 알아듣기 어려운 조음장애가 28.8%, 언어장애 혹은 실어증이 34.2%로 가장 많고, 말을 전혀 하지 못하는 경우가 26.0%, 말더듬이 4.5%, 그리고 음성장애가 6.6% 순으로 나타나고 있다. 언어장애는 자폐성장애, 정서장애, 지능발달 지체를 수반하기도 한다. 관련 재활보조기구로는 인공후두(성대), 의비, 의사소통보조기가 있다.

언어장애인들이 활용하는 대표적인 의사소통 방법으로 '말'의 비율이 가장 높다. 다음으로 '몸짓'이며, '수화' '구화' '필담' 순서이다. 의사소통을 할 만큼 수화를 사용할 수 있는 비율은 8.4%이며, 여자의 비율이 남자에 비해 2배 이상 높은 편이다.

6. 안면장애

1) 정의와 기준

안면장애란 얼굴 등 노출부위의 기형, 색깔, 모양, 혹 등의 변형으로 인하여 사회생활 활동에 지장이 생기는 장애를 말한다. 「장애인복지법 시행령」에 의하면 '안면 부위의 변형이나 기형으로 사회생활에 상당한 제약을 받는 사람'으로 규정되어 있다. 안면 부위라 함은 통상 얼굴뿐만 아니라 두부(머리), 경부(목), 이부(귀)와 같이 상지와 하지, 몸통 이외에 일반적으로 노출되는 부분을 의미한다. 노출된 안면 부위는 전두부와 측두부, 이개후부의 모발선과 정면에서 보았을 때 경부의 전면과 후면을 구분하는 수직선을 연결한 선을 경계로 얼굴, 귀, 목의 앞면을 포함한다. 노출된 안면 부위 특히 안면표면과 코의 변형 정도를 기준으로 장애 정도를 판정한다.

2) 원인과 유형

선천적 원인과 후천적 원인으로 구분할 수 있는데, 선천적 기형의 원인은 알려지지 않고 있는 반면, 후천적 원인의 대부분은 교통사고 등 사고가 주요 원인이 된다. 안면장애는 면상 반흔(점), 색소침착, 모발결손, 조직의 비후나

함몰 또는 위축, 선천성 기형, 화상, 피부질환, 피부암 등이 있다. 모발결손은 탈모증에 의한 것은 제외하며 반흔을 동반한 모발결손으로 국한한다. 함몰이나 비후라 함은 연부조직, 골조직 등의 함몰이나 비후, 위축을 말한다. 얼굴전면에 혈관종을 앓고 있거나 화상으로 인한 얼굴변형도 정도에 따라 안면장애로 인정된다.

3) 특성

다른 장애와 비교하였을 때 안면장애는 출현 빈도가 높지 않은 편이다. 안면장애 출현율은 인구 1,000명당 0.08건이며, 남자의 경우 인구 1,000명당 0.06명인 데 반해 여자의 경우 인구 1,000명당 0.10명으로 여자의 안면장애 출현율이 높다. 특히 남자는 60대 0.42건이며, 여자도 60대 0.35건으로 특정 연령에 집중되어 있다. 안면장애는 신체 기능상의 장애가 없기 때문에 일상생활에 불편을 느끼지는 않는다. 그러나 안면장애는 외부로 드러나는 기형이나 추형 때문에 혐오감을 유발하거나 불편한 시선 때문에 대인기피 등이 생겨 직장생활과 사회생활이 어려운 사회성 장애이다. 성형수술로 인하여 막대한 의료비 지출이 발생하기도 한다.

7. 신장장애

신장장애는 만성신부전증을 통칭하는 말이다. 정상적인 신장은 인체의 독성물질의 해독과 불순물을 배출하여 체내의 수분을 균형 있게 유지시켜 주지만, 만성신장질환으로 신장에 이상이 발생하면 더 이상 정상적인 신장 기능을 할 수 없게 된다. 신장 기능이 90% 이상 손실된 영속적인 장애를 말한다. 일반적으로 신장의 기능이 현저하게 저하되어 3개월 이상 투석을 받고 있거나 신장이식을 받은 경우이다. 「장애인복지법 시행령」은 '신장의 기능장애로 인하여 혈액투석이나 복막투석을 지속적으로 받아야 하거나 신장 기능의 영속적인 장애로 인하여 일상생활에 상당한 제약을 받는 사람'으로 규정하고 있다.

원인을 살펴보면 신장질환이 주요 원인으로 만성사구체신염, 당뇨병성 신증, 고혈압성 사구체경화증, 통풍신 등이 원인이 된다. 만성과 급성으로 구분하며 만성만 인정한다. 1개월 이상 혈액투석이나 복막투석을 하는 경우와 신장이식 이후 정상적인 생활을 하는 경우로 나눈다. 여기서 혈액투석은 혈액정화를 목적으로 혈액투석기계를 사용하는 것이고 복막을 이용하여 불순물을 체외로 빼는 것을 복막투석이라 한다. 일시적 장애일 경우 장애 등록을 취소한다.

신장장애 출현율은 인구 1,000명당 1.79건이며 남자의 경우 인구 1,000명당 2.19건으로 여자의 1.40건에 비해 높은 편이다. 특히 60대 후반 노령층에서의 출현율이 높게 나타난다. 혈액투석 혹은 복막투석을 받고 있는 비율은 81.0%이며, 남자는 78.1%, 여자는 85.4%가 투석을 받고 있는 것으로 나타나고 있다. 또한 신장이식을 받은 비율은 23.0%이며, 남자의 경우 24.3%로 여자의 21.0%에 비해 높은 것으로 나타나고 있다. 신장이식 연령대는 40대가 가장 높고 다음으로 30대, 50대 순이다. 신장장애의 특성은 진료일수가 길고 병원에서 소비하는 시간이 길어 취업이나 직업생활의 유지가 어렵고, 의료비 부담이 큰 편이다.

8. 심장장애

심장장애는 심장기능의 장애를 말한다. 심기능 부전증상이나 호흡곤란이 유발된다. 「장애인복지법 시행령」에서는 '심장의 기능부전으로 인한 호흡곤란 등의 장애로 일상생활에 상당한 제약을 받는 사람'으로 규정하고 있다. 심장수축력의 정도와 운동능력의 정도에 따라 판정하는데, 심장수축력은 심초

음파의 박출계수로, 운동능력은 활차를 이용하여 측정하게 되며, 다른 장애 유형에 비해 상대적으로 중증인 경우에만 장애로 인정하고 있다. 최소한 1년간 지속적으로 나타난 후 상태를 판정한다. 장애 정도는 보호자가 항상 필요한 정도, 가벼운 움직임이 가능한 정도, 가정 내 가벼운 활동이 가능한 정도로 판정한다. 원인을 찾아보면 생물학적 원인이 대부분이다. 협심증, 심근경색, 심장근육질환, 심장판막결손 등으로 인한 심장장애와 혈관손상, 고혈압 등 심부전장애로 분류한다.

심장장애 출현율은 인구 1,000명당 0.14건인데, 남자의 경우 인구 1,000명당 0.14건으로 여자 0.13건과 거의 차이가 없다. 70대 이후 고령층에서의 출현율이 매우 높은 편이다. 심장장애의 대표적인 특성은 호흡곤란으로 모든 등급에서 사회활동이 불가능하다. 진료일수가 길고 의료욕구가 매우 큰 특징을 가지고 있다.

9. 호흡기장애

호흡기장애는 폐나 기관지와 같은 호흡기관의 기능장애를 말한다. 1년 이상 치료를 받은 후 생활에 현저한 제한이 있을 경우를 말한다. 「장애인복지법 시행령」에서는 '폐나 기관지 등 호흡기관의 만성적 기능부전으로 인한 호흡기능의 장애로 일상생활에 상당한 제약을 받는 사람'으로 규정하고 있다. 즉, 충분한 내과적 치료에도 불구하고 장애가 지속적으로 유지되는 만성호흡기질환임을 확인해야 하며, 호흡곤란 정도, 폐 기능검사에 의한 폐 환기기능, 동맥혈 가스 검사에 의한 동맥혈산소분압 등에 의해 장애 정도를 판정한다. 호흡곤란의 지속정도와 일상 · 사회생활 제약정도에 따라 산소요법, 호흡곤란, 보행 시 호흡곤란으로 분류한다. 유형으로는 천식, 만성 기관지염, 폐기종, 기관지확장증, 늑막염, 결핵, 폐암이 있으며, 기침, 객혈, 호흡곤란, 가슴통증 등의 증상이 나타난다.

호흡기장애 출현율은 인구 1,000명당 0.29건이다. 남자의 경우 인구 1,000명당 0.45건으로 여자의 0.12건에 비해 4배 정도 높은 것으로 나타나고 있다. 연령대로는 60대 후반부터 증가하기 시작하여 70대에서 출현율이 가장 높다. 특히 남자의 경우 70대 호흡기장애 출현율은 인구 1,000명당 4.06건에 이른다.

호흡기장애의 특성은 일상적인 거동이나 사회생활이 어려워 경제적 곤란을 경험하는 것이다. 호흡기장애인 가운데 산소치료 처방을 받은 장애인은 전체의 42.2%에 해당하며, 성별로는 남자 42.4%, 여자 41.2%로 비슷하다. 하루 평균 산소치료 시간은 9.0시간이며 여자는 16.9시간으로 남자의 7.0시간에 비해 9.9시간 더 받는 것으로 나타나고 있다. 호흡기장애인 가운데 가정에서 인공호흡기를 사용하고 있는 장애인은 5.9%이며, 사용하다가 중단한 비율은 7.5%이다. 가정에서 인공호흡기를 사용할 때 어려운 점으로는 유지비용의 어려움이 54.7%로 가장 높다.

10. 간장애

간장애는 간 기능의 이상을 말한다. 「장애인복지법 시행령」에서는 '간의 만성적 기능부전과 그에 따른 합병증 등으로 인한 간기능의 장애로 일상생활에 상당한 제약을 받는 사람'으로 규정하고 있다. 최초 진단 이후 1년 이상의 경과와 2개월 이상의 치료를 기준으로 판정한다. 즉, 2개월 이상의 적극적인 내과적 치료에도 불구하고 호전의 기미가 없으며 장애가 지속적으로 유지되는 만성 간질환임을 확인하여 진단한다.

유형으로는 간경화, 만성 간염, 간암이 있으며, 만성적 황달, 복수, 피로, 부종 등의 증상이 나타난다. 간이식수술을 받은 경우도 간장애에 포함된다. 생활에 지장을 주는 정도를 기준으로 난치성 복수가 차는 지속적인 장애를 가지고 항상 보호가 필요한 중증, 만성 간질환으로 복막염이 있는 정도, 간기능 장애로 수시로 도움이 필요한 정도, 그리고 간이식 후 정상적인 생활을 하는 정도로 분류한다.

간장애 출현율은 인구 1,000명당 0.25건인데, 남자의 경우 인구 1,000명당 0.36건으로 여자의 0.13건에 비해 3배 가까이 높은 것으로 나타나고 있다. 특히 남자 70대가 1.29건으로 가장 높고 50대, 60대 순으로 높다. 간장애인 가운데 간이식을 받은 장애인의 비율은 87.2%이며, 남자의 경우 86.8%로 여자의 88.5%에 비해 낮은 편이다. 주로 50대에 간이식을 받는 것으로 나타나고 있다.

11. 장루 · 요루 장애

장루 · 요루장애는 요루, 회장루, 결장루 등 장루에 기능 장애가 발생하여 배변기능에 이상이 생기거나 요도에 장애가 발생하여 배뇨 이상이 발생하는 장애이다. 「장애인복지법 시행령」에서는 '배변기능이나 배뇨기능의 장애로 인하여 장루 또는 요루를 시술하여 일상생활에 상당한 제약을 받는 사람'으로 규정하고 있다.

장루는 복부를 통해 결장부위에 수술로 만들어진 개구이다. 장루수술을 받게 되면 대변이 더 이상 항문을 통해 배출되지 않고 결장을 통해 배출되며, 배변활동을 스스로 조절할 수 없다. 따라서 대변을 모으기 위한 일회용 주머니를 착용해야 한다. 회장루는 아랫배를 관통하여 소장에 수술로 만든 개구인데, 상처나 질병으로 인해 직장 및 항문과 함께 결장을 수술로 제거할 수도 있다. 회장루에 의한 대변수술 후 대변은 소장에서 직접 나오기 때문에 피부에 매우 자극이 될 수 있다. 이로 인해 착용한 주머니는 인공항문 주변에 맞는 보호용 피부벽을 가져야 한다.

요루는 소변을 몸 밖으로 배출하게 해 주기 위해 아랫배에 수술로 만든 개구이다. 요루수술을 하게 되면 소변은 더 이상 요도를 통해 배출되지 않으며,

요루를 통해 배출된다. 요루는 항문괄약근을 가지지 않으므로 요루수술을 한 사람은 소변을 보는 것에 대한 자기 스스로의 조절능력이 없다. 대신 소변을 모으기 위한 일회용 주머니를 착용한다.

일상생활과 사회생활의 제한 정도와 보호 정도를 기준으로 하나 이상의 장루 변형이나 배뇨장애, 장 내용물이 지속적으로 배출되는 상태이며 항상 보호가 필요한 정도, 장 세척이 필요하고 가끔씩 보호가 필요한 정도, 활동제한이 거의 없고 도움이 필요 없는 정도로 구분한다.

장루 · 요루장애의 주요 원인을 찾아보면 거의 대부분 대장암, 자궁암, 전립선암이 원인이다. 장루 · 요루장애 출현율은 인구 1,000명당 0.37건이며 남자의 경우 인구 1,000명당 0.50건으로 여자의 0.24건의 2배 이상이다. 특히 남자 80세 이상, 여자 60대가 가장 높다. 장루 · 요루장애의 특성은 대형 수술이 필요하여 막대한 치료비가 소요될 뿐만 아니라 재발 가능성이 높고 냄새로 인하여 대인기피증이 발생한다는 것이다.

12. 뇌전증(간질)장애

흔히 발작 혹은 반복되는 경련 증상이 발생한다. 「장애인복지법 시행령」은 '뇌전증에 의한 뇌신경세포의 장애로 인하여 일상생활이나 사회생활에 상당한 제약을 받아 다른 사람의 도움이 필요한 사람'으로 규정하고 있다. 대뇌의 이상 또는 손상이 있게 되면 원래 갖고 있는 전기에너지가 과도하게 방출하게 되어 주변으로 퍼져 나가게 되고, 이로 인해 경련, 발작, 의식소실 등의 증세를 유발하게 된다. 뇌전증은 이러한 현상들이 반복적으로 발생하는 질병을 말한다. 월 8회 이상 중증 발작이 있고 지속적인 보호가 필요한 정도는 2급, 월 1회 이상 중증 발작이 있거나 월 2회 이상 경증 발작이 있는 경우 4급으로 판정한다.

원인은 다양한데 생물학적 원인인 뇌출혈, 뇌경색, 뇌종양 등 뇌손상에 의해서 일어날 수 있으며, 뇌 산소 공급부족, 혈액형 불일치, 저혈당, 매독이나 풍진으로 인한 모성감염에 의해서도 발생할 수 있다. 유전적 원인은 추측만 될 뿐이며 보다 정확한 원인은 밝혀지지 않고 있다. 신체 일부가 경련하는 부분발작은 뇌조직 이상에서 발생한다.

대표적인 증상으로는 발작, 호흡장애, 의식 소실, 실신, 두통, 인지기능 장애이며, 발작의 양상도 여러 형태로 나타난다. 종류로는 부분발작(partial seizures), 전신발작(generalized seizures), 미분류발작(unclassified epileptic seizures)이 있다. 부분발작은 의식이 있느냐 없느냐에 따라 단순 부분발작(simple partial seizures)과 복합 부분발작(complex partial seizures)으로 분류한다. 전신발작은 결신발작(absence seizures, 소발작, 갑자기 하던 행동을 중단하고 허공을 응시하거나 고개를 떨어뜨리는 증상, 가벼운 근육 경련 동반), 근간대성 발작(myoclonic seizures, 깜짝 놀라는 듯한 불규칙 근수축이 일어나 숟가락이나 칫솔을 떨어뜨리는 증상), 긴장간대발작(tonic-clonic seizures, 대발작, 가장 흔한 형태, 전조증상 없이 갑자기 의식을 잃고 쓰러지며 전신 근육경련, 호흡곤란, 거품 등의 증상), 무동 발작(atonic seizures, 털썩 쓰러져서 움직이지 않는 증상)으로 분류한다.

뇌전증장애 출현율은 인구 1,000명당 0.46건이며, 남자의 경우 인구 1,000명당 0.50건으로 여자의 0.43건에 비해 높은 편이다. 남자는 50대가 가장 높고 여자는 10대에 가장 높은 것으로 나타나고 있다. 뇌전증의 특성은 발작 시 외상을 입을 가능성이 높으며, 성격장애의 가능성이 나타나기도 한다.

13. 지적장애

지적장애는 지적 능력이 저하되거나 적응행동의 결함을 의미한다. 「장애인복지법 시행령」에서는 '정신 발육이 항구적으로 지체되어 지적 능력의 발달이 불충분하거나 불완전하고 자신의 일을 처리하는 것과 사회생활에 적응하는 것이 상당히 곤란한 사람'으로 정의하고 있으며, 「장애인 등에 대한 특수교육법 시행령」에서는 '지적 기능과 적응행동상의 어려움이 함께 존재하며 교육적 성취에 어려움이 있는 사람'으로 정의하고 있다. 18세 이전에 지능의 발달지체와 적응행동의 결함으로 인한 사회적응의 한계를 보이는 장애를 말한다. 18세가 넘으면 치매로 판단한다.

지능검사에 근거하여 타인에게 완전히 의존하는 경우(34 이하), 간단한 신변처리와 단순한 훈련이 가능한 경우(35~49), 교육속도는 느리지만 효과를 기대할 수 있어 사회생활과 직업생활이 가능한 경우(50~70)로 분류한다. 통상 백치(34 이하), 치우(35~49), 우둔(50~70)이라고 부른다. 미국지적장애협회(American Association of Mental Retardation: AAMR)는 지적장애를 '18세 이전에 발현된 지적 기능의 제약으로 IQ 70 또는 75 이하의 낮은 지적 능력을 보이는 동시에 의사소통, 자조, 가정생활, 사회적 기술, 지역사회 이용, 자기관리, 건강과 안전, 학습능력, 여가와 일 등의 적응기술 영역에서 2개 이상의 제한을 드러내는 상태'로 정의하고 있다. 또한 미국지적장애협회는 지적장애의 분류를 경도(mild), 중등도(moderate), 중도(severe), 최중도(profound)로 분류하였으나, 1992년의 새로운 정의에 따라 지적장애의 정도를 지적장애인이 필요로 하는 지원의 강도에 따라 간헐적 지원(intermittent support), 제한적 지원(limited support), 장기적 지원(extensive support), 심층적 지원(pervasive support) 등을 필요로 하는 경우로 나누어 구분하고 있다.

명확한 원인을 규명하지 못하고 있으나 생물학적 요인과 사회심리학적 요인의 상호작용인 것으로 보고 있다. 생물학적 요인으로는 유전자 결함이나 염색체 이상, 산모의 영양과 건강상태(바이러스 감염, 노산 등), 태아 뇌발달 이상이 있으며, 사회 · 심리적 요인으로는 방임, 유기, 타인과의 접촉기회 결여, 사회적 자극 결손, 가정폭력 등이 있다.

지적장애 출현율은 인구 1,000명당 4.41건이며, 남자의 경우 인구 1,000명당 5.13건으로 여자의 3.71건에 비해 높은 편이다. 20대(20~29세)에 가장 많이 출현하며, 연령이 증가함에 따라 점차 감소하는 경향을 보인다. 특히 만 20~29세 남자의 경우 지적장애 출현율이 인구 1,000명당 10.70건으로 가장 높다. 다음으로 10대(10~19세)에 7.80건이다. 지적장애인의 의사소통 수행능력을 살펴보면 대부분 의사소통 가능 29.9%, 간단한 의사소통 가능 29.7%, 도움을 통해 간단한 의사소통 가능 24.3%이며, 의사소통 불가능 9.3% 순이다.

상자 3-1 **지적장애 판정 지능검사**

고대-비네검사(Stanford Binet Intelligence Scale, Revised, 고려대학교)

정신지체아동과 특정 학습장애아동을 판별할 수 있을 뿐만 아니라 영재아의 판별에 활용된다. 검사대상 연령은 만 4~14세까지이며, 장애아동은 성인이라도 만 14세로 간주하여 해당 환산표를 적용한다. 4개 영역에 걸쳐 15개 검사로 구성되어 있으며 언어적 추리(어휘력, 이해력, 모순점, 언어적 관계), 양적 추리(숫자 다루기, 숫자 계열, 방정식 만들기), 추상적/시각적 추리(형태조합, 복사하기, 매트릭스, 종이접기와 자르기), 단기기억(묵주알, 문장, 숫자, 사물)으로 구성되어 있다. 검사 결과는 정신연령(mental age)으로 표시되고 이것을 다시 IQ(intelligence quotient)로 환산할 수 있다. IQ 범위는 매우 우수(130 이상, 2.2%), 우수(120~129, 6.7%), 평균 이상(110~119, 16.1%), 평균(90~109, 50.0%), 평균 이하(80~89, 16.1%), 경계선(70~79, 6.7%), 정신지체(69 이하, 2.2%)로 분류한다.

웩슬러아동지능검사(Korean Education Development Institute-Wechsler Intelligence Scale for Children, Revised, KEDI-WISC)

만 5세부터 15세까지의 아동에게 실시하는 표준화된 개인용 지능검사로 언어성 지능지수 검사와 동작성 지능지수 검사로 구성되어 있으며, 언어성 검사와 동작성 검사 모두 5개의 하위검사와 1개의 보충검사를 포함하고 있다. 언어성 검사는 상식(선천적 능력, 초기환경 조건, 경험으로부터 누적된 지식), 공통성(언어적 개념형성, 추상적 논리적 사고력), 산수(사고력, 수리능력, 주의집중력), 어휘(문화교육환경과 관련된 학습능력, 기억력, 개념형성능력, 언어능력), 이해(경험의 평가 · 종합하는 능력), 숫자 바로 외우기와 숫자 거꾸로 외우기(주의력, 단기기억력, 요소 재구성 능력) 영역으로 구성되어 있다. 동작성 검사는 언어 문제를 가진 아동들에게 실시하기에 적절하며, 빠진곳찾기(집중력, 사고력, 시각적 구성력, 시각적 기억력), 차례맞추기(전체 상황 이해와 구성, 시각적 구성능력), 토막짜기(시각-운동 협응력, 지각구성력, 공간지각능력), 모양맞추기(시지각과 감각운동 협응력, 탐색 · 성취능력, 불완전한 것에서 전체를 지각하는 능력), 기호쓰기(시각-운동 협응력, 민첩성, 다기억력), 미로찾기(계획능력, 지각구성력) 영역으로 구성되어 있다.

14. 정신장애

「장애인복지법 시행령」에서는 정신장애를 '지속적인 정신분열병, 분열형 정동장애(여러 현실 상황에서 부적절한 정서반응을 보이는 장애), 양극성 정동장애 및 반복성 우울장애에 따른 감정조절 · 행동 · 사고 기능 및 능력의 장애로 인하여 일상생활이나 사회생활에 상당한 제약을 받아 다른 사람의 도움이 필요한 사람'으로 규정하고 있다. 지속적으로 1년간 치료하였다는 것을 증명한 후 장애로 판정되며, 매 2년마다 새롭게 장애 정도를 판정한다. 구체적인 유형과 특징은 다음과 같다.

가. 조현병(정신분열증): 주로 사춘기 전후부터 20대 초반에 발생하는 정신 질환으로 환각 등의 지각장애, 망상 등의 사고장애, 감정이 무뎌지는 감정장애, 무관심 등의 의지장애 등이 나타남.

나. 양극성 정동장애: 기분 및 감정의 변동이 심한 증상이 반복적으로 나타나는데, 기분이 비정상적으로 너무 고양되고, 과대망상, 사고비약, 수면장애(잠을 거의 자지 않음) 등의 증상이 동반되는 조증 상태와 기분이 비정상적으로 침울하고, 죄책망상, 자살사고, 수면장애(잠을 너무 많이 자거나 자고 싶어도 잠을 자지 못함), 식욕부진, 대인관계 기피 등의 증상이 동반된 우울상태가 교차 반복됨.

다. 반복성 우울장애: 기분이 비정상적으로 침울하고, 죄책망상, 자살사고, 수면장애, 식욕부진, 대인관계 기피 등의 증상이 동반된 우울상태가 지속 반복됨.

라. 분열형 정동장애: 조현병 증상과 정동장애(조증 또는 울증)의 증상이 동일한 정도로 동시에 존재하는 경우임.

발병 시기는 사춘기 이후 20대 전후에 가장 높다. 정신장애의 발생 원인으로는 유전적이거나 기질적 원인도 있고, 스트레스, 충격, 자아존중감 상실과 같은 사회환경적 원인도 있다. 정신장애 출현율은 인구 1,000명당 2.18건이고, 남자의 경우 인구 1,000명당 2.29건으로 여자의 2.08건에 비해 상대적으로 높은 편이다. 장애 발생 시기로는 20대의 발생비율이 35.5%로 가장 많고, 다음으로 10대 23.3%, 30대 21.0% 순이다. 정신장애 가운데 조현병 발생비율이 70.4%로 가장 높고, 반복성 우울장애 12.1%, 양극성 정동장애 11.2% 순이다. 우울장애는 여자가 15.4%로 남자 9.0%에 비해 높은 반면, 양극성 정동장애와 분열정동장애는 남자가 여자에 비해 4배 이상, 2배 이상 높다. 정신장애는 완전 치료가 어렵고 따라서 사회적응이나 사회복귀의 가능성이 매우 희박한 것으로 알려져 있지만 간혹 정서적 안정을 얻어 회복 가능한 경우도 있다.

15. 자폐성장애

자폐성장애는 명확한 개념이나 명확한 정의가 밝혀지지 않고 있다. 일반적으로 비사회적 행동장애를 말한다. 아동은 태어날 때부터 사람과 대인관계 형성이 되지 않으며, 주변 환경에 대한 인식이 부족하고 언어발달에 심각한 장애를 나타내는 등 여러 종류의 행동장애가 동반된다. 1943년 Kanner의 의해 처음 보고되었다. 「장애인복지법 시행령」에서는 '소아기 자폐증, 비전형적 자폐증에 따른 언어 · 신체표현 · 자기조절 · 사회적응 기능 및 능력의 장애로 인하여 일상생활이나 사회생활에 상당한 제약을 받아 다른 사람의 도움이 필요한 사람'으로 규정하고 있는데, 진단을 받은 후 최소한 6개월이 경과되어야 판정을 받는다.

유형으로는 유아자폐증(Pervasive Developmental Disorder, 전반적 자폐성장애)와 유사자폐로 구분한다. 유아자폐증은 출생 이후 30개월 이전을 기준으로 한다. 사람에 대한 무반응, 특정사물, 생물에 대한 애착, 언어발달 지체 등의 증상이 나타난다. 유사자폐는 3세 이후를 기준으로 한다. 자폐증으로 진단은 아니나 독립적인 생활을 유지하기가 불가능하다. 기능수행정도, 지능지수 등을 기준으로 정도를 분류한다.

자폐성장애는 구체적으로 원인을 규명하기가 쉽지 않다. 심리환경적 원인으로는 허약체질, 예민성, 부적절한 성장환경 등을 꼽을 수 있고, 생물학적 원인으로는 임신 중 약물사용, 풍진 등의 감염, 난산이나 노산에서 태아의 대뇌가 위축된 경우, 소뇌 이상, 측두엽 이상 등이 지적된다. 자폐성장애 출현율은 인구 1,000명당 0.48건이다. 남자의 경우 인구 1,000명당 0.83건으로 여자의 0.13건에 비해 6배 정도 높게 나타난다. 자폐성장애 출현율은 10대 1.27건, 20대 1.20건이며, 10대 미만(0~9세)이 1.67건으로 가장 높다.

자폐증의 경우 과잉행동, 공격성, 자기도취, 과민반응, 우울증 등의 행동장

〈표 3-1〉 자폐성 장애 판정척도

1. 불러도 대답이 없다.	11. 가구의 위치를 옮기면 불안해한다.
2. 독립적으로 적절한 식사가 불가능하다.	12. 같은 길로만 가려고 한다.
3. 대소변을 가리지 못한다.	13. TV에서 선전만 보려고 한다.
4. 또래와 놀지 못한다.	14. 밖으로 나가면 그냥 마음대로 가 버린다.
5. 남의 말을 이해하지 못한다.	15. 머리의 크기가 작다.
6. 표현 언어가 없다.	16. 눈을 맞추지 않는다.
7. 자기방어를 하지 못한다.	17. 손을 비틀거나 씻는 것 같은 행동을 반복한다.
8. 충동적인 행동을 보인다.	18. 모든 물건을 입에 집어넣는다.
9. 자해적인 행동을 한다.	19. 생후 1~2년 정도까지 정상적인 발달을 보인다.
10. 한 가지 장난감에 집착한다.	20. 혼자서 말을 하는데 대화를 하지 못한다.

애를 노출한다. 구체적으로 살펴보면, 첫째, 대인관계의 형성이 일어나지 않는다. 둘째, 언어발달이 이루어지지 않거나 발달의 심각한 지연이 나타난다. 셋째, 과잉운동증, 공격적 행동, 자해적 행동 등의 행동장애가 동반되는 특징이 있다. 지적장애를 동반하기도 하는데 지적능력과 이해력 및 판단력이 저하되는 경우가 많다. 동반장애가 없는 경우가 49.9%로 가장 많고, 지적장애만 동반하는 경우가 37.6%이며, 지적장애와 경련성질환을 모두 동반하는 비율은 12.6%이다. 스스로 간단한 의사소통이 가능하다는 비율이 25.6%이고, 도움을 통해 간단한 의사소통이 가능한 비율이 37.2%이며, 의사소통이 전혀 불가능한 비율은 11.4%이다. 지적장애와 함께 스위치나 터치모니터 등이 관련 재활보조기구이다.

〈표 3-2〉는 인구 천 명당 15개 법정 장애 유형의 출현율을 정리한 것이다. 지체장애의 출현율이 가장 높은 반면, 안면장애 출현율이 가장 낮다. 지체장애를 제외하고 출현율이 높은 장애 유형으로는 청각장애, 시각장애, 뇌병변장애 순이며, 정신적 장애 가운데는 지적장애가 가장 출현율이 높은 것으로 나타나고 있다. 안면장애를 제외하면 심장장애, 간장애, 호흡기장애, 장루·요루장애, 뇌전증장애의 출현율이 낮은 편이다. 거의 모든 장애 유형에서 남성이 여성에 비해 출현율이 높은 것으로 나타났다.

〈표 3-2〉 장애 출현율 (단위: 인구 천 명당)

	남자	여자	계
지체장애	29.55	22.74	26.13
뇌병변장애	17.26	4.86	6.05
시각장애	6.84	4.79	5.81
청각장애	7.25	5.58	6.41
언어장애	2.37	1.55	1.95
안면장애	0.06	0.10	0.08
신장장애	2.19	1.40	1.79

심장장애	0.14	0.14	0.14
호흡기장애	0.45	0.12	0.29
간장애	0.36	0.13	0.25
장루 · 요루장애	0.50	0.24	0.37
뇌전증장애	0.50	0.43	0.46
지적장애	5.15	3.71	4.41
정신장애	2.29	2.08	2.18
자폐성장애	0.83	0.13	0.48

주: 단위는 사람(person)이 아니라 건수(spell)로서 지체장애를 가진 모든 장애인, 즉 단순 지체장애 및 중복자애로서 지체장애를 가진 사람의 합계를 의미함.
출처: 보건복지부, 한국보건사회연구원, 2017.

16. 기타 장애

「장애인복지법」이 정하는 15개 장애 범주 외에 「장애인 등에 대한 특수교육법」에서는 교육현장에서 특수교육이 필요한 장애 범주를 2개 더 규정하고 있다.

1) 학습장애

학습장애를 가진 경우 정상적인 지적 능력이 있음에도 불구하고 학습수행에 문제를 가지는 상태를 말한다. 특히 셈, 말, 읽기, 쓰기 등 특정 분야에서만 학습과정상 장애를 가질 수 있어, 학습 영역간 성취도에서 불균형을 이룬다. 「장애인 등에 대한 특수교육법」에서는 학습장애를 '개인의 내적 요인으로 인하여 듣기, 말하기, 주의집중, 지각, 기억, 문제해결 등의 학습기능이나 읽기, 쓰기, 수학 등 학업 성취 영역에서 현저하게 어려움이 있는 사람'으로 정의하고 있다. 지능검사, 기초학습기능 검사 등으로 판정한다. 특수교육 대상

아동의 약 절반이 학습장애를 가지고 있는 것으로 알려져 있다.

2) 정서 · 행동장애

정서장애는 명확한 정의와 명확한 개념을 찾기 어렵다. 일반적으로 지적, 신체적, 지각적으로 이상이 없으나 학습 성적이 부진하거나 대인관계에 결함이 나타나거나 부적절한 행동이나 감정을 노출하는 경우를 의미한다. 「장애인 등에 대한 특수교육법」에서는 다음과 같이 정서 · 행동장애를 규정하고 있다.

가. 지적 · 감각적 · 건강상의 이유로 설명할 수 없는 학습상의 어려움을 지닌 사람
나. 또래나 교사와의 대인관계에 어려움이 있어 학습에 어려움을 겪는 사람
다. 일반적인 상황에서 부적절한 행동이나 감정을 나타내어 학습에 어려움이 있는 사람
라. 전반적인 불행감이나 우울증을 나타내어 학습에 어려움이 있는 사람
마. 학교나 개인 문제에 관련된 신체적인 통증이나 공포를 나타내어 학습에 어려움이 있는 사람

정서장애를 유형별로 나누어 보면 난폭행동, 파괴적 행동, 타인 무시, 주의집중력 저하의 공격적 능동형이 있는 반면, 몽상적이거나 사회적 고립을 초래하는 수동형이 있다. 대표적인 증상으로는 주의집중, 과다행동, 산만, 충동 등이 나타난다. 자아개념 형성이 미약하고 정서적 문제를 내포하고 있다. 적응행동 검사, 성격진단 검사, 행동발달 검사 등으로 평가한다.

〈표 3-3〉 장애인의 종류와 기준

종류	기준
지체장애인	가. 한 팔, 한 다리 또는 몸통의 기능에 영속적인 장애가 있는 사람 나. 한 손의 엄지손가락을 손가락 뼈 관절 이상의 부위에서 잃은 사람 또는 한 손의 둘째 손가락을 포함한 두 개 이상의 손가락을 모두 제1 손가락뼈 관절 이상의 부위에서 잃은 사람 다. 한 다리를 리스프랑(lisfranc joint) 이상의 부위에서 잃은 사람 라. 두 발의 발가락을 모두 잃은 사람 마. 한 손의 엄지손가락 기능을 잃은 사람 또는 한 손의 둘째 손가락을 포함한 손가락 두 개 이상의 기능을 잃은 사람 바. 왜소증으로 키가 심하게 작거나 척추에 현저한 변형 또는 기형이 있는 사람 사. 지체에 위 항목의 어느 하나에 해당되는 장애 정도 이상의 장애가 있다고 인정되는 사람
뇌병변장애인	뇌성마비, 외상성 뇌손상, 뇌졸중 등 뇌의 기질적 병변으로 인하여 발생한 신체적 장애로 보행이나 일상생활의 동작 등에 상당한 제약을 받는 사람
시각장애인	가. 나쁜 눈의 시력이 0.02 이하인 사람 나. 좋은 눈의 시력이 0.2 이하인 사람 다. 두 눈의 시야가 각각 주시점에서 10도 이하로 남은 사람 라. 두 눈의 시야 2분의 1 이상을 잃은 사람
청각장애인	가. 두 귀의 청력 손실이 각각 60데시벨(dB) 이상인 사람 나. 한 귀의 청력 손실이 80데시벨 이상, 다른 귀의 청력 손실이 40데시벨 이상인 사람 다. 두 귀에 들리는 보통 말소리의 명료도가 50퍼센트 이하인 사람 라. 평형 기능에 상당한 장애가 있는 사람
언어장애인	음성 기능이나 언어 기능에 영속적으로 상당한 장애가 있는 사람
지적장애인	정신 발육이 항구적으로 지체되어 지적 능력의 발달이 불충분하거나 불완전하고 자신의 일을 처리하는 것과 사회생활에 적응하는 것이 상당히 곤란한 사람
자폐성장애인	소아기 자폐증, 비전형적 자폐증에 따른 언어 · 신체표현 · 자기조절 · 사회적응 기능 및 능력의 장애로 인하여 일상생활이나 사회생활에 상당한 제약을 받아 다른 사람의 도움이 필요한 사람

정신장애인	지속적인 양극성 정동장애, 조현병, 조현정동장애 및 재발성 우울장애에 따른 감정조절 · 행동 · 사고 기능 및 능력의 장애로 인하여 일상생활이나 사회생활에 상당한 제약을 받아 다른 사람의 도움이 필요한 사람
신장장애인	신장의 기능장애로 인하여 혈액투석이나 복막투석을 지속적으로 받아야 하거나 신장기능의 영속적인 장애로 인하여 일상생활에 상당한 제약을 받는 사람
심장장애인	심장의 기능부전으로 인한 호흡곤란 등의 장애로 일상생활에 상당한 제약을 받는 사람
호흡기장애인	폐나 기관지 등 호흡기관의 만성적 기능부전으로 인한 호흡기능의 장애로 일상생활에 상당한 제약을 받는 사람
간장애인	간의 만성적 기능부전과 그에 따른 합병증 등으로 인한 간기능의 장애로 일상생활에 상당한 제약을 받는 사람
안면장애인	안면 부위의 변형이나 기형으로 사회생활에 상당한 제약을 받는 사람
장루 · 요루 장애인	배변기능이나 배뇨기능의 장애로 인하여 장루 또는 요루를 시술하여 일상생활에 상당한 제약을 받는 사람
뇌전증장애인	뇌전증에 의한 뇌신경세포의 장애로 인하여 일상생활이나 사회생활에 상당한 제약을 받아 다른 사람의 도움이 필요한 사람

출처:「장애인복지법 시행령」 제2조(장애의 종류 및 기준) 별표 1.

// 생각해 봅시다 //

1. 신체적 장애와 정신적 장애는 장애 특성에서 어떤 차이가 있는지 알아봅시다.
2. 신체적 장애 가운데 범주 1개와 정신적 장애 가운데 범주 1개를 선택한 후 특성을 비교해 봅시다.
3. 15개 법정 장애 유형에 포함되지 않은 장애 유형은 어떤 것이 있는지 알아봅시다.
4. 장애 범주가 확대됨에 따라 추가될 장애 유형은 무슨 원인으로 발생하는지 그리고 어떠한 특성을 가지고 있는지 살펴봅시다.
5. 법정 장애 유형을 다른 방식으로 분류해 봅시다.

제4장

장애 인구

1. 장애인

'장애인'이라 함은 장애가 있는 사람을 말한다. 과거에는 장애인을 비하하거나 장애인의 인권을 고려하지 않는 저급한 용어를 자주 사용하였으나 근래에 들어서 이런 용어는 거의 사용되지 않는다. 장애인복지의 역사를 살펴보면 '장애인'이라는 용어가 공식적으로 사용된 것은 1989년 「장애인복지법」으로 개정되면서부터이다. 이전에는 1981년에 제정된 「심신장애자복지법」을 바탕으로 '장애자'라는 용어를 사용하였다. 이후 '장애인'은 장애가 있는 사람을 호칭하는 보편적인 용어로 사용되고 있다.

장애인이라 함은 한 사회의 법제도가 정하는 장애와 동일한 개념을 가지고 있다. 「장애인복지법」 제2조 제1항에서 장애인은 '신체적 · 정신적 장애로 오랫동안 일상생활이나 사회생활에서 상당한 제약을 받는 자'로 규정되고 있다. 유엔장애인권리선언(Declaration on the Rights of Disabled Persons, 1975)은 장애인을 '선천적이든 후천적이든 신체적 혹은 정신적 능력의 결함으로 인하여 정상적인 개인생활 및 사회생활에 필요불가결한 것을 전부 또는 일부 확보할 수 없는 사람'이라고 정의하였다.

장애인복지제도의 발달과 함께 장애인을 바라보는 사회적 시각이 개선됨에 따라 장애인에 대한 호칭에도 한두 차례 변화가 있었다. 한동안 장애인과 비장애인과의 거리감을 줄이고 친근함을 강조하기 위해 벗이라는 의미를 담아 '장애우'라는 용어를 사용하기도 하였다. 그러나 '장애우'라고 부르는 것은 어법적으로 타당하지도 않을 뿐만 아니라, 장애인을 주체성이 결여된 존재, 즉 도움이나 동정의 대상으로 인식될 의미를 품고 있어 용어의 사용을 반대하는 주장이 거세게 일어 지금은 쓰이지 않는다(유동철, 2013).

영어로는 장애인을 'disabled person'이라고 하며 보다 포괄적인 의미로 'handicapped person'이라고 한다. 이러한 용어는 장애가 있는 것으로 규정된 사람이라는 사회적 개념을 담고 있다. 최근에는 장애에 초점을 두기보다 사람이 먼저여야 함을 강조하면서 'person with disability'라는 용어를 사용한다. 실천현장에서 일하는 일부 장애인 당사자들은 스스로를 'differently abled person'이라는 창의적이고 긍정적인 호칭으로 바꾸어 부르기도 한다.

한편, 장애가 없는 사람을 부를 때 장애인과 대칭적으로 '비장애인'이라는 용어를 사용하는 것이 타당하다. 통상 '일반인'이라고 부른다. 그러나 장애가 없는 사람에게 '정상인'이라는 용어를 사용해서는 안 된다. 장애가 없는 사람을 정상인이라고 부르면 장애가 있는 사람은 비정상인이 되는 것이며 동시에 장애는 비정상이 되기 때문이다.

2. 장애 인구

1) 추정 장애인

장애 인구는 추정 장애인과 등록 장애인으로 분류하여 파악한다. 추정 장애인은 장애 출현율을 바탕으로 산정하게 된다. 한 나라에서 장애 범주를 어떻게 정하느냐에 따라 장애 출현율과 장애 인구가 달라질 수 있다. 장애 범주가 확대함에 따라 우리나라의 장애 출현율과 추정 장애인의 수도 급격히 늘어나게 되었다.

전반적인 장애 출현율 추이를 살펴보면 1995년 2.37%였다가 2000년 3.09%, 2005년 4.59%, 2011년 5.61%로 지속적으로 증가하는 추이를 보이다가 2014년 5.59%, 2017년 5.39%로 감소한 것으로 나타나고 있다. 이에 따라 추정 장애인도 1995년 105만 3천 명이었으나 2014년 272만 7천 명으로 2배 이상 증가하였다가 2017년 266만 8천 명으로 약간 감소하였다. 이 기간 동안 1999년과 2003년에 있었던 두 차례 장애 범주의 확대로 인한 결과로 해석된다.

2017년 추정 장애인의 정확한 수치는 2,668,411명이다. 2014년 실태조사 결과와 비교하면 약 5.8만 명 감소한 것이다. 이 가운데 재가장애인은 2,580,340명, 시설장애인은 88,071명으로 추정되며 각각 96.7%와 3.3%를 구성하고 있다.

한편, 장애인가구는 3,068,974가구로 추정되며 전체 조사대상 가구의 15.9%를 차지하는데, 6.3가구당 1가구에 장애인이 거주하는 것으로 추산된다. 장애인가구 비율은 지속적 증가 추이를 보여 주는 것으로, 2011년 13.9%, 2014년 15.6%에 비해 다소 증가한 것이다.

〈표 4-1〉 장애 출현율 추이

(단위: %, 명)

	1990년	1995년	2000년	2005년	2011년	2014년	2017년
장애 출현율	–	2.37	3.09	4.59	5.61	5.59	5.39
추정 장애인	95만 6천	105만 3천	144만 9천	214만 8천	268만 3천	272만 7천	266만 8천

출처: 각 연도별 장애인실태조사.

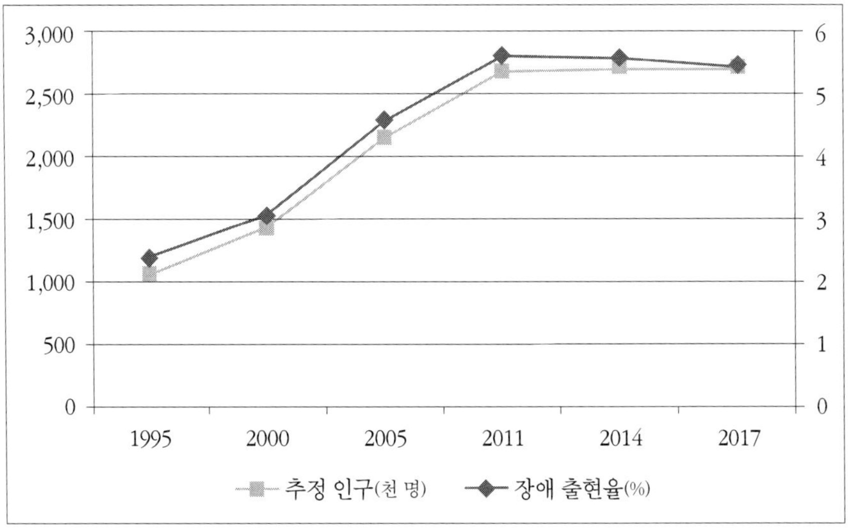

그림 4-1 장애 출현율과 추정 장애인 추이

2) 등록 장애인

등록 장애인은 보건복지부에 등록된 장애인을 말한다. 2017년 등록 장애인은 모두 2,511,051명으로, 추정 장애인 2,668,411명의 94.1%에 해당한다. 이 수치는 2014년도에 비해 1만 여명과 2.4%포인트 증가한 것이다.

장애 등록률을 살펴보면 1990년 이후부터 매우 가파르게 증가하다가 2014년에 이르러 소폭 감소하였으나 다시 증가한 것으로 나타나고 있다. 장애 등록률이 증가한 원인으로 장애 및 장애인에 대한 인식개선, 장애인복지서비스의 증가, 장애 등록으로 인하여 이용할 수 있는 각종 혜택에 대한 인지도 향상 등에 기인한 것이라고 유추할 수 있다.

〈표 4-2〉 장애 인구 추이

(단위: %, 명)

연도	1990년	1995년	2000년	2005년	2011년	2015년	2017년
추정 장애인	95만 6천	105만 3천	144만 9천	214만 8천	268만 3천	272만 7천	2,668,411
등록 장애인	24만 8천	37만 8천	90만 7천	166만 9천	251만 7천	250만 1천	2,511,051
장애 등록률	26.0	35.9	62.6	77.7	93.8	91.7	94.1

출처: 각 연도별 장애인실태조사.

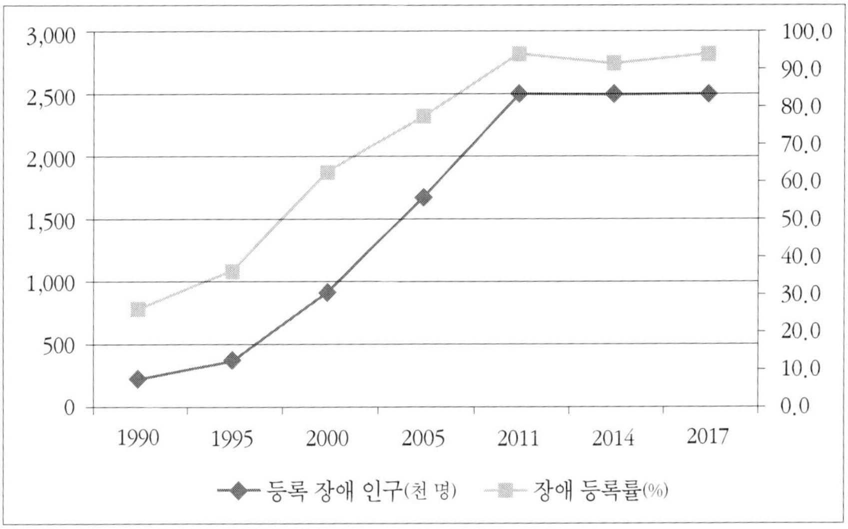

그림 4-2 등록 장애인과 장애 등록률 추이

3. 장애인 특성

1) 장애 특성

(1) 장애 유형

2017년도 추정 장애인의 장애 유형별 구성 비율을 살펴보면, 지체장애가 구성 비율이 가장 높아 전체 장애 유형의 절반 정도를 차지한다. 다음으로 뇌병변장애 9.7%, 청각장애가 9.6%, 시각장애 9.4% 순이다. 언어장애와 안면장애까지 합하면 76.0%로 신체외부기능장애 비율이 가장 높다. 반면, 신체내부기관장애는 6개 장애 유형을 합쳐도 4.6%에 불과하다. 정신적 장애는 모두 합하여 11.7%를 구성하고 있으며, 그 가운데 지적장애가 7.0%로 가장 많고, 정신장애가 4.2%를 구성하고 있다. 이를 총괄하여 요약하면 장애인 10명 가운데 지체장애인 5명, 뇌병변장애인 1명, 청각장애인 1명, 시각장애인 1명, 정신적 장애 1명, 신체내부 장애인 0.5명으로 구성되어 있다고 볼 수 있다.

2014년도와 비교하여 구성비가 뚜렷하게 증가한 장애 유형은 뇌병변장애, 청각장애, 신장장애이고, 그 외에 지적장애를 비롯하여 정신적 장애는 모두 증가하였다. 특히 지적장애는 0.6%포인트 증가한 것으로 나타나는데 이는 치매노인인구가 증가한 데서 기인한 것으로 유추할 수 있다. 반대로 2014년도에 비해 지체장애가 가장 감소폭이 뚜렷하게 큰 유형이다.

〈표 4-3〉 장애 유형별 출현율 추이

(단위: 명, %)

	2011년			2014년			2017년		
	출현율	추정수	구성비	출현율	추정수	구성비	출현율	추정수	구성비
전체	5.61	2,683,477	100.0	5.59	2,726,910	100.0	5.39	2,668,411	100.0
지체장애	2.72	1,303,032	48.6	2.71	1,319,132	48.4	2.51	1,242,785	46.6
뇌병변장애	0.59	280,180	10.4	0.48	234,675	8.6	0.52	258,121	9.7

시각장애	0.51	245,917	9.2	0.53	257,492	9.4	0.51	252,046	9.4
청각장애	0.50	240,695	9.0	0.50	245,935	9.0	0.52	256,018	9.6
언어장애	0.04	17,010	0.6	0.03	15,252	0.6	0.03	15,790	0.6
지적장애	0.28	131,648	4.9	0.36	173,296	6.4	0.38	187,300	7.0
자폐성장애	0.01	5,880	0.2	0.02	10,572	0.4	0.03	13,215	0.5
정신장애	0.23	109,817	4.1	0.23	112,632	4.1	0.22	111,031	4.2
신장장애	0.10	48,741	1.8	0.12	60,790	2.2	0.15	72,722	2.7
심장장애	0.04	17,852	0.7	0.02	8,331	0.3	0.01	6,176	0.2
호흡기장애	0.04	17,068	0.6	0.03	14,965	0.5	0.02	11,485	0.4
간장애	0.02	8,314	0.3	0.02	11,162	0.4	0.02	10,609	0.4
안면장애	0.00	2,111	0.1	0.01	2,702	0.1	0.01	3,073	0.1
장루 · 요루장애	0.03	14,096	0.5	0.03	14,833	0.5	0.03	14,309	0.5
뇌전증장애	0.02	9,895	0.4	0.01	6,610	0.2	0.02	8,299	0.3
중복장애	0.48	231,222	8.6	0.49	238,532	8.7	0.42	205,431	7.7

주: 2011년에는 시설거주 장애인 중 중복장애를 반영하였으나, 2014년과 2017년의 경우 시설장애인의 중복장애에 대한 정보가 없어 한 가지 장애만 가지고 있는 것으로 추정함.

출처: 2017년 장애인실태조사.

등록 장애인의 장애 유형별 등록률을 구체적으로 살펴보면 뇌병변장애, 호흡기장애, 뇌전증장애 등록률이 저조한 편이며, 특히 뇌전증장애는 등록률이 72.5%로 가장 낮은 것으로 나타났다. 이는 2014년에 비해서도 낮아진 것이다. 이는 정신장애로 오인되는 뇌전증의 특성상 이를 노출시키지 않으려는 태도가 작용한 것으로 보인다. 반면, 지체장애, 간장애는 100%에 육박하고 있다. 지체장애, 시각장애, 청각장애, 언어장애 등 거의 모든 장애 유형이 2014년에 비해 등록률이 증가한 것으로 나타났다.

〈표 4-4〉 장애 유형별 등록 장애인 추이

(단위: 명, %)

	2014년			2017년		
	추정수	등록 장애인수	등록률	추정수	등록 장애인수	등록률
	2,726,910	2,501,112	91.7	2,668,411	2,511,051	94.1
지체장애	1,353,753	1,309,285	96.7	1,278,368	1,267,174	99.1
뇌병변장애	308,100	253,493	82.3	306,855	250,456	81.6
시각장애	278,172	253,095	91.0	266,823	252,794	94.7
청각장애	281,983	255,399	90.6	288,251	271,843	94.3
언어장애	21,700	17,830	82.2	21,087	19,409	92.0
지적장애	207,703	178,866	86.1	223,228	195,283	87.5
자폐성장애	19,868	18,133	91.3	23,961	22,853	95.4
정신장애	117,428	95,675	81.5	116,079	100,069	86.2
신장장애	72,132	66,551	92.3	83,906	78,750	93.9
심장장애	8,499	6,928	81.5	6,217	5,507	88.6
호흡기장애	16,055	13,150	81.9	14,111	11,831	83.8
간장애	11,842	9,194	77.6	11,045	11,042	100.0
안면장애	3,019	2,696	89.3	3,180	2,680	84.3
장루 · 요루장애	16,815	13,546	80.6	15,707	14,404	91.7
뇌전증장애	9,841	7,271	73.9	9,592	6,956	72.5

출처: 2017년 장애인실태조사.

(2) 중복장애

장애 유형은 한 가지 장애만 있는 '단일장애'와 단일유형 장애가 2개 이상인 '중복장애'로 분류한다. 중복장애는 2005년 추정수 40만 2천 명(출현율 0.86%)이었으나 2011년 추정수 23만 1천 명(출현율 0.48%), 2014년 23만 9천 명(출현율 0.49%)이었다가 2017년 20만 5천 명(출현율 0.42%)으로 감소하였다. 이는 2017년 전체 추정 장애 인구의 3.8%에 해당한다.

중복장애 특징을 살펴보면 두 가지 장애가 중복된 장애인이 전체 가운데 89.6%로 대부분을 차지하고 있으며, 세 가지 이상 장애가 중복된 경우는 10.4%였다. 두 가지 중복장애의 경우 기타 유형을 제외하였을 때 지체장애와 청각장애의 중복유형이 10.4%로 가장 높고, 다음으로 뇌병변장애와 언어장애(9.6%), 지적장애와 언어장애(8.6%)의 순으로 높은 것으로 나타났다. 세 가지 이상 중복장애의 경우 기타를 제외하였을 때 뇌병변장애, 언어장애, 지적장애의 세 가지가 중복된 비율이 2.5%로 가장 높았다.

〈표 4-5〉 중복장애 추이

	2011년		2014년		2017년	
	추정수	비율	추정수	비율	추정수	비율
(두 가지)	202,274	87.5	203,301	85.2	183,992	89.6
지제장애+시각장애	11,819	5.1	17,253	7.2	13,422	6.5
지체장애+청각장애	24,537	10.6	18,817	7.9	21,390	10.4
뇌병변장애+시각장애	6,792	2.9	12,592	5.3	5,853	2.8
뇌병변장애+언어장애	15,188	6.6	30,773	12.9	19,636	9.6
지적장애+언어장애	27,062	11.7	16,496	6.9	17,566	8.6
기타	116,876	50.5	107,370	45.0	106,126	51.7
(세 가지 이상)	28,948	12.5	35,231	14.8	21,439	10.4
뇌병변장애+시각장애+언어장애	1,292	0.6	4,723	2.0	485	0.2
뇌병변장애+청각장애+언어장애	1,786	0.8	3,355	1.4	905	0.4
뇌병변장애+언어장애+지적장애	6,487	2.8	9,195	3.9	5,164	2.5
기타	19,383	8.4	17,958	7.5	14,885	7.2
계	231,222	100.0	238,532	100.0	205,431	100.0

출처: 2017년 장애인실태조사.

(3) 장애 발생 원인

장애 발생 원인을 시기에 따라 선천적 원인과 후천적 원인으로 분류한다. 선천적 원인은 출산 전 원인과 출산 시 원인으로 부류하고, 후천적 원인은 질환과 사고로 다시 분류한다. 시대가 발달함에 따라 선천적 원인으로 인한 장애인은 증가하는 반면, 사고와 같은 후천적 원인으로 인한 장애인은 줄어드는 것을 알 수 있다. 만혼과 노산으로 인하여 미숙아와 저체중아 출산과 같은 선천적 장애 발생 요인이 늘어난 것이 작용한 것이다. 후천적 질환을 원인으로 한 장애 인구의 증가는 노령화와 더불어 장애노인인구의 증가가 원인인 것으로 해석된다.

장애 유형별로 장애 원인을 살펴보면, 언어장애, 지적장애, 자폐성장애, 심장장애, 안면장애는 출생 전 선천적 원인에 의한 경우가 높은 편이다. 출산 시 원인으로는 뇌병변장애, 언어장애, 지적장애, 자폐성장애가 높은 것을 알 수 있다. 반면, 후천적 질환으로 인하여 발생하는 장애는 정신장애와 뇌병변장애, 청각장애, 시각장애와 같은 신체외부장애를 제외하고 신장장애, 심장장애, 호흡기장애, 간장애, 장루·요루장애 등 모든 신체내부장애가 차지하고 있다. 후천적 사고를 원인으로 가장 많이 발생하는 장애 유형은 지체장애, 시각장애, 안면장애이나 성별 차이가 뚜렷하다. 발생 원인을 알 수 없는 장애 유형은 지적장애와 자폐성장애가 가장 비율이 높다.

〈표 4-6〉 장애 유형별 장애 발생 원인

장애 유형		선천적 원인	출생 시 원인	후천적 질환	후천적 사고	원인불명	계	전국 추정수
지체장애	남자	1.6	0.2	32.6	65.3	0.4	100.0	727,488
	여자	1.5	0.2	67.8	29.6	0.8	100.0	565,372
뇌병변장애	남자	2.7	5.5	78.5	12.8	0.5	100.0	178,703
	여자	2.7	5.1	84.7	5.7	1.8	100.0	120,779
시각장애	남자	3.6	0.1	48.9	44.8	2.6	100.0	168,483
	여자	6.9	0.1	62.0	28.4	2.5	100.0	119,220

청각장애	남자	2.8	0.6	78.9	14.8	2.9	100.0	178,466
	여자	6.6	0.5	82.3	8.4	2.1	100.0	138,738
언어장애	남자	27.4	8.2	38.2	12.5	13.7	100.0	58,252
	여자	26.8	2.4	42.3	7.5	20.9	100.0	38,422
지적장애	남자	30.9	8.0	7.3	9.4	44.4	100.0	126,233
	여자	33.0	5.4	5.1	5.9	50.5	100.0	92,140
자폐성장애	남자	42.4	13.1	1.6	–	42.9	100.0	20,457
	여자	24.2	–	15.7	–	60.1	100.0	3,318
정신장애	남자	1.6	–	78.9	16.2	3.3	100.0	56,326
	여자	–	–	88.5	7.2	4.3	100.0	51,703
신장장애	남자	0.9	–	97.2	2.0	–	100.0	53,958
	여자	1.8	–	98.2	–	–	100.0	34,756
심장장애	남자	32.9	–	67.1	–	–	100.0	3,442
	여자	22.3	–	59.5	–	18.2	100.0	3,585
호흡기장애	남자	–	–	93.5	6.5	–	100.0	11,156
	여자	–	–	100.0	–	–	100.0	2,977
간장애	남자	–	–	100.0	–	–	100.0	8,936
	여자	10.2	–	89.8	–	–	100.0	3,200
안면장애	남자	18.4	–	22.3	59.2	–	100.0	1,496
	여자	55.4	–	–	27.0	17.5	100.0	2,419
장루 · 요루 장애	남자	–	–	99.0	1.0	–	100.0	12,329
	여자	12.2	–	82.4	5.5	–	100.0	6,090

출처: 2017년 장애인실태조사.

2) 인구사회학적 특성

(1) 성별

남성장애인의 장애 출현율은 6.0%로 여성장애인의 4.44%에 비해 1.56% 높은 것으로 나타나고 있다. 따라서 장애인의 성별 구성비는 대략 3:2이다.

장애 출현율을 성별로 비교하여 보면 남성장애인은 지체장애를 위시하여 전 유형에서 여성장애인에 비해 높은 편이다. 언어장애, 호흡기장애, 장루 · 요루장애 출현율은 여성장애인에 비해 2~4배 가까이 되며, 특히 자폐성장애 출현율은 여성장애인의 8배나 되는 것으로 나타나고 있다.

장애 유형 구성비를 성별로 비교하여 보면 또 다른 특성이 나타난다. 전체 구성비를 준거로 하여 비교해 보면 남성장애인은 뇌병변장애, 시각장애, 언어장애, 자폐성장애, 호흡기장애, 간장애, 장루 · 요루장애에서 상대적으로 구성비가 높은 편으로 출현율과 유사한 특성을 나타내고 있다. 그러나 여성

〈표 4-7〉 재가장애인의 성별 및 장애 유형별 구성비

(단위: 명, %)

	남자			여자			전체		
	추정수	구성비	출현율	추정수	구성비	출현율	추정수	구성비	출현율
지체장애	706,208	47.8	2.87	555,347	50.3	2.23	1,261,555	48.9	2.55
뇌병변장애	171,608	11.6	0.70	114,992	10.4	0.46	286,600	11.1	0.58
시각장애	154,104	10.4	0.63	108,277	9.8	0.44	262,381	10.2	0.53
청각장애	159,626	10.8	0.65	122,629	11.1	0.49	282,255	10.9	0.57
언어장애	14,982	1.0	0.06	5,718	0.5	0.02	20,700	0.8	0.04
지적장애	111,894	7.6	0.45	85,288	7.7	0.34	197,182	7.6	0.4
자폐성장애	19,654	1.3	0.08	3,318	0.3	0.01	22,972	0.9	0.05
정신장애	52,250	3.5	0.21	51,378	4.7	0.21	103,628	4.0	0.21
신장장애	49,072	3.3	0.20	34,511	3.1	0.14	83,583	3.2	0.17
심장장애	2,589	0.2	0.01	3,585	0.3	0.01	6,174	0.2	0.01
호흡기장애	11,056	0.7	0.04	2,977	0.3	0.01	14,033	0.5	0.03
간장애	7,940	0.5	0.03	3,102	0.3	0.01	11,042	0.4	0.02
안면장애	1,496	0.1	0.01	1,677	0.2	0.01	3,173	0.1	0.01
장루 · 요루장애	10,620	0.7	0.04	4,922	0.4	0.02	15,542	0.6	0.03
뇌전증장애	4,096	0.3	0.02	5,425	0.5	0.02	9,521	0.4	0.02
계	1,477,195	100	6.00	1,103,146	100.0	4.44	2,580,341	100.0	5.21

출처: 2017년 장애인실태조사.

장애인은 지체장애, 청각장애, 정신장애, 심장장애, 안면장애의 구성비가 남성장애인에 비해 상대적으로 높은 편이며, 정신장애와 안면장애의 구성비가 특히 더 높은 것으로 나타나고 있다.

(2) 연령

장애 발생 시기를 연령대로 구분하여 구체적으로 살펴보면, 신장장애, 호흡기장애, 간장애 등 신체내부기관장애와 자폐성장애를 제외하고 거의 모든 연령에 걸쳐 발생하는 편이다. 또한 일부 저연령에 집중되어 발생하는 지적장애, 자폐성장애에 반해 지체장애, 시각장애, 청각장애는 연령대가 증가함에 따라 장애 인구 구성비가 높아짐을 알 수 있다. 특히 자폐성장애는 39세 이후는 발생이 전무한데, 만 18세를 기준으로 하여 이후에는 치매로 분류하기 때문이다. 지적장애도 아동기와 청소년기에 발생하는 비율이 압도적으로 높음을 알 수 있다. 반면, 정신장애는 40대와 50대의 중년기에 발생하는 비율이 높은 특성이 드러나고 있다. 이는 40~50대 연령대가 경험하고 있는 스트레스와도 관련성이 있다. 이는 40대와 50대 여성의 높은 우울증 발생률과도 일치한다.

아동기(0~9세)에는 지적장애와 자폐성장애 구성비가 가장 높으며 뇌병변장애, 언어장애가 상대적으로 높은 편이다. 청소년기(10~19세)에 구성비가 가장 높은 유형은 지적장애, 뇌병변장애, 자폐성장애, 청각장애로 나타나고 있다. 청년기(20~29세)에는 지적장애 구성비가 가장 높고, 지체장애, 시각장애, 청각장애의 구성비가 상대적으로 높아지는 것으로 나타난다. 즉, 지적장애는 아동기, 청소년기, 청년기를 거치면서 가장 구성비가 높은 것으로 나타났다.

30~39세 연령대에서는 지체장애 구성비가 가장 높게 나타나 이전 연령대와 큰 차이를 보이고 있다. 사회활동이 왕성해지는 시기와 맞물려 사회적 및 신체 외부적 원인으로 지체장애의 발생 원인을 확인할 수 있다. 지체장애는 30대 연령 이후 모든 연령대에서 가장 높게 구성비를 보이는 장애 유형이 된다.

지체장애 외에 40대는 정신장애와 지적장애가 가장 높은 구성비를 차지하고 있다. 40대 여성의 우울증을 대변하는 통계일 것이다. 50대는 뇌병변장애와 시각장애의 구성비율이 현저히 높은 편이다. 40대와 50대에 이르면 신장장애, 간장애, 호흡기장애와 같은 신체내부장애의 구성비가 커지는 것을 알 수 있다. 이는 우리나라 50대 남성들의 음주와 흡연과 관련성이 있는 것으로 유추할 수 있다.

65세 이상 연령대는 뇌병변장애, 시각장애, 청각장애가 가장 높은 구성비를 보인다. 시각장애와 청각장애와 같은 퇴행성 혹은 노인성 장애는 주로 60세

〈표 4-8〉 장애 유형별 및 연령대별 추정 장애인

(단위: %)

	0~9세 구성비	10~19세 구성비	20~29세 구성비	30~39세 구성비	40~49세 구성비	50~64세 구성비	65세 이상 구성비	전체 구성비
지체장애	6.5	6.9	9.8	33.2	44.5	57.4	52.8	48.9
뇌병변장애	16.1	16.0	4.2	10.8	8.6	11.0	12.0	11.1
시각장애	5.8	4.5	6.5	10.6	9.8	9.6	11.3	10.2
청각장애	0.4	7.3	6.5	5.5	4.7	5.7	17.2	10.9
언어장애	13.2	2.0	0.9	1.2	0.8	0.7	0.4	0.8
지적장애	34.9	51.7	59.5	22.1	11.2	3.1	0.6	7.6
자폐성장애	22.6	9.7	7.2	1.6	0.0	0.0	0.0	0.9
정신장애	0.0	0.3	2.8	11.5	11.7	5.1	1.3	4.0
신장장애	0.0	0.0	0.5	2.0	6.1	4.4	2.5	3.2
심장장애	0.0	0.7	0.3	0.0	0.0	0.2	0.3	0.2
호흡기장애	0.0	0.0	0.0	0.0	0.2	0.9	0.6	0.5
간장애	0.0	0.2	0.3	0.2	0.8	0.8	0.2	0.4
안면장애	0.0	0.0	0.2	0.2	0.2	0.2	0.1	0.1
장루·요루장애	0.6	0.0	0.2	0.2	0.6	0.5	0.8	0.6
뇌전증장애	0.0	0.8	1.2	1.0	0.8	0.5	0.0	0.4
계	100	100	100	100	100	100	100	100

출처: 2017년 장애인실태조사.

이후에 많이 발생하기 때문이다. 65세 이상 연령대에 뇌병변장애 발생비율이 높은 것은 뇌졸중 발생률과 관련성이 크다.

재가장애인의 성 및 연령별 장애 출현율을 살펴보면 남성은 100명당 6.0명, 여성은 100명당 4.44명으로 남성의 장애 출현율이 여성에 비해 높게 나타나고 있으며 모든 연령에 있어서 그러하다. 그 결과 남성장애인은 전체 재가장애인의 57.2%를 차지하는 반면, 여성장애인은 42.8%로 3:2의 구성비를 보인

〈표 4-9〉 성별 및 연령별 재가장애인 구성비

(단위: 명, %)

	남자			여자			전체		
	추정수	구성비	출현율	추정수	구성비	출현율	추정수	구성비	출현율
0~4세	4,203	0.3	0.37	1,091	0.1	0.1	5,294	0.2	0.24
5~9세	14,174	1.0	1.21	10,103	0.9	0.91	24,277	0.9	1.06
10~14세	16,185	1.1	1.34	11,992	1.1	1.08	28,177	1.1	1.22
15~19세	27,519	1.9	1.70	15,097	1.4	1.02	42,616	1.7	1.37
20~24세	33,270	2.3	2.08	22,374	2.0	1.41	55,644	2.2	1.75
25~29세	30,755	2.1	1.95	17,008	1.5	1.18	47,763	1.9	1.58
30~34세	27,706	1.9	1.55	16,212	1.5	0.96	43,918	1.7	1.27
35~39세	56,526	3.8	2.90	23,098	2.1	1.24	79,624	3.1	2.09
40~44세	74,374	5.0	3.55	37,811	3.4	1.87	112,185	4.3	2.72
45~49세	104,052	7.0	4.77	52,420	4.8	2.45	156,472	6.1	3.62
50~54세	147,557	10.0	7.20	65,326	5.9	3.28	212,883	8.3	5.27
55~59세	195,322	13.2	9.73	105,486	9.6	5.21	300,808	11.7	7.46
60~64세	174,244	11.8	12.28	93,138	8.4	6.31	267,382	10.4	9.23
65~69세	151,239	10.2	14.57	145,038	13.1	12.86	296,277	11.5	13.68
70~74세	167,889	11.4	21.68	142,501	12.9	15.15	310,390	12.0	18.1
75~79세	147,180	10.0	25.79	166,743	15.1	20.3	313,923	12.2	22.55
80세	104,998	7.1	24.01	177,708	16.1	18.23	282,706	11.0	20.02
계	1,477,193	100.0	6.00	1,103,146	100.0	4.44	2,580,339	100.0	5.21

출처: 2017년 장애인실태조사.

다. 연령이 높아짐에 따라 장애 출현율은 점차 증가하며 특히 60대 이상에서 증가폭이 더욱 커지는 것으로 나타난다. 이는 노령화 추세와 맞물려 노인장애인의 증가로 이어지는 것을 여실히 알 수 있다.

(3) 교육수준

장애 인구의 교육수준을 살펴보면 무학 10.4%, 초등학교 졸업 27.3%, 중학교 졸업 16.7%, 고등학교 졸업 30.4%이고, 3년제 이하 대학에서부터 대학원까지 모두 포함하였을 때 비율은 15.1%에 불과하다. 2017년 전체 국민의 학력별 인구분포는 중학교 이하 12%, 고등학교 40%, 고등교육 이상이 48%

〈표 4-10〉 교육수준별 추정 장애인

(단위: 명, %)

	무학	초등학교	중학교	고등학교	대학 이상	계	전국추정수
지체장애	11.2	28.9	18.8	27.6	13.5	100.0	1,260,272
뇌병변장애	9.3	26.3	15.6	29.6	19.1	100.0	283,103
시각장애	8.9	26.9	15.8	29.4	19.0	100.0	261,215
청각장애	18.6	32.7	14.2	22.3	12.2	100.0	282,149
언어장애	18.6	25.4	18.6	25.1	12.3	100.0	19,042
지적장애	7.4	23.3	12.2	48.5	8.6	100.0	196,135
자폐성장애	3.1	31.1	7.6	51.5	6.7	100.0	21,482
정신장애	1.3	15.1	11.9	42.1	29.6	100.0	103,628
신장장애	2.8	22.6	17.8	35.2	21.6	100.0	83,583
심장장애	0.0	23.5	9.8	42.8	23.8	100.0	6,174
호흡기장애	8.1	14.4	28.0	38.3	11.2	100.0	14,033
간장애	2.7	1.9	12.6	48.2	34.6	100.0	11,042
안면장애	1.7	14.1	15	46.8	22.6	100.0	3,174
장루 · 요루장애	9.4	24.8	11.5	37.4	16.8	100.0	15,542
뇌전증장애	0.0	14.1	13.8	66.1	6.0	100.0	9,520
계	10.4	27.3	16.7	30.4	15.1	100.0	2,570,094

출처: 2017년 장애인실태조사.

로 나타나고 있다. 따라서 고등교육 이상의 장애인 비율 15.1%는 전체 국민의 학력 수준의 절반에도 미치지 못하는 수준이다.

장애 유형별로 살펴보면 청각장애와 언어장애의 경우 무학 비율이 가장 높았으며, 지체장애, 장루·요루장애, 뇌병변장애, 시각장애, 호흡기장애 순으로 높게 나타나고 있다. 반면, 대학 이상의 고학력을 가진 비율은 간장애가 가장 높고, 정신장애와 심장장애, 안면장애에서 높은 것으로 나타나고 있다. 이는 고학력자들의 음주 행태 및 정신적 스트레스와 연관되어 있음을 엿볼 수 있다.

(4) 혼인상태

장애 인구의 혼인상태 구성을 살펴보면, 유배우 비율이 55.3%로 가장 많고, 사별, 미혼, 이혼, 별거 순으로 되어 있다. 구체적으로 살펴보면 지적장애, 자폐성장애, 정신장애와 같이 정신적 장애를 가지고 있는 장애인의 미혼 비율이 압도적으로 높은 것을 알 수 있다. 또한 뇌전증장애, 안면장애, 언어장애의 경우도 미혼 비율이 높은 편이다. 청각장애, 지체장애, 뇌병변장애는 사별 비율이 높은 반면, 호흡기장애, 정신장애, 신장장애, 간장애는 이혼 비율이 높다. 특히 언어장애와 심장장애, 신장장애, 뇌전증장애의 경우 별거 비율이 가장 높았다.

〈표 4-11〉 혼인상태별 추정 장애인 (단위: 명, %)

	유배우	사별	이혼	별거	미혼	기타 (미혼 모/부)	계	전국 추정수
지체장애	61.0	20.9	9.2	1.7	7.2	0.0	100.0	1,255,245
뇌병변장애	57.8	19.4	7.6	1.4	13.9	0.0	100.0	272,577
시각장애	61.4	16.8	10.3	1.3	10.2	0.0	100.0	257,549
청각장애	58.8	29.2	5.5	1.6	4.9	0.0	100.0	277,599
언어장애	48.9	11.2	13.8	4.6	21.5	0.0	100.0	15,363
지적장애	12.5	4.9	4.5	0.2	77.9	0.0	100.0	160,348

자폐성 장애	0.0	0.0	0.0	0.0	100.0	0.0	100.0	10,915
정신장애	19.2	3.4	20.0	0.6	55.7	1.1	100.0	103,628
신장장애	59.8	11.7	12.7	3.4	12.4	0.0	100.0	83,583
심장장애	75.8	13.5	3.4	4.5	2.9	0.0	100.0	5,838
호흡기장애	62.0	10.7	25.1	0.0	2.1	0.0	100.0	14,032
간장애	78.7	4.4	11.2	0.0	5.6	0.0	100.0	10,993
안면장애	52.5	15.9	1.5	0.0	30.1	0.0	100.0	3,173
장루 · 요루장애	73.5	13.5	8.7	2.0	2.3	0.0	100.0	15,358
뇌전증장애	37.0	3.0	8.5	3.2	48.2	0.0	100.0	9,519
전체	55.3	18.7	9.0	1.6	15.3	0.1	100.0	2,495,720

출처: 2017년 장애인실태조사.

(5) 가구구성

전국 가구 가운데 장애인가구는 15.9%를 차지하고 있다. 이는 2014년의 15.6%에 비해 다소 증가한 것이다. 장애인가구 유형 중 1인 가구와 부부가구의 비율이 각각 26.4%로 가장 높고, 부부와 미혼자녀 가구가 24.6%로 다음으로 높다. 1인 가구, 부부가구, 부부와 미혼자녀 가구의 구성비가 전체 2/3이상을 차지하고 있다. 반면, 비장애인가구는 부부와 미혼자녀로 구성된 비율이 38.1%로 가장 높으며, 다음으로 1인 가구는 28.2%, 부부가구 18.8% 순으로 높게 나타나고 있다. 전통적인 부부와 미혼자녀 가구의 비중은 여전히 높지만 감소세에 있으며, 1인 가구와 부부가구가 지속적인 증가 추세를 보인다.

이와 더불어 장애인가구 규모는 2인 가구 33.8%, 1인 가구 26.4%, 3인 가구 19.2%, 4인 가구 12.1% 순으로 나타나고 있다. 반면, 비장애인가구의 규모는 1인 가구 비중이 28.2%로 가장 높으며, 다음으로 2인 가구 25.1%, 3인 가구 21.8%, 4인 가구 19.3% 순이다. 장애인가구의 평균 가구원 수는 2.46명으로 전체 가구 및 비장애인가구의 평균 가구원수인 2.50명에 비해 다소 낮은 것으로 나타나고 있다. 2014년에 비해 0.8~0.9명 감소한 것으로 확인된다.

장애인가구 가운데 1인 가구와 부부가구의 높은 비율은 증가하고 있는 중 고령층 노인가구의 구성비와 맞물려 다양한 사회적 문제점을 내포하고 있다. 독거 장애인이나 노인장애인 가구의 일상생활이나 경제활동의 어려움, 건강관리의 열악함 등 삶의 질이 낮은 것으로 유추할 수 있다. 이에 대한 사회적 관심과 효과적인 지원 확대가 필요할 것이다.

〈표 4-12〉 장애인가구와 비장애인가구의 세대구성

구분	장애인가구		비장애인가구		전체	
	추정수	구성비	추정수	구성비	추정수	구성비
1인가구	811,051	26.4	4,572,421	28.2	5,383,472	27.9
부부	810,029	26.4	3,044,437	18.8	3,854,466	20.0
기타 1세대(형제자매)	25,014	0.8	98,703	0.6	123,717	0.6
부부+미혼자녀	753,701	24.6	6,182,351	38.1	6,936,052	36
부부+기혼자녀	12,430	0.4	25,720	0.2	38,150	0.2
편부+미혼자녀	59,970	2.0	242,365	1.5	302,335	1.6
편모+미혼자녀	163,629	5.3	1,084,047	6.7	1,247,676	6.5
부부+양친	3,718	0.1	4,868	0.0	8,586	0.0
부부+편부모	52,154	1.7	119,797	0.7	171,951	0.9
부부+자녀+부부의 형제자매	11,868	0.4	36,781	0.2	48,649	0.3
조부모+손자녀	20,816	0.7	74,342	0.5	95,158	0.5
기타 2세대	73,381	2.4	128,492	0.8	201,873	1.0
부부+자녀(미혼 · 기혼)+양친	37,690	1.2	64,454	0.4	102,144	0.5
부부+자녀(미혼 · 기혼)+편부모	131,754	4.3	273,349	1.7	405,103	2.1
기타 3세대 및 4세대 이상	95,379	3.1	239,092	1.5	334,471	1.7
비혈연가구	6,390	0.2	24,478	0.2	30,868	0.2
계	3,068,974	100.0	16,215,697	100.0	19,284,671	100.0
%	15.9		84.1		100.0	

출처: 2017년 장애인실태조사.

3) 경제적 특성

(1) 경제활동현황

2017년 기준 우리나라에서 15세 이상의 장애인 취업인구는 931.4천 명이다. 장애 인구의 경제활동참가율은 38.9%이며, 취업률은 94.9%, 실업률은 5.1%이다. 전체 인구의 경제활동참가율, 취업률, 실업률이 각각 63.4%, 96.6%, 3.4%인 것에 비하면 장애인의 경제활동은 상대적으로 열악한 상황임을 알 수 있다. 경제활동참가율은 전국 수치의 61.4% 정도이고, 실업률은 전국 실업률 3.4%에 비해서 1.7% 포인트 높다. 따라서 장애인 취업자 수는

〈표 4-13〉 연령대별 및 성별 장애인 경제활동현황

(단위: 명, 천 명, %)

구분	15세 이상 인구	경제활동인구			비경제 활동인구	경제활동 참가율	취업률	실업률	인구대비 취업비율 (고용률)
		계	취업	실업					
15~19세	42,616	3,360	2,939	421	39,256	7.9	87.5	12.5	6.9
20~29세	103,407	54,237	48,445	5,793	49,169	52.5	89.3	10.7	46.8
30~39세	123,542	74,851	70,811	4,040	48,690	60.6	94.6	5.4	57.3
40~49세	268,657	160,784	155,794	4,991	107,873	59.8	96.9	3.1	58.0
50~64세	781,074	422,130	398,263	23,867	358,944	54.0	94.3	5.7	51.0
65세 이상	1,203,296	265,665	255,178	10,487	937,632	22.1	96.1	3.9	21.2
계	2,522,592	981,028	931,429	49,599	1,541,565	38.9	94.9	5.1	36.9
전국	43,805	27,779	26,844	935	16,026	63.4	96.6	3.4	61.3
남자	1,442,632	717,367	678,264	39,103	725,265	49.7	94.5	5.5	47.0
여자	1,079,961	263,661	253,165	10,496	816,300	24.4	96	4.0	23.4
계	2,522,592	981,028	931,429	49,599	1,541,565	38.9	94.9	5.1	36.9

주: 1) 경제활동참가율(%)=(경제활동인구/15세 이상 인구)×100

2) 취업률(%)=(취업자/경제활동인구)×100

3) 실업률(%)=(실업자/경제활동인구)×100

4) 고용률(%)=(취업자/15세 이상 인구)×100

출처: 2017년 장애인실태조사.

93만 명, 실업자 수는 5만 명으로 추정된다.

연령대가 올라갈수록 취업률이 증가하면서 실업률이 점차 감소하는 것으로 나타났다. 연령별로는 50~64세가 40만 명으로 가장 많고 65세 이상이 26만 명으로 다음으로 많아 장애인 취업인구의 중·고령화 현상을 알 수 있다.

장애인의 성별 취업인구는 남성 68만 명, 여성 25만 명 정도로 여성장애인의 취업인구가 남성의 약 1/3 수준이다. 취업률은 여성장애인이 근소하게 높은 것으로 나타났지만 인구 대비 취업자 비율은 남성장애인 47.0%, 여성 23.4%로 남성장애인의 절반 수준을 보이고 있다.

장애 유형별 취업 인구를 살펴보면 지체장애인이 577.1천 명으로 가장 많다. 다음이 시각장애, 청각장애, 지적장애 순으로 나타나고 있다. 취업률은 심장장애, 간장애, 안면장애, 뇌전증, 장루·요루장애를 가진 장애인에게서 높게 나타나는 반면, 자폐성장애, 정신장애, 호흡기장애를 가진 장애인의 취업률은 낮게 나타나고 있다. 인구대비 취업자 비율인 고용률은 안면장애인이 73.2%로 가장 높고, 간장애, 지체장애, 시각장애, 언어장애를 가진 장애인 순서로 나타났다. 안면장애의 경우 취업률과 인구대비 대비 취업비율인 고용률도 높은데 이는 안면장애인의 높은 교육수준과 연관성이 있다. 즉, 고학력 안면장애인은 경제활동에 참여하고 있으며 장애가 있더라도 사회생활을 하는 데 문제가 크지 않다고 볼 수 있다.

〈표 4-14〉 장애 유형별 경제활동현황

구분	15세 이상 인구	경제활동인구			비경제 활동인구	경제활동 참가율	취업률	실업률	인구대비 취업비율 (고용률)
		계	취업	실업					
지체장애	1,257,683	604,119	577,191	26,928	653,564	48	95.5	4.5	45.9
뇌병변장애	277,492	35,859	33,731	2,128	241,633	12.9	94.1	5.9	12.2
시각장애	259,681	120,882	113,654	7,228	138,799	46.6	94	6.0	43.8
청각장애	279,988	92,185	87,898	4,286	187,804	32.9	95.4	4.6	31.4
언어장애	15,363	7,272	6,702	570	8,091	47.3	92.2	7.8	43.6

지적장애	173,564	61,957	59,361	2,596	111,608	35.7	95.8	4.2	34.2
자폐성장애	12,693	3,593	2,923	671	9,100	28.3	81.3	18.7	23
정신장애	103,628	19,889	16,246	3,643	83,739	19.2	81.7	18.3	15.7
신장장애	83,583	19,481	18,405	1,077	64,102	23.3	94.5	5.5	22
심장장애	5,839	1,130	1,130	0	4,709	19.3	100	0	19.3
호흡기장애	14,033	1,973	1,640	332	12,060	14.1	83.2	16.8	11.7
간장애	10,992	5,483	5,483	0	5,509	49.9	100	0	49.9
안면장애	3,173	2,324	2,324	0	850	73.2	100	0	73.2
장루 · 요루장애	15,358	3,394	3,275	119	11,965	22.1	96.5	3.5	21.3
뇌전증장애	9,520	1,487	1,467	20	8,033	15.6	98.6	1.4	15.4
계	2,522,592	981,028	931,429	49,599	1,541,565	38.9	94.9	5.1	36.9

출처: 2017년 장애인실태조사.

(2) 취업 현황

장애인은 일반사업체에서 가장 일을 많이 하고 있다. 다음이 자영업, 정부 및 정부 관련 기관 순이다. 장애 유형에 따라서 다소 차이가 나타나는데 지적장애인과 자폐성장애인 그리고 정신장애인은 일반사업체 외에 보호작업장이나 근로사업장에서 일하는 비율이 상대적으로 높은 것으로 나타나고 있다.

〈표 4-15〉 현재 일하는 곳

(단위: %, 명)

	자영업	일반 사업체	정부 및 정부 관련 기관	보호 작업장	근로 사업장	표준 사업장	관련 기관	기타	계	전국 추정수
지체장애	32.3	54.0	6.8	0.2	0.3	0.1	1.4	4.8	100.0	577,190
뇌병변장애	32.4	43.0	8.4	1.9	5.2	0.0	2.5	6.6	100.0	33,731
시각장애	31.8	55.5	5.0	0.0	0.0	0.2	4.0	3.5	100.0	113,654
청각장애	37.5	43.6	8.1	0.5	0.0	0.0	0.5	9.9	100.0	87,898
언어장애	41.1	47.4	1.6	8.5	0.0	0.0	0.0	1.4	100.0	6,702
지적장애	5.0	35.6	9.5	24.9	12.0	1.5	9.7	1.7	100.0	59,360

자폐성장애	0.0	23.0	3.6	35.5	12.5	6.7	18.7	0.0	100.0	2,923
정신장애	6.0	51.8	5.0	3.8	7.9	8.7	5.5	11.2	100.0	16,244
신장상애	25.3	60.9	1.5	0.0	0.0	0.0	4.7	7.5	100.0	18,406
심장장애	29.6	45.1	0.0	0.0	0.0	0.0	0.0	25.2	100.0	1,130
호흡기장애	60.3	39.7	0.0	0.0	0.0	0.0	0.0	0.0	100.0	1,641
간장애	14.6	54.5	20.0	0.0	0.0	0.0	0.0	10.9	100.0	5,483
안면장애	0.0	37.6	24.0	0.0	0.0	0.0	7.9	30.5	100.0	2,324
장루 · 요루장애	29.9	66.6	0.0	0.0	0.0	0.0	0.0	3.5	100.0	3,275
뇌전증장애	37.7	48.2	0.0	0.0	0.0	0.0	14.2	0.0	100.0	1,468
계	30.2	51.6	6.8	2.1	1.3	0.4	2.4	5.2	100.0	931,429

출처: 2017년 장애인실태조사.

장애인이 종사하는 직종을 살펴보면, 전체적으로 단순노무직에 종사하는 장애인 비율이 가장 높은 반면, 관리자나 전문직으로 일하는 장애인 비율은 낮게 나타나고 있다. 장애 유형별로 살펴보면 특히 지적장애, 자폐성장애, 정신장애와 같이 정신적 장애를 가진 장애인의 압도적인 비율이 단순노무직에 종사하고 있음을 알 수 있다. 반면, 신장장애, 간장애, 안면장애를 가진 장애인의 경우 관리자나 전문직에 종사하는 비율이 상대적으로 높은 편이다.

〈표 4-16〉 종사하는 직종

(단위: %, 명)

	관리자	전문가	사무	서비스	판매	농림어업	기능	조립	단순노무	계	전국추정수
지체장애	4.5	6.0	6.4	11.4	8.3	9.6	13.3	12.9	27.5	100.0	577,190
뇌병변장애	3.6	5.2	14.6	6.1	12.7	9.2	2.4	6.7	39.7	100.0	33,731
시각장애	2.3	8.8	6.5	13.5	9.9	9.6	13.6	9.6	26.1	100.0	113,654
청각장애	3.1	2.3	6.1	11.1	5.1	22.7	4.1	7.9	37.6	100.0	87,898
언어장애	0.0	9.1	0.0	0.0	8.5	5.9	16.6	10.3	49.6	100.0	6,702
지적장애	0.0	1.7	4.1	5.1	3.0	2.9	1.3	1.6	80.2	100.0	59,360

자폐성장애	0.0	0.0	0.0	18.7	0.0	0.0	0.0	0.0	81.3	100.0	2,923
정신장애	0.0	0.0	5.0	11.5	0.0	4.1	2.6	3.5	73.1	100.0	16,244
신장장애	11.6	8.8	5.8	14.3	13.0	5.8	5.2	14.1	21.3	100.0	18,406
심장장애	0.0	0.0	29.6	0.0	0.0	4.2	11.3	0.0	54.9	100.0	1,130
호흡기장애	0.0	0.0	9.9	36.7	19.0	0.0	0.0	30.8	3.6	100.0	1,641
간장애	26.9	17.5	5.6	1.7	27.6	2.0	15.0	0.0	3.8	100.0	5,483
안면장애	8.5	18.2	7.9	8.6	0.0	0.0	0.0	0.0	56.8	100.0	2,324
장루·요루장애	5.2	9.5	7.8	1.8	19.0	8.7	0.0	28.8	19.2	100.0	3,275
뇌전증장애	10.7	0.0	0.0	19.4	18.2	0.0	0.0	10.7	40.9	100.0	1,468
계	4.0	5.7	6.4	11.0	8.1	10.0	10.9	10.9	33.0	100.0	931,429

출처: 2017년 장애인실태조사.

장애인의 종사상 지위를 살펴보면, 임금근로자 가운데는 상용근로자 비중이 26.9%로 가장 많다. 다음이 임시근로자와 일용근로자 순이다. 비임금근로자 가운데는 노점을 제외한 자영업자가 21.8%로 구성 비율이 가장 높다. 장애 유형별로 살펴보면 간장애인이 상용근로자로 일하는 비율이 가장 높은 반면, 뇌전증장애인은 전무하다. 지적장애, 자폐성장애, 정신장애를 가진 정신적 장애인이 임시근로자나 일용근로자로 종사하고 있는 비율이 상대적으로 높게 나타나고 있다. 호흡기장애인은 자영업자로 일하고 있는 비율이 가장 높다.

〈표 4-17〉 종사상 지위

(단위: %)

	임금근로자				비임금근로자			계	전국 추정수
	상용 근로자	임시 근로자	일용 근로자	고용주	자영업 (노점 제외)	자영업 (노점)	무급가족 종사자		
지체장애	29.7	18.9	18.0	5.3	23.0	1.1	4.0	100.0	577,190
뇌병변장애	23.8	22.2	21.6	3.1	20.5	2.2	6.6	100.0	33,731
시각장애	27.8	21.9	17.4	5.8	24.9	0.6	1.7	100.0	113,654

청각장애	18.7	25.6	18.1	0.9	32.3	0.8	3.6	100.0	87,898
언어장애	28.4	10.1	27.8	0.0	25.1	6.4	2.2	100.0	6,702
지적장애	18.0	40.7	36.3	0.0	0.3	1.2	3.6	100.0	59,360
자폐성장애	3.6	60.9	35.5	0.0	0.0	0.0	0.0	100.0	2,923
정신장애	5.6	49.9	38.5	0.0	1.0	0.0	5.0	100.0	16,244
신장장애	26.4	27.1	19.7	4.7	16.4	0.0	5.8	100.0	18,406
심장장애	11.3	54.9	4.2	0.0	0.0	0.0	29.6	100.0	1,130
호흡기장애	0.0	9.9	29.7	0.0	56.7	0.0	3.6	100.0	1,641
간장애	43.7	13.5	29.0	11.7	1.5	0.0	0.5	–	5,483
안면장애	25.6	34.7	39.6	0.0	0.0	0.0	0.0	100.0	2,324
장루 · 요루장애	36.3	22.5	1.7	19.1	20.3	0.0	0.0	100.0	3,275
뇌전증장애	0.0	15.6	43.0	19.4	18.2	0.0	3.7	100.0	1,468
계	26.9	22.2	19.8	4.4	21.8	1.1	3.7	100.0	931,429

출처: 2017년 장애인실태조사.

2017년 장애인가구의 월평균 소득은 242.1만 원으로 2014년의 223.5만 원에서 약 8.3만 원 증가하였으며, 월평균 지출은 190.8만 원으로 2014년의 170.6만 원에서 약 11.8만 원 증가한 것이다. 장애인가구의 월평균 소득은 2017년 12월말 전국 가구당 월평균 소득인 429.9만 원의 54.4% 수준이며, 전국가구 가구당 월평균 소비지출인 255.7만 원의 74.6% 수준이다.

전체 장애인가구의 절반에 해당하는 50.7%가 월 200만 원 미만의 소득을 얻고 있는 것으로 나타났으며, 월평균 지출액이 100만 원 미만인 장애인가구도 27.8%나 된다. 구체적으로 살펴보면 월소득이 50~99만 원인 장애인이 22.6%로 가장 많고, 지출도 24.4%로 전체의 1/4이나 차지하고 있다. 다만, 2014년에서 2017년 사이에 50만 원 미만의 저소득가구의 비중이 대폭 감소한 것으로 나타나는데 이는 장애인연금의 확대 및 정착에 따른 소득지원의 영향으로 해석할 수 있다.

〈표 4-18〉 장애인가구 월평균 소득 및 지출

(단위: %, 만 원)

구분	2014년		2017년	
	소득	지출	소득	지출
50만 원 미만	7.5	7.9	3.2	3.4
50~99만 원	23.3	24.1	22.6	24.4
100~149만 원	13.8	17.2	13.7	15.8
150~199만 원	11.4	14.9	11.2	13.2
200~249만 원	9.7	12.5	10	12.6
250~299만 원	7.8	6.3	7.1	8.0
300~349만 원	6.9	7.2	8.1	8.8
350~399만 원	4.0	2.6	5.2	4.1
400~449만 원	4.3	3.2	4.6	4.2
450~499만 원	2.4	0.9	2.8	1.6
500만 원 이상	9.0	3.2	11.3	4.0
계	100.0	100.0	100.0	100.0
평균	223.5	170.6	242.1	190.8

출처: 2017년 장애인실태조사.

장애인가구의 주된 수입원은 가구주 소득 46.2%, 가구주 외 가구원 소득 14.6%, 별거가족 및 친척 등 지원 11.9%, 국민기초생활보장급여 11.2%, 연금 또는 퇴직금 9.2%, 기타 3.0%, 재산소득 2.7% 순으로 나타났다.

이와 함께 장애인이 느끼는 사회적 계층에 대한 인식은 낮을 수밖에 없는데 상층에 속해 있다고 인식하는 장애인은 전체 가운데 0.7%에 불과하며 61.6%의 비율이 하층에 속해 있다고 인식하는 것으로 응답되고 있다.

〈표 4-19〉 주관적 소속 계층

(단위: %, 명)

	성별		연령대별				장애 정도별			전체
	남자	여자	~17	18~44	45~64	65+	중증 (1~3급)	경증 (4~6급)	계	
하층	61	62.2	46.1	53.4	63.9	63.2	64.7	59.3	61.4	61.5
중층	38.3	37.1	53.4	45.9	35.1	36.4	34.6	40	38	37.8
상층	0.7	0.6	0.6	0.7	0.9	0.5	0.7	0.7	0.7	0.7
계	100.0	100.0	100.0	100.0	100.0	100.0	100.0	100.0	100.0	100.0
전국 추정수	1,477,194	1,103,146	84,619	354,878	937,546	1,203,297	969,557	1,541,494	2,511,051	2,580,340

출처: 2017년 장애인실태조사.

생각해 봅시다

1. 추정 장애인 수와 등록 장애인 수에 차이가 있는데 이유가 무엇인지 알아봅시다.
2. 인구 천 명당 장애 출현율과 장애 유형별 출현율을 비교하여 봅시다.
3. 장애 인구의 장애 특성에 대해 설명해 봅시다.
4. 장애 인구의 연령대별 특성에 대해 설명해 봅시다.
5. 장애 인구의 인구사회학적 특성과 경제적 특성 가운데 비장애 인구와 차이가 뚜렷한 특성은 무엇이 있는지 알아봅시다. 또 그러한 현상이 나타나게 된 원인을 짚어 봅시다.

제5장

장애 이론

1. 장애 이론

장애 이론은 한 사회에서 장애인에 대한 차별이 왜 이루어지는지에 대한 원인을 설명해 주는 차별이론이다. 장애 이론을 역사적으로 살펴보면 시대에 따라 변화한 이론도 있고 새로이 대두된 이론도 있으며 시대를 거쳐서도 계속 지지받는 이론도 있다.

1) 사회진화론과 우생학이론

사회진화론(Darwin's theory of social evolution)과 우생학이론(Mendel's eugenic principles)은 우수한 유전인자를 가진 사람이 환경에 잘 적응하게 되고 우수한 유전인자를 가진 사람들에 의해서 사회가 진화한다고 보는 이론이다. 사회진화론과 우생학이론은 장애인을 열성인자를 가진 존재로 규정하는 생물학 이론에 해당된다. 이 이론에 의하면 장애인은 사회의 진화를 방해하거나 사회의 발전에 기여하지 못하는 열성인자를 가진 사람으로 바라본다. 그 때문에 장애인은 사회부적격자 혹은 열등인구집단으로 분류되어 사회에서 제거되어야 할 대상으로 인식하였다. 그 결과 20세기 초 장애인을 학살하거나 장애여성을 대상으로 불임시술을 하는 등의 비도덕적이고 비윤리적인 일이 자행되었다. 이는 상당한 국제적 비판을 받았으며 장애인의 인권에 대한 각성을 불러일으켰다.

2) 낙인과 편견이론

낙인(stigma)과 편견이론(prejudice theory)은 비과학적 혹은 미신적 편견에 의해 발생하는 차별인식을 설명해 주는 이론이다. 낙인과 편견이론은 장애인을 무가치한 존재로 규정하는 사회적 인식론에 해당된다. 낙인이란 사회가 어떤 사람을 그 사람이 가지고 있는 개별적 특성과 능력과 관계없이 부적절하고 공평하지 못한 평가나 판정을 내리는 것이다. 이 이론에 의하면 장애인이 가진 개개인의 능력과 특성을 무시하고 장애인 전체를 평가 절하하여 낮은 가치를 가진 존재로 인식하는 것이다. 사회적으로 가치 절하된 사람은 상징적인 낙인이 부여되어 범죄자, 무능력자, 이탈자와 같이 일탈적이거나 부정적으로 규정하게 된다. 장애인을 일반인과 다른 무가치한 존재로 인식하게 되는 것이다. 그 결과 장애인은 멸시와 편견의 대상으로 분류되어 사회적 차별을 받으며, 사회적 참여에서 배제되어 한 사회구성원으로서 인정을 받지 못한다. 성장과정에서 학습된 편견과 차별적 인식은 장애인에 대해 반감을 가지거나 장애인을 회피하게 되고, 이는 차별과 학대로 이어지기도 하며, 심하게는 학살로 이어지기도 한다. 한편, 이러한 부정적인 인식은 장애인 스스로에게도 전이되어 자기 무능감과 자기 파괴성을 가지게 된다. 이러한 과정을 거쳐 장애인에 대한 낙인과 편견은 더욱 강화되어 장애인을 사회적으로 더욱 격리시키는 결과를 낳게 된다.

3) 노동시장이론

노동시장이론(market theory)은 노동시장에서의 장애인의 차별이 왜 일어나는지를 설명해 주는 경제학 이론을 말한다. 노동시장에서는 노동력이 재화를 생산할 수 있는 생산성의 결정요인이다. 노동시장에서 생산성을 높이는 데 필요한 노동력과 지식과 같은 경쟁력을 기준으로 할 때 일반인에 비해 노동력과 경쟁력이 떨어지는 장애인은 생산성이 낮아지며 그 결과 수익성이 낮아지게 된다. 이 때문에 장애인은 노동시장에서 낙오될 수밖에 없으며 장애인의 경제적 지위와 사회적 지위를 낮추는 작용을 한다. 노동시장이론에는 이중노동시장이론, 인적자본론, 직무경쟁이론, 통계적 차별론이 있다.

(1) 이중노동시장이론

이중노동시장이론(dual labor market theory)은 자본주의 사회에서의 노동시장을 임금, 노동조건, 고용안정성 등을 기준으로 1차 노동시장과 2차 노동시장으로 나눈다. 1차 노동시장은 높은 임금, 좋은 근로조건, 안정된 고용, 제도적인 내부 승진기회 보장이 이루어지는 반면, 2차 노동시장은 낮은 임금, 열악한 근로조건, 불안정한 고용, 제도적인 내부 승진기회가 보장되지 않는다. 1차 노동시장에서는 학력과 기술력을 필요로 하는 전문 직종이 많은 반면, 2차 노동시장에서는 특별한 교육과 기술이 필요하지 않는 단순 업무의 직종이 많아 장애인과 같은 소수집단이 주로 속하게 된다. 장애인은 1차 노동시장이 요구하는 학력과 기술을 취득하지 못하여 1차 노동시장에 진입하기가 어렵다. 이 때문에 장애인은 2차 노동시장에 고용되기 쉬우며 여기서 열악한 근로조건에 시달리며 취업과 실업을 반복하면서 낮은 임금을 받게 된다.

(2) 인적자본이론

인적자본이론(human capital theory)에 의하면 장애인은 노동시장이 요구하는 충분한 인적자원을 갖추지 못하는 것으로 평가된다. 장애인은 낮은 교육수준과 부족한 직업훈련으로 인하여 구직기술이 부족하고 취업경험이 없으며 근로에 대한 습관이 형성되어 있지 않아 양질의 인적자본이 되지 못한다고 보는 것이다. 그 결과 노동시장이 요구하는 충분한 인적자원을 갖추지 못하였으므로 취업이 잘 이루어지지 않는다고 본다. 장애인은 일할 의사가 있음에도 불구하고 낮은 교육수준, 제대로 된 직업훈련의 부족, 구직기술의 미흡 등 인적자원에서 낮은 평가를 받게 되며 따라서 고용기회를 얻지 못한다는 것이다.

(3) 직무경쟁이론

직무경쟁이론에 따르면 사람을 성, 연령, 건강, 학력, 기술력 등의 특성을 기준으로 일할 수 있는 능력, 즉 직무능력에 따라 평가하게 된다. 노동시장에서는 직무능력이 우수하다고 평가되는 사람, 곧 직무경쟁력이 있는 사람을 차별적으로 선택한다는 이론이다. 그러나 장애인은 비장애인에 비해 신체적 제한이나 기능장애로 인해 생산성을 높일 수 있는 노동력과 기술력이 떨어진다. 장애인은 건강, 학력, 기술력과 같은 특성에서 비장애인에 비해 직무경쟁력의 평가에서 낮을 수밖에 없는데, 그 결과 노동시장에서 차별받는다고 보는 것이다.

(4) 통계적 차별론

통계적 차별론(statistical discrimination)은 통계라는 사회의 왜곡된 편견을 이유로 장애인이 노동시장에 진입하기 어렵다고 보는 이론이다. 노동시장에서 생산을 하고자 할 때 비용 절감을 목적으로 생산성 지표가 되는 성, 연령, 학력, 경력, 장애 등을 기준으로 사람을 평가하게 된다. 그러나 개인의 생산성에 대한 정확한 정보를 미리 알 수 없기 때문에 개인이 소속되어 있는 집단의 평균적인 생산성을 고려하게 된다. 따라서 장애인 개인의 능력과 상관없이 장애인이 소속되어 있는 장애인 집단의 평균적인 생산성에 근거해서 판단하기 때문에 장애인의 능력은 평가절하하기 쉽다. 문제는 이러한 평균적 생산성에 대한 판단이 과학적 분석에 근거하기보다 사회적 편견이나 선입견에 의해 형성될 가능성이 높다는 점이다. 따라서 장애인에 대한 편견이 심할수록 노동시장에서 장애인의 고용기회도 낮아지게 되며, 고용되더라도 임금이 낮아지게 될 가능성이 커진다.

4) 분리이론과 통합이론

분리이론은 일반 사회와의 접촉을 할 경우 낙인과 편견이 작용하여 장애인들의 동기가 저하될 수 있으므로 장애인과 비장애인을 분리하여 교육하여야 한다는 이론이다. 장애 유형과 정도에 따른 조건에서 차이가 있으므로 분리를 주장하는 차별이론이다. 이와 반대로 통합이론은 일반사회와의 접촉을 통하여 장애인이 사회에의 복귀가 가능하다고 믿는 이론이다. 장애아와 비장애아를 통합하여 교육하여야 하며 통합교육의 장에서 장애에 대한 편견과 오해가 불식되고 장애인의 참여와 통합이 이루어질 수 있다고 보는 이론이다.

2. 장애 모델

장애를 인식하는 기본적인 시각을 유형화한 것이 장애 모델이다. 장애 모델은 크게 개인적 모델과 사회적 모델로 나눌 수 있다. 영국의 장애인이자 학자인 올리버(Oliver, 1990, 1996)가 사회적 모델을 혁신적으로 구축하였다. 장애개념의 개인적 모델과 사회적 모델을 비교하여 보면 다음과 같은 뚜렷한 차이가 두드러진다.

1) 개인적 모델

장애는 개인적인 문제라고 보는 관점을 고수하는 것이 개인적 모델이다. 개인적 모델에서는 장애를 개인적 비극이론을 바탕으로 하여 개인에게 무작위로 일어난 불행하고 비극적인 사건이라고 바라본다. 개인적 모델의 핵심은 장애 그 자체를 문제라고 보며 문제가 개인에게 귀속된 것으로 해석한다.

개인적 모델은 장애인의 정체성을 일상생활을 수행할 수 없는 신체적 및 정신적 손상을 가진 사람이라고 이해한다. 따라서 장애를 가진 이들을 그릇된 편견과 부정적인 태도로 대하게 된다. 그 결과 장애인은 일반인과 달리 보호조치가 필요한 사람이므로 일반인과 다른 처우를 받게 된다. 장애인을 주체성이 있는 존재가 아닌 객체로서 바라보며, 이 때문에 보호하고 통제해야 할 대상으로 분류한다.

또한 개인적 모델에서는 장애인을 위한 서비스 실천방식이나 개입 방식도 장애인이 주체가 되어 결정하는 것이 아니라 장애라는 문제를 해결하기 위하여 외부 전문가가 개입하여 결정하는 방식이다. 그에 따라 실천방식도 직업적 권위나 전문성을 가진 전문가가 개별적 치료와 의료적 처치를 제공하게 되며, 장애인의 적응과 개인적 변화에 초점을 두는 개별적 적응을 목표로 하는 정책을 개진하게 된다.

결론적으로 장애인은 보호받아야 할 신체적 및 정신적 손상을 가진 개별적 객체로서 보호하고 통제하여야 할 대상으로 바라보며 전문가의 개입에 따른 의료적 처치를 제공하여 개별적 적응을 목표로 하는 정책을 개진하는 것이 개인적 모델이라 하겠다.

2) 사회적 모델

사회적 모델은 개인적 비극이론을 바탕으로 하는 개인적 모델과 달리 사회억압이론을 바탕으로 하여, 장애를 개인에게 귀속된 문제로 보지 않고 사회

환경이 만들어 낸 사회적 문제로 바라본다. 사회적 모델의 핵심은 장애가 사회적 문제이며 장애인을 사회적 환경이 만들어 낸 집합적 정체성을 가진 집단이라고 보는 것이다. 그 결과 장애인을 손상된 사람으로 보지 않고 사회적으로 억압받는 사람으로 본다.

이와 같은 맥락에서 장애를 가진 사람들에 대한 차별과 배제 행위를 사회적 장애로 규정한다. 장애의 원인을 장애 그 자체와 장애로 인하여 나타나는 제약으로 보는 개인적 모델과 달리, 사회적 모델은 장애의 원인을 사회가 만들어 낸 제도, 관습, 인식으로 보는 관점이다. 따라서 장애인을 사회적 환경이 만들어 낸 장애로 인하여 차별받는 존재, 불이익을 경험하는 사람, 사회참여로부터 배제되는 사람으로 인식한다.

또한 사회적 모델에서는 장애인을 권리를 가진 주체적인 존재로 바라보기 때문에 서비스 제공에 있어서도 선택권과 자기결정권을 가진 주체적인 인간으로 인식한다. 따라서 장애를 관리하는 실천방식으로 사회행동이나 자조활동과 같은 보다 적극적인 방식을 채택하게 되며, 전문가의 일방적 개입보다 전문가와 장애인의 집단적 혹은 동반자적 책임을 중요시하게 된다. 이와 더불어 사회적 모델에서는 사회변화를 궁극적인 목표로 하여 장애인의 긍정적 및 적극적 참여 방식을 도모하는 정책을 활용한다.

요약하면 사회적 모델은 장애를 사회적 문제로 간주한다. 장애인을 사회가 만들어 낸 장애로부터 차별받고 불이익을 경험하는 사람으로 바라보기 때문에 서비스 실천에 있어서 주체적인 권리가 있고 선택이 가능하다. 또한 장애를 극복하기 위하여 사회변화를 목표로 하며 이를 위하여 취하는 방식은 사회행동과 자조활동과 같은 적극적이며 긍정적인 실천방식을 채택하는 것이 사회적 모델이라 하겠다.

〈표 5-1〉 장애개념 모델 비교

	개인적 모델(individual model)	사회적 모델(social model)
이론적 배경	개인적 비극이론(personal tragedy theory)	사회억압이론(social oppression theory)
장애관점	개인적 문제(personal problem)	사회적 문제(social problem)
정체성	개별적 정체성(individual identity)	집합적 정체성(collective identity)
사회적 장애	편견(prejudice), 태도(attitudes)	차별(discrimination), 행동(behavior)
장애인 대상	보호(care), 통제(control)	권리(rights), 선택(choice)
실천방식	개별적 치료(individual treatment), 의료적 처치(medicalization)	사회행동(social action), 자조(self-help)
전문가 개입	직업적 권위(professional dominance), 전문성(expertise)	개별적 및 집단적 책임(individual and collective responsibility), 경험(experience)
장애관리	적응(adjustment)	긍정(affirmation)
개입 방식	정책(policy)	정책(politics)
목표	개별적 적응(individual adaptation)	사회변화(social change)

출처: Oliver, 1996, p. 34.

// 생각해 봅시다 //

1. 장애의 개인적 모델과 사회적 모델을 비교해 봅시다.
2. 장애차별이론 가운데 현대 자본주의 사회에서 어느 이론이 가장 부합되는지 논의해 봅시다. 또한 장애 차별을 해소하기 위한 방법을 생각해 봅시다.

제2부

장애인복지

제6장

장애인복지 기초 개념

1. 기본 이념

이념이란 한 사회나 하나의 집단이 혹은 개인이 가지고 있는 일련의 신념이나 관념, 태도, 가치관 등의 복합적 사상을 의미한다. 이념은 한 사회나 하나의 집단이 혹은 개인이 지향하고자 하는 바람직한 방향을 말한다. 따라서 시대적으로 지향하여 온 장애인복지의 기본이념은 장애인복지를 실천하기 위한 사상적 기반으로서 작용하게 된다.

1) 인권

인권은 인간이면 누구나 천부적으로 타고 난 것으로 인간으로서 누려야 할 고유의 권리를 말한다. 인권은 인간은 고유하며 존엄한 존재라는 천부인권설에서 출발하는데, 이후 시민권 이론으로 발전하게 된다.

인권은 인간의 존엄성 존중, 생명 존중, 생존권 존중의 세 가지 핵심적 요소를 포함하고 있다. 첫 번째 인간의 존엄성은 인권의 핵심적 가치이다. 구체적으로 인간은 인종, 성, 지위, 종교, 국적, 인체 조건이라는 속성으로 무시되거나 차별받아서는 아니 된다. 누구나 인간으로서의 존엄성과 가치를 가진다는 뜻이다. 인간의 존엄성은 장애인을 부정적이고 열등한 시민으로 보지 말아야 함을 강조하고 있다. 따라서 장애인을 학대하거나 장애인을 감금, 착취하는 것은 인간의 존엄성 존중에 위배되는 것이다.

두 번째 생명 존중은 장애인의 생명을 경시해서는 아니 됨을 강조하는 것이다. 장애아가 태어나는 것을 방지하고자 낙태를 하는 일은 생명을 존중하지 않는 것이다.

세 번째 생존권 존중은 소득이나 문화적 생활에 대한 최소한의 보장이 이루어져야 하며 인간다운 생활이 보장되어야 함을 의미한다. 생산력과 노동력을 근거로 하는 현대 자본주의 경제하에서 장애인은 취약한 노동력으로 경제 사회에서 무시될 가능성이 높기 때문이다.

역사적으로 인권은 가장 먼저 구현된 장애인복지의 기본이념이다. 1948년 12월 제3차 유엔 총회에서 채택한 세계인권선언(United Nations, Universal Declaration of Human Rights)은 인권의 보호와 촉진을 국제사회의 의무로 규정한 것이다. 세계인권선언에 의하면 "모든 사람은 태어날 때부터 자유롭고 동등한 존엄성과 권리를 가진다."라고 공표되었다. 여기서 '모든 사람'이라 함은 성, 연령, 인종, 장애 등 모든 조건을 포함하는 것이고, '자유'라 함은 모든 사람은 자신의 삶의 주인으로서 인간다운 생활을 추구하기 위해서 스스로 선택하는 존재임을 의미한다. '동등'이라 함은 모든 인간에게 적용되며 인간에 대한 평등하고 보편적인 존엄성을 부여한다는 뜻이다.

세계인권선언 이후 국제사회는 장애인의 인권을 보장하고 증진하기 위하여 꾸준하게 노력을 기울여 왔으며 그 결과 괄목할 만한 결실이 맺어지게 되었다. 장애인 인권보장을 위하여 노력을 기울인 국제사회의 역사를 살펴보면 정신지체인권리선언(Declaration on the Rights of Mentally Retarded Persons,

1971), 장애인권리선언(Declaration on the Rights of Disabled Persons, 1975), 국제장애인의 해(International Year of Disabled Persons, 1981), 1983~1992 유엔 장애인10년(United Nations Decade of Disabled Persons from 1983 to 1992, 1981), 장애인세계행동계획(World Program of Action Concerning Disabled Persons, 1983), 장애인의 기회평등을 위한 표준규칙(Standard Rules on the Equalization of Opportunities for Persons with Disabilities, 1993) 등이 제정되었으며, 마침내 유엔장애인권리협약(United Nations Convention on the Rights of Persons with Disabilities, 2006)이 제정되었다. 이러한 국제 규약들이 내포하고 있는 공통된 합의가 장애인의 인간존엄성 존중, 생명권 존중, 생존권 존중이다.

우리나라 또한 장애인의 인권을 헌법으로 명시하고 있다. 「헌법」 제10조는 "모든 국민은 인간으로서의 존엄과 가치를 가지며, 행복을 추구할 권리를 가진다. 국가는 개인이 가지는 불가침의 기본적 인권을 확인하고 이를 보장할 의무를 진다."라고 명시하고 있다. 이어서 제34조는 '모든 국민의 인간다운 생활을 할 권리'를 규정하고 있는 동시에 사회보장 · 사회복지의 증진에 노력할 국가의 의무를 명시하였다. 또한 「장애인복지법」 제4조는 "장애인은 인간으로서 존엄과 가치를 존중받으며, 그에 걸맞은 대우를 받는다."라고 장애인의 권리를 분명히 밝히고 있다. 이처럼 인권은 누구에게나 천부적으로 부여된 인간의 존엄성을 의미한다. 장애인 또한 인간의 존엄성과 가치를 지닌 사람으로서 존중받아야 하며 인간다운 생활을 추구하기 위하여 스스로 삶의 주인으로서 선택할 권리를 가진다.

2) 정상화

정상화(normalization)는 앞서 인권에 비해 보다 실천적인 의미로 발전한 장애인복지 기본이념이다. 정상화 이념은 1960년대 북유럽에서 최초로 시작되어 장애인복지의 실천적 이념으로 발전하였다. 1950년대 후반 장애인의 격리생활과 비인간적인 처우에 대한 반성으로 시작하여, 기존의 시설중심 장애인 수용보호를 배격하는 탈시설화(deinstitutionalization) 반향으로 일어난 것이다.

정상화 이념은 지적장애인에 대한 서비스 문제를 제기하면서 출발하였다. 그 핵심은 지적장애인에 대한 처우를 개선하고 발달장애인에 대한 평등한 기회를 주장하는 것이다. 즉, 장애인의 시설보호에 대한 반대와 시설 기반 재활서비스에 대한 개선책으로 비장애인과 같은 일상적인 생활 형태와 양식을 찾아주어, 지적장애인도 비장애인과 마찬가지로 주거, 교육, 직업, 여가 등의 모든 영역에서 동등한 여건을 마련하여 동등한 생활양식을 누리게 하는 것이 목표이다. 정상화는 수용보호의 차원을 넘어 장애인도 사회의 구성원으로서 당당하게 사회에 통합되어야 한다는 재활의 기본이념이다. 따라서 정상화 이념은 장애인이 지역사회에 있는 대부분의 사람들 가운데서 동등한 수준의 사회문화적 활동을 할 수 있도록 제도와 환경을 마련해 주어야 한다는 개념을 포함하고 있다.

정상화를 제창한 사람으로 덴마크의 미켈센(Neils E. Bank-Mikkelsen, 1969)과 니르예(Bengt Nirje, 1969, 1992)가 대표적이다. 미켈센은 주거, 교육, 직업, 여가 등을 포함한 삶의 질에 대한 사회적 지표의 중요성을 강조한 반면, 니르예는 장애인의 심리학적 측면에서 장애인이 느끼는 일상적인 보통의 생활방식에 중점을 두어 큰 차이가 있다.

정상화 이론은 1970년대 북미로 건너가 울펜스버거(Wolf Wolfensberger, 1972, 1983)에 의해 더욱 발전되었다. 울펜스버거에 의하면 정상화는 '가능한 한 사람들에게 가치 있는 사회적 역할을 습득하고 유지하기 위해 문화적으로 가치 있는 수단을 이용하는 것'으로 정의되고 있다. 북미의 정상화 이론은 보편성, 사회적 합류화 및 주류화(mainstreaming), 문화적인 수단 이용, 사회적 역할의 강화 등을 강조하였으며, 특히 장애인의 재활, 교육, 복지 측면에서 정상화의 중요성을 강조하였다. 결론적으로 정상화 이론의 핵심적 내용은 지역사회 내에서 장애인이 비장애인과 동일한 사회적 및 문화적 생활을 누릴 수 있도록 일반적인 생활양식과 주류 문화를 만들자는 것이다.

3) 사회통합

사회통합(social integration)은 정상화 이념의 핵심적 목표이자 장애인복지가 추구하는 가장 궁극적인 이념이라고 할 수 있다. 「장애인복지법」 제3조는 장애인복지의 기본이념을 "장애인의 완전한 사회참여와 평등을 통하여 사회통합을 이루는 데 있다."고 명시하고 있다. 이어서 제4조는 장애인의 권리를 "장애인은 국가 · 사회의 구성원으로서 정치 · 경제 · 사회 · 문화, 그 밖의 모든 분야의 활동에 참여할 권리를 가진다."고 명시하였으며 또한 "장애인은 장애인 관련 정책결정과정에 우선적으로 참여할 권리가 있다."고 명시하였다.

사회통합의 기본적 개념은 장애인이 지역사회의 한 구성원으로서 정상적인 삶을 영위할 수 있도록 성장과 발달을 지원하고 사회구성원으로서의 역할을 수행하는 것을 지지하는 것에 의의를 둔다. 즉, 차별과 배제 없이 장애인도 비장애인과 동일하게 지역사회에 속해 살면서 자신에게 주어진 역할을 수행하며 사회문화적 활동에 참여하는 것을 의미한다. 그 결과 장애인은 지역사회에 소속감을 가질 수 있는 적극적 의미를 포함하고 있다.

장애인 사회통합의 내용은 시민권리 실현, 지역사회에의 참여, 사회구성원으로서 역할수행과 성장발달을 지원하는 것이다. 구체적인 장애인의 사회통합은, 첫째, 장애인에게도 기본적인 시민의 권리를 실현할 수 있도록 하고 비장애인과 한 사회에서 공존할 수 있도록 하는 것이다. 둘째, 장애인이 인격적인 개인으로서 존중받으며 사회활동과 대인관계를 통하여 지역사회에 성공적인 개인 참여를 할 수 있도록 하는 것이다. 셋째, 사회구성원으로서 역할을 수행하도록 하고 장애인의 잔존능력과 잠재력을 개발 촉진하여 성장 발달하도록 돕는 것이다.

이를 위하여 기존 사회로부터 장애인의 격리를 방지하고 장애인의 참여에 장벽이 되는 부정적인 물리적 · 사회적 · 심리적 제약 조건을 제거하는 것이 전제되어야 한다. 구체적인 방법으로는 기회의 공유, 장애인과 비장애인의 협력, 사회적 편견과 차별의식의 개선, 장애인 생애발달주기에 따른 사회통

〈표 6-1〉 사회통합을 위한 재활체계

<table>
<tr><th colspan="3">복지의 분석과 통합조건</th><th colspan="3">복지의 분석과 통합체계</th><th colspan="2">복지의 목적</th></tr>
<tr><td colspan="3">통합 ⇔ 분석</td><td colspan="3">통합 ⇔ 분석</td><td>수단적</td><td>궁극적</td></tr>
<tr><td rowspan="6">사회적 불리</td><td rowspan="3">개인적 장애</td><td>신체장애</td><td rowspan="6">장애인 복지</td><td rowspan="3">개인 능력 개발 부분</td><td>의료재활영역</td><td rowspan="3">전인적 능력개발</td><td rowspan="6">사회통합</td></tr>
<tr><td rowspan="2">의식장애</td><td>교육재활영역
직업재활영역</td></tr>
<tr><td>심리재활영역
재활사회사업</td></tr>
<tr><td rowspan="3">사회적 장애</td><td>물리적 장애</td><td rowspan="3">사회 개발 부분</td><td>물리적 환경개선(이동, 주거)</td><td rowspan="3">사회환경 개선</td></tr>
<tr><td>문화적 장애</td><td>문화적 환경개선(상징, 규범)</td></tr>
<tr><td>사회심리적 장애</td><td>사회심리적 환경개선(편견, 차별)</td></tr>
</table>

출처: 강영실, 2008, p. 40.

합, 기존 사회에서의 격리방지, 참여와 통합에 부정적인 물리적 · 사회적 · 심리적 제약조건을 제거하는 것이다. 이 모든 것을 위해 사회 각 영역의 서비스 제도가 체계화될 필요가 있으며, 교육, 의료, 직업, 심리, 재활, 사회환경 등 포괄적인 입법체계와 정책 및 행정제도가 마련되어야 할 것이다.

4) 자기결정

일반적으로 자기결정(self-determination)이란 스스로 결정하는 능력이나 가능성을 의미하며, 자율, 자유 등과 동일한 개념으로 사용되고 있다. 그러나 의존과 비교하여 상대적 개념인 비의존으로 이해되는 자율과 달리, 자기결정은 한 개인이 타인의 도움을 완전히 배제하는 것이 아니라 타인의 도움에 대한 형태와 내용에 대해서 개인이 자기결정을 한다는 의미이다.

자기결정권 혹은 자기결정 행동의 네 가지 특성을 자율적 행동, 자기 통제적 행동, 역량 강화된 심리적 태도와 반응, 자아 실현적 태도와 행동으로 분류하고 있다. 자율적 행동은 한 개인이 타인 또는 외부의 부당한 간섭 없이 자신의 행동에 대해서 선택할 수 있으며 자신의 의지에 따라 그 행동을 수정하고 바꿀 수 있는 것을 말하며, 자기 통제적 행동은 한 개인이 자신 및 환경에 대한 관찰과 평가를 통하여 어떠한 행동을 선택하거나 수행하는 것을 의미한다. 역량 강화된 심리적 태도와 반응은 한 개인이 자신의 삶 속에서 일어난 다양한 사건에 대해서 스스로의 삶에 대한 통제력을 가지면서 다른 사람에게도 통제력, 권위, 영향력을 끼치면서 반응하고 행동하는 것을 말한다.

그러나 자기결정권의 행사는 사회적 책임이 동반되어야 하는데, 개인의 자율을 지나치게 강조하게 될 경우 사회구성원과의 갈등을 초래하여 사회통합을 저해할 수 있기 때문이다. 자기결정은 장애인과 비장애인 모두에게 부여되는 권리로서 사회통합의 범위 내에서 보장받아야 한다.

2. 기본 개념

1) 개념 정의

장애인복지는 장애인의 안정된 삶을 위하여 사회적 서비스의 제공과 생활환경을 조성하는 사회 및 국가적 조치로 정의된다. 장애인복지 분야로는 제도, 정책, 서비스 및 프로그램, 운동 및 활동이 있다.

장애인복지 개념은 구체적으로 목적적 개념과 실천적 개념으로 구분해서 이해할 수 있다. 목적적 개념은 장애인에게 있어서 바람직한 상태를 추구하는 것이다. 바람직한 상태는 비록 신체적 손상이나 제약이 있을지라도 개개인의 능력에 맞게 일상적인 생활을 영위하는 것을 의미하며 이는 장애인복지의 이념이자 목표가 된다. 이를 위해서 모든 사람에게 발달의 기회를 보장하고 안정적인 생활환경을 마련하는 것이 장애인복지 개념이다. 목적적 개념에 의하면 장애인이 인간의 존엄성을 보장받으며, 인간으로서 권리를 회복하고, 재활, 정상화, 평등, 자립 등과 같은 가치를 추구하는 것이 장애인복지라고 정의할 수 있다.

실천적 개념은 국가가 마련하는 사회적 정책체계를 의미한다. 사회적 정책체계는 다시 법제도, 복지정책, 서비스와 프로그램, 지원활동 등의 협의의 장애인복지와 교육, 의료, 노동, 주거 등 관련 영역의 시책을 포함하는 광의의 장애인복지로 구분한다. 그러나 장애인복지의 개념을 규명하는 데 목적개념과 실천개념은 따로 분리되는 것이 아니라 서로 밀접하게 연관되어 있다. 즉, 장애인에게 바람직한 상태를 추구하려는 이념과 목표를 달성하기 위하여 사회적 정책과 제도를 마련함으로써 장애인복지가 실현된다고 하겠다.

장애인복지 개념을 요약하면, 장애인의 인간적 존엄성과 권리의 회복, 평등과 자립의 가치 추구를 위하여 국가와 사회가 복지정책, 제도, 지원활동 등을 마련함으로써 장애인의 손상과 제약을 넘어 일상적인 생활을 영위하도록 생활환경과 조건을 갖추는 것이라고 할 수 있다.

2) 필요성

장애인복지가 요구되는 이유는 시대를 관통하여 큰 차이가 없이 뚜렷하게 나타나고 있다. 현대 사회에서 장애인복지가 요구되는 이유로는 장애인복지를 요구하는 대상과 욕구가 늘어나기 때문이다. 첫째, 장애 인구의 증가이다. 장애 인구의 증가는 일차적으로 법정 장애 유형의 확대와 직결되어 있다. 장애와 장애인에 대한 관점의 변화, 의학과 과학의 발달, 장애인복지제도의 발전 등에 힘입어 장애를 정하는 범위가 늘어나기 때문이다. 우리나라에서도 1999년 1차 장애 범주 확대와 2003년 2차 장애 범주 확대에 따라 장애 인구가 급격하게 늘어난 것을 볼 수 있다.

둘째, 후천적 장애 요인의 증가도 장애 인구의 증가로 이어진다. 현대사회에서는 산업화와 도시화 과정에서 각종 오염과 공해가 배출될 뿐만 아니라 산업재해와 안전사고가 다발적으로 발생하여 장애의 주요 원인이 되고 있다. 장애의 원인별 요인을 살펴보면 사고와 같은 후천적 원인이 압도적인 비율을 차지하고 있음을 알 수 있다. 또한 의학의 발달은 수명을 연장시켜 점차 고령화 사회로 옮아 가게 된다. 고령화 추세와 더불어 만성질환의 증가는 노인 장애인, 즉 장애 노인의 증대를 낳는다. 이처럼 장애 인구의 절대적 증가는 장애인복지의 발달을 요구할 수밖에 없다.

둘째, 장애인을 가정에서 보살피는 돌봄서비스 욕구는 증가하는 반면, 가정 내에서 이를 돌봄서비스를 제공할 수 있는 가족 인력이 부족한데서 장애인복지의 필요성이 대두된다. 우리 사회는 산업화와 도시화와 더불어 급격한 가족해체와 가족구조의 변화를 경험하였다. 가족구조의 변화를 살펴보면 통계청이 밝히는 1인 가구 구성비는 2000년 15.5%였으나 2015년 이미 25%를 넘어 27.2%였으며, 2016년 27.9%였다. 2035년 1인 가구는 34.3%, 2045년 1인 가구는 36.3%가 될 것으로 예상되는데 이는 3가구 중 1가구가 1인 가구로 구성됨을 나타내는 것이다. 반면, 2015년 3인 가구 구성비는 21.5%, 4인 가구 구성비는 18.8%였으나, 2035년에는 각각 20.2%와 9.5%로 줄어들고, 2045년에는 각각 19.8%와 7.4%까지 감소할 전망이다.

이러한 가족구조의 변화와 가족 수의 감소는 장애인뿐만 아니라 노인, 만성질환자에 대한 간병과 보호 등 적절한 돌봄서비스를 제공할 수 없게 한다. 이와 함께 현재 장애인을 전적으로 돌보는 가족구성원의 부담을 가중시키는 원인이 된다. 가족의 돌봄 부담을 감소시키는 동시에 장애인의 삶을 증진시킬 수 있는 사회적 보호체계가 형성되어야 할 필요성이 생긴다. 중증장애인 시설보호와 재가장애인 보호를 위한 가정봉사원 파견이나 활동보조서비스 등이 여기에 해당된다.

셋째, 의학적 및 과학적 발전에 따라 의료기술 발달, 사회 전반적인 삶의 질 향상에 대한 욕구, 사회적 약자에 대한 복지적 관심, 인간답게 살 권리를 보장하여야 한다는 인권적 관심이 증가한 것도 장애인복지가 필요하다는 당위성이 제기된다. 사회가 발전함에도 불구하고 산업화와 도시화 과정에서 일어나는 인구이동과 인구집중은 장애인과 같은 사회적 약자의 소외와 장애인 집단의 고립화 및 주변화를 야기한다. 이러한 소외와 차별을 방지하여 장애인의 삶의 질을 향상시키기 위하여 장애인복지 수준의 증대가 절대적으로 요구된다.

3. 목적과 특성

1) 목적

장애인복지의 으뜸 목적은 장애인의 삶의 질을 높이기 위하여 장애인의 총체적 복지 수준을 높이는 것이다. 장애인복지의 목적은 이념적 목표와 수단적 목표로 다시 분류할 수 있다. 이념적 목표는 장애인복지가 표방하고 있는 목적적 개념이라고 할 수 있고, 수단적 목표는 이념적 목표를 현실적 가치로 전환한 형태라고 할 수 있다.

(1) 이념적 목표

장애인복지의 이념적 목표는 장애인의 사회통합(social integration)이다. 앞서 장애인의 사회통합은 장애인복지의 기본 이념 가운데 하나로 장애인복지가 추구하는 궁극적 목표임을 확인한 바 있다. 「장애인복지법」이 명시하고 있는 기본 이념은 '장애인의 완전한 사회참여와 평등을 통한 사회통합'이다. 또한 「장애인복지법」은 장애인의 권리를 '국가 · 사회의 구성원으로서 정치 · 경제 · 사회 · 문화, 그 밖의 모든 분야의 활동에 참여할 장애인의 권리'와 '장애인 관련 정책결정과정에 우선적으로 참여할 권리'로 명시하였다. 장애인의 사회통합을 이루기 위해서는 장애인의 능력개발 및 성장발달 지원과 사회제도적 환경 개선을 바탕으로 한다. 따라서 장애인의 사회통합은 국가가 지향해야 할 장애인복지의 이념적 목표로서 수단적 목표의 근간이 된다.

(2) 수단적 목표

장애인복지의 수단적 목표는 장애인의 능력개발 및 성장발달 지원과 사회제도적 환경의 개선이라고 하는 실천적 목표를 말한다. 장애인복지의 이념적 목표인 장애인의 사회통합을 이루기 위해서 장애인의 시민권리 실현, 지역사회에의 참여, 사회구성원으로서 역할수행과 성장발달을 지원하는 것을 내용으로 담고 있다. 또한 이를 실천하기 위하여 기존 사회에서의 격리를 방지하고 참여에 장애가 되는 부정적인 물리적 · 사회적 · 심리적 제약 조건을 제거하는 것을 실천적 목표로 하고 있다.

따라서 장애인이 지역사회에의 참여를 통하여 사회구성원으로서 역할을 수행할 수 있도록 장애인의 능력을 개발하고 성장 발달할 수 있도록 지원이 이루어져야 한다. 비록 장애인이 장애로 인하여 능력이 손상되었다 하더라도 개개인의 차이는 있으나 잠재능력과 강점을 가지고 있다. 장애인복지는 이러한 잠재능력과 강점을 개발, 촉진하여 주체적 존재로서 사회적 역할을 수행하도록 지원하고 장애인이 비장애인과 같이 성장, 발달할 수 있도록 지원하는 것이 목표가 되어야 한다.

장애인이 사회적 역할을 수행하고 성장, 발달할 수 있도록 하려면 사회통합에 제약을 만드는 기존 사회의 물리적 · 사회적 · 심리적 제도와 환경을 개선하여야 한다. 장애인의 접근권 보장과 기회균등의 확보 등은 사회제도적 환경이 개선되어야만 실현될 수 있는 목표이다. 사회제도적 환경은 일반적으로 비장애인을 기준으로 형성되기 때문에 장애인에게는 사회적 장애로 작용하게 된다. 따라서 장애인복지를 통하여 장애인의 접근을 허용하고 장애인이 평등한 기회를 누릴 수 있도록 환경을 개선해야만 한다. 즉, 장애인의 능력 개발 및 성장발달 지원과 사회제도적 환경의 개선은 장애인복지의 궁극적인 목표인 사회통합을 이룰 수 있는 수단적 목표이자 실천적 목표가 된다.

2) 특성

장애인복지는 장애 유형과 장애 특성의 다양성, 장애문제의 복잡성, 대상의 다층성, 문제해결을 위한 통합성으로 특징지을 수 있다.

첫째, 법으로 정하고 있는 15개 장애 범주를 살펴보면 신체적 장애와 정신적 장애로 분류되고, 신체적 장애는 다시 신체외부 장애와 신체내부 장애로 분류된다. 또한 각각의 장애 범주는 다양한 등급과 정도를 가지고 있으며 장애 특성이 다 다를 뿐만 아니라 발생원인도 매우 다양하다.

둘째, 장애 문제는 매우 복잡한 구조로 나타난다. 장애는 신체적 손상뿐만 아니라 심리적 손상과 더불어 사회적 장애의 범위로까지 확대된다. 이로 인해 파생되는 문제는 취학, 취업, 결혼 등 삶의 여러 영역에서 차별과 배제와 같은 결과를 낳는다. 이 때문에 장애문제는 다중적이고 생태체계적인 복잡한 구조를 지니고 있어 사회가 복합적으로 개입해야 할 당위성이 나타나고 있다.

셋째, 장애인복지 대상인 장애인의 다층성이다. 장애인은 복잡하고 다양한 장애 유형을 가진 사람들이다. 그에 따라 의료재활 욕구, 교육 욕구, 고용과 소득 욕구, 주거환경 욕구, 가족서비스 욕구 등 다양한 복지욕구를 가지고 있다. 또한 장애인은 의존적 존재로서 구제와 보호의 대상에서 권리와 자기결정의 주체적인 존재로 변화하여 왔다. 또한 욕구를 충족시키기 위한 방법으로 과거의 복지수혜 방식에서 벗어나 운동이나 활동을 실천방식으로 구사하고 있다. 여기에는 사회연대의식, 권리중심주의, 장애인 당사자주의 등의 사상철학과 인권의식이 뒷받침이 된다.

넷째, 장애인복지는 장애 문제를 해결하고 장애인의 다양한 복지욕구를 충족시키기 위하여 예방, 의료 및 치료, 재활 외에 경제적 보장 등 다양한 정책과 서비스 및 프로그램 등을 포함하는 종합적 및 포괄적 접근이 필요하다. 따라서 장애인복지는 사회복지의 문제일 뿐만 아니라 의학, 교육학, 심리학, 사회학 외에도 공학, 건축학 등을 포함하는 다학제간 혹은 통섭적 접근(interdisciplinary approach)이 필요하다.

4. 패러다임

패러다임(paradigm)이란 동 시대의 학자나 사회 전체가 공유하는 이론, 법칙, 지식, 가치, 믿음이나 습관 같은 것을 통틀어 일컫는 개념이다. 장애인복지 패러다임은 시대를 거치면서 상당한 변화를 경험하였다. 장애인복지 패러다임의 변화를 한 마디로 요약하면 전통적 재활 패러다임에서 자립생활 패러다임으로 전환하였다고 말할 수 있다.

1) 재활 패러다임

전통적 재활 패러다임(rehabilitation paradigm)은 장애인의 재활을 목표로 삼아 장애인복지를 실천하는 것을 기본적인 입장으로 취하고 있다. 재활 패러다임의 관점에서는 의료, 교육, 직업, 사회 재활을 통하여 장애인이 사회가 요구하는 능력에 도달하게 할 것인가가 주요 관심사이며, 사회가 바라는 목표치이다. 즉, 신체적 · 심리적 · 정신적 손상에서 회복되어 사회적 기능을 획득하여 장애인이 일반적 사회적 역할을 적절하게 수행하는 것을 재활이라고 보는 관점이다.

재활 패러다임의 관점에 의하면 장애를 병적 영역으로 간주하며 장애인을 치료의 대상으로 보고 회복 가능하다고 본다. 즉, 의료적 진단 및 치료와 교육 및 훈련을 통하여 사회가 요구하는 수준의 능력으로 회복되어 장애인은 사회가 요구하는 일반적 역할을 할 수 있다고 보는 것이다. 그러나 손상이나 장애에서 회복되거나 기능을 다시 획득하여 일상생활을 영위하기가 쉽지 않을 뿐만 아니라, 현실 사회에서 대다수의 장애인이 장애로 인하여 사회가 요구하는 능력과 경쟁력을 갖추기가 불가능하다. 오히려 사회의 편견과 제도가 장애인의 회복을 저해하고 있을 뿐만 아니라 사회 자체가 장애로 작용하기 때문이다.

〈표 6-2〉 장애인복지 패러다임 변화

개념	보호/관리	후원/지원	동반/자립
시기	전후~1960년대	1960년대~1990년대 초	1990년대 중반부터
초점	시설 수용	탈시설화	지역사회
대상자	환자	수혜자/고객	시민
인간상	생물학적/허무주의	교육학적/긍정주의	인류사회학적/동등한 인간
지원목표/우선순위	기본적인 욕구 관리: 깨끗함, 배부름	경쟁력 강화: 기술습득, 행동조절	삶의 질: 자기결정권 영위
서비스 공급 범위	시설	그룹홈, 특수학교	가정, 일반학교
전문 지원	모범사례: 간호, 영양 강화	재활후원 계획: 교육 연속성 강화	개인별 미래계획: 자기계획 수립/실천
서비스 제공	관리, 보살핌	후원/지원 프로그램	활동보조, 개인별 동반
지원모델	의료적 모델: 보호 감호, 치료	재활 모델: 발달심리, 관계치료	자립생활 모델: 개인별/지역사회 열린 지원
지원계획 결정과 통제	전문가: 의학자, 간호사	상호훈련/협동팀: 교육가, 치료사	개인: 장애인 당사자
문제 정의	장애, 손상, 결여	의존, 비자립	참여를 위한 환경장애
문제해결	관리, 치료	제한된 환경의 최소 지원, 후원	사회참여를 위한 환경개선 및 신환경 조성

출처: 최윤영, 이경준, 2010, p. 73.

2) 자립생활 패러다임

자립생활 패러다임(independent living paradigm)은 실천적 이념으로 장애인복지 실천을 위하여 대두된 가장 새로운 패러다임이다. 자립생활 패러다임은 1950년대 중반부터 미국의 대학, 장애인 활동가, 단체·조직에 의해 자발적으로 시작된 자립생활 운동(independent living movement)에 효시를 둔다. 자립생활 운동의 이념적 배경은 울펜스버거(Wolfensberger)의 정상화이다.

장애인의 자립생활은 장애인복지 패러다임이 지역사회로부터 격리와 집단시설 수용보호 차원에서 치료와 재활을 강조하는 재활 패러다임에서 장애인 당사자가 주체적으로 삶을 선택하고 결정하는 자립생활 패러다임으로 바뀜에 따라 강조된 것이다. 따라서 자립생활 패러다임의 핵심 개념은 장애인 당사자의 자기결정과 소비자 주권주의이다. 자립생활 패러다임에 의하면 장애인복지의 궁극적인 목표는 자립(independent living)에 있다고 본다. 자립이란 말은 자기결정과 자기신뢰의 개념을 가지고 있으며 자신의 능력을 중요시하고 있어, 장애인이 일상생활에서 타인에 대한 의존을 최소화하며 자신의 행동에 책임을 지며 자신의 능력에 맞는 생활을 선택하고 실천하는, 즉 주도적인 삶을 살아가는 것을 의미한다. 자립생활 패러다임의 특징은 장애개념을 재해석하고 장애인 권리를 재정립하며 새로운 사회통합의 개념을 제시해 주는 것으로 요약할 수 있다.

(1) 장애 개념 재해석

자립생활 패러다임은 장애 개념 이해와 장애인복지 실천에 대한 해석에 있어서 새로운 방향을 제시해 준다. 기존의 재활 패러다임은 장애 개념을 신체적 손상이나 기능제한과 활동제약으로 규정하고 있으며, 따라서 장애 문제의 해결도 개인의 기능향상과 역할수행의 극대화와 활동 및 참여의 확대로 규정하였다. 장애인을 변화의 대상으로 보기 때문에 문제해결은 재활에 목표를 두고 전문가에 의한 치료 · 교육 · 훈련에 의해 이루어진다고 본다.

반면, 자립생활 패러다임은 장애 문제의 핵심이 개인보다 환경에 있다고 본다. 즉, 장애인의 삶의 질이 주거환경, 이동, 접근권과 같은 환경 요건에 크게 영향을 받기 때문에 환경적 결손이야말로 장애인의 장애 극복과 삶의 질을 결정하는 데 제약을 야기하는 주요 요인으로 지적하고 있다. 이와 같은 맥락에서 WHO가 2001년 만든 국제장애건강분류인 ICF는 개인의 신체기능과 구조, 활동, 참여 외에 환경적인 요소까지 포함하여 장애개념을 분류한 것이다. 따라서 최근의 장애개념은 개인을 넘어서 사회 환경과의 상호작용으로 나타나는 사회적 배제 측면에서 정의되고 있음을 알 수 있다.

따라서 자립생활이란 장애인이 비제약적 환경에서 살 수 있는 능력뿐만 아니라 보다 생산적인 능력으로 정의할 수 있으며, 생산적 능력이란 소득을 창출하는 직업에 종사하는 것과 지역사회와 가족생활에 기여하는 능력까지를 포함하는 의미이다.

(2) 장애인 권리 재정립

자립생활 패러다임은 장애인 인권신장을 위한 시민권 개념을 바탕으로 하고 있다. 자립생활 패러다임에 의하면 모든 사람은 손상의 특성과 정도에 관계없이 주류사회에 참여할 권리가 있음과 일상생활에서 선택과 통제를 행사할 권한이 있다는 두 개의 가정에서 출발한다. 학자에 따라 정의가 다르기는 하지만 자립생활 패러다임은 공통적으로 소비자 주권, 자조, 권익옹호, 함용(inclusion), 통합, 주류화 등의 개념이 포함되어 있다. 그러나 장애인 권리와 자립생활 운동의 가장 핵심적 개념은 소비자 주권주의이다. 이는 전문가가 아니라 장애인 당사자가 자신의 욕구와 권리를 가장 잘 충족시킬 수 있는 서비스를 선택할 권한을 가지고 있음을 의미한다.

자립생활은 장애인이 타인의 보호와 의존으로부터 벗어나 자신의 삶의 통제권을 회복하는 상태로 지역사회에서 적절한 지원과 함께 자기선택권과 결정권을 행사하며 주체적으로 삶을 살아가는 것을 말한다. 따라서 장애인 자신의 삶의 대한 결정에 대하여 타인의 개입이나 보호를 최소한으로 하여 자신의 의지로 선택하고 결정하는 모든 과정에 장애인 당사자가 주도적으로 참여하는 것을 자립생활이라 할 수 있다. 이러한 관점에서 자립생활 패러다임은 장애인의 삶의 질을 구성하는 영역으로 신체적, 정서적, 물질적 복지 외에, 자기결정(자율, 통제, 선택), 사회적 함용(사회통합, 참여, 자발성, 지지), 권리(인권, 존엄, 평등, 시민권) 영역을 포함하고 있다.

(3) 새로운 사회통합

마지막으로 자립생활 패러다임은 장애인복지 실천에 있어 새로운 규범적 방향성과 서비스 전달체계의 함의를 제시하여 준다. 자립생활 패러다임의 목표는 개혁적인 범위의 서비스와 지지체계를 구축함으로써 궁극적으로 장애인의 사회통합을 추구하는 것인데, 장애인의 사회통합은 장애인이 주체적이고 온전한 사회 구성원으로서 사회적 및 문화적 활동에 참여하는 것을 의미하고 있다. 이러한 점에서 자립생활 패러다임은 정책입안가나 서비스 제공자 중심의 정책과 실천을 지양하고 장애인 당사자가 주도하는 사회통합을 이루어야 한다. 즉, 장애인이 서비스 체계에 직접 참여하고 자원선택의 권한을 가짐으로 해서 사회통합이 구체화될 수 있다고 본다.

이 때문에 재활 패러다임은 신체기능 및 구조, 사회활동과 사회참여 정도를 바탕으로 사회통합을 강조해 왔으나, 자립생활 패러다임에 의거한 사회통합은 서비스 체계에의 참여와 자원선택의 권한, 즉 소비자주의와 당사자주의를 중시하는 것이다. 따라서 '특수욕구' 접근법이 아닌 '주류화' 접근법을 통한 사회통합을 지지하게 되며, 동료 상담자 활용과 같이 장애인의 자기결정권과 통제권을 존중하는 대인 주도적 서비스를 선택하게 함으로써 사회통합을 이룰 수가 있다.

자립생활 패러다임이 지향하는 실천 방식으로 동료상담, 옹호, 장벽제거, 소비자 통제권 등이 장애문제를 해결하는 데 활용되어야 하며, 지역사회 활동, 주거, 고용 등 삶의 질 각 구성요소에 관한 장애인 당사자의 결정을 중시하게 된다. 이와 같은 차원에서 자립생활센터가 제공하는 핵심 서비스 네 가지는 동료상담, 자립기술훈련, 개인 및 제도 옹호, 정보전달과 의뢰이다.

// 생각해 봅시다 //

1. 장애인복지 패러다임이 어떻게 변화하였는지를 논의해 봅시다.
2. 자립생활 모델이 전통적인 의료재활 모델에 비해 어떤 차이가 있는지 비교하여 봅시다.
3. 자립생활 패러다임 관점에서 장애인의 사회통합이 제대로 이루어지고 있는지 논의해 봅시다. 어떤 점이 장애인의 사회통합을 저해하는지 논의해 봅시다.
4. 자립생활 모델을 실행하기 위한 전제조건은 어떤 것이 있는지 확인해 봅시다.

제7장

장애인복지 발전 역사

1. 서구

1) 고대

고대 사회에서는 장애인복지라는 어휘는 말할 것도 없고 개념조차 존재하지 않았다. 장애와 장애인에 대한 인식은 원시적이며 부정적이었다. 장애의 원인을 바라보는 시각에는 미신이 작용하여 저주에 의하거나 악령이 깃들어 장애가 발생한 것으로 믿었다. 장애인에 대한 편견이 가장 심하게 작용하던 시대였다.

고대 사회에서 장애인은 사회가 필요로 하는 노동력을 갖추지 못하여 생산성 제고에 기여하지 못할 뿐만 아니라 사회 유지에 오히려 짐이 되기 때문에 이들을 배척하고 학대하였다. 따라서 신체가 건강한 남아의 출생은 환영받았으나 딸이나 장애를 가진 아이의 출생은 가정의 치욕으로 여겨졌다. 이 때문에 장애아는 유기되거나 방치되는 대상이 되었으며 극단적인 경우 살해당하기도 하였다. 특히 균형 잡힌 육체의 미와 건강을 숭상하던 고대 그리스 국가에서는 장애인을 추한 인간의 표본이라고 생각하였다. 이 때문에 장애인에 대한 처우는 열악하였으며 학대와 기피의 대상이 되었고 사회로부터 격리되었다. BC 5세기경 히포크라테스에 이르러 심신의 질환을 의학적으로 진단하고 치료하려는 노력이 이루어졌다. 장애인에 대한 시각이 최초로 변화된 계기라고 할 수 있다.

고대 팔레스타인에서 발생한 초기 기독교(Judeo-Christianity)는 장애인을 포함하여 병자, 노인 등을 대상으로 보호사상을 표방하였으며, 장애인을 포함한 약자에 대한 종교적 보호의 의무와 구제사업을 강조하였다. 이와 더불어 장애인을 학대와 배척의 대상으로 보던 시각이 변화하여 동정과 긍휼의 대상으로 보기 시작하였다.

2) 중세

중세 사회에서는 기독교 사상의 영향을 받아 장애를 신의 저주에 의해 발생하거나, 사악한 영혼이나 마귀가 들려서 생긴 결과로 보았다. 중세 사회에서도 장애아의 유기와 장애인에 대한 차별과 학대는 일반적으로 일어났다. 장애가 악마에 의해 귀신 들린 것이라고 생각했던 시절에 마녀사냥이 절정에 달했으며, 정신장애인은 마녀사냥의 최대 피해자였다.

이와 동시에 기독교의 영향으로 박애사상이 사회 전반에 퍼지게 되었으며 따라서 장애인을 빈민이나 노인과 함께 종교적 자선보호의 대상으로 보기 시작하였다. 성직자와 수도원을 주축으로 구제사업이 실시되었으며, 도시에는 보호시설 설립과 함께 장애인 수용보호 사업이 대대적으로 이루어졌다. 그럼에도 불구하고 장애인에 대한 차별과 학대는 여전하였다. 장애를 바라보는 근대적인 시각은 발현되지 않았고 장애인복지도 구제사업에 중점을 두었기 때문에 시대적인 한계를 벗어나지 못했다고 할 수 있다.

산업화와 더불어 도시화가 전개되면서 중세 봉건사회가 붕괴되기 시작하였다. 도시로 유입된 빈민에 대해 종교적 자선사업으로 한계가 있음을 알게 된 영국은 1601년 최초로 「구빈법」(Poor Law)을 제정하였다. 구빈법에 따라 노동능력이 있는 빈민에게는 강제노동이 부과된 반면, 장애인과 같이 노동능력이 없는 빈민은 주로 시설에 수용되었다.

3) 근대

근대는 비로소 장애인에 대한 인식과 처우가 변화되기 시작한 시대였다. 르네상스 시대의 도래, 의학과 과학의 발달, 그리고 종교개혁이 역사적 배경이자 변화의 계기가 되었다. 르네상스 시대는 기독교의 신본주의 사상에서 인간중심과 인본주의 철학이 대두된 시기로 자연주의, 이성주의, 합리주의 등이 나타나 그 이전 시대에 만연하였던 편견과 미신으로부터 탈피할 수 있었다. 따라서 장애인에 대하여 합리적으로 이해하기 위한 노력이 시작되었다. 이와 함께 의학과 과학의 발달도 장애와 장애인에 대한 인식의 변화를 불러 일으켰다. 장애를 신체적으로 및 생리적으로 이해하게 되었으며, 장애의 원인을 과학적으로 해명하게 됨으로써 장애에 대한 편견과 미신을 극복하는데 기여하였다.

독일에서 루터(Martin Luther, 1483~1546)가 주도한 종교개혁도 장애인에 대한 사회적 처우를 바꾸는 사상적 계기가 되었다. 특히 종교개혁가로서 루터는 청각장애인, 시각장애인, 지적장애인도 같은 신앙을 가진 교인임을 강조하면서 이들에 대한 사회적 처우가 혁신되어야 함을 주장하였다. 또한 루터는 빈부, 성별, 능력에 상관없이 모든 국민을 대상으로 하는 보통교육을 주장하였다. 아울러 학교의 설립과 유지는 국가의 책임이라는 국민교육제도를 역설하였다. 이러한 루터의 교육사상은 장애아동 학교교육 실행의 사상적 기반이 되었다.

장애인 교육에 대한 사상적 기반을 마련한 또 하나의 학자는 17세기 영국의 베이컨(Francis Bacon, 1909~1992)이다. 경험론자인 베이컨은 사실과 경험, 그리고 실천을 중시하였다. 베이컨의 경험주의 철학사조는 실학주의 교육을 태동시켰는데 그 과정에서 이전까지 수용보호에 그쳤던 장애인의 교육이 실험적으로 실시되었다. 18세기에 들어서서 특수아동에 대해서도 교육적 관심을 갖게 되었고, 19세기에 이르러 장애의 원인규명과 특수교육이 촉진되었다. 1882년에는 프랑스에서 최초로 장애아동에 대한 의무교육을 실시하였다.

19세기에 접어들면서 장애인 교육과 보호를 위하여 장애인 수용시설이 설립되기 시작하였다. 더불어 장애인전문병원, 재활원, 산업학교 등 다양한 수용보호서비스시설이 설립되었다. 1863년 미국 뉴욕에는 처음으로 장애인전문병원이 개설되었으며, 1889년 클리블랜드에는 재활원이, 1893년에는 장애인산업학교가 설립하였다. 그러나 20세기 초 사회진화론과 우생학 이론의 영향으로 장애인을 열성인자를 지닌 사람으로 규정하였으며, 범죄자와 같이 사회로부터 제거되어야 할 대상으로 간주하였다. 이를 위해 출산억제정책, 강제불임수술, 격리수용을 실시하였다.

4) 현대

장애인복지의 발달 역사를 고찰할 때 제1차 세계대전 이후를 현대로 규정한다. 제1차 세계대전(1914~1918)과 제2차 세계대전(1939~1945)을 거치면서 장애인복지는 큰 전환점을 맞이하게 된다. 두 번의 세계대전으로 많은 전상장애인이 발생하였으며 이들을 위한 제도적 지원이 요구되었다. 이를 국가가 책임지기 시작하면서 현대적 의미의 장애인복지가 시작했다고 보고 있다.

(1) 1910~1950년대

제1차 세계대전 이후 현대적 의미의 장애인복지가 태동하였다. 유럽 각국에서는 전쟁에서 상해를 입은 퇴역군인을 위하여 장애인 고용제도를 만들기 시작하였다. 1919년 영국은 퇴역상이군인 임의할당고용제도를 도입하였는데 이는 후일「신체장애인고용법」의 전신이 된다. 1921년 이탈리아는 전상 장애인의 고용의무법률을 제정하였다. 1923년 ILO(International Labor Organization, 국제노동기구)는 퇴역상이군인을 중심으로 신체장애인의 고용촉진방법을 위한 전문가 회의를 개최하였다. 1944년 ILO는 제26차 회의에서 장애인 고용에 관한 법률 제정을 각국에 권고하였다.

제2차 세계대전 이후 유럽 각국은 기존의 장애인 고용제도를 더욱 발전시키고 적극적으로 법률을 제정하였다. 1944년 영국은「신체장애인고용법」을 제정하여 장애인의 의무고용을 시행하였다. 1947년 이탈리아는「산재장애인의무고용법」을 제정하였으며, 1950년「전쟁신체장애인의무고용법」을 제정하였다. 1953년 독일은「신체장애인고용법」을 제정하였고 1955년 프랑스는「할당고용법」을 제정하였다.

1955년 ILO 총회에서 신체장애인의 직업재활에 대한 국제적 기준을 권고하였다. 그 내용을 살펴보면, 첫째, 차별 없이 신체장애인을 해고하지 말 것과 일정 비율의 신체장애인을 고용할 것, 둘째, 신체장애인을 위해 유보 직종을 지정할 것, 셋째, 중증 신체장애인에게 적절한 고용의 기회와 우선권을 줄 것으로 구성되어 있다.

(2) 1960~1980년대

1960년대는 북유럽에서 시작된 정상화 이념을 바탕으로 장애인들은 지역사회에서 비장애인들과 함께 정상적인 생활을 지속하는 것을 장애인복지의 목표로 삼았다. 이와 더불어 장애인의 시설보호를 지양하고 지역사회보호를 강조하는 탈시설화 반향이 일었다. 1971년 유엔은 정신지체인권리선언(Declaration on the Rights of Mentally Retarded Persons)을 선포하고 정상화 이념을 도입하였다. 이로써 시설 중심의 장애인복지가 장애인 직업재활을 강화하는 지역 중심의 장애인복지로 방향을 바꾸는 시대적 계기가 되었다. 미국은 1920년 제정한「직업재활법」을 1967년 개정하여 경증장애인을 대상으로 하는 직업재활 활성화를 도모하였다.

1970년대 유럽 각국은 장애인 직업재활을 신장하기 위한 제도를 만들고 관련법을 제정하였다. 스웨덴은 1970년대에 중증장애인을 세뇌하고 시설수용에서 전환하여 장애인을 위탁양육가정이나 본인 가정에서 보호하는 것을 우선시하였다. 1970년 영국은 「만성병 및 장애인법」을 제정하여 중증장애인의 사회적 자립 욕구에 대처하였다. 1970년 독일은 장애인 재활촉진 활동강령을 제정하였고, 1974년 「중증장애인법」을 제정하여 장애인보호작업장을 활성화하였다. 1970년 미국은 「발달장애인서비스 및 시설건축물법」을 제정하였으며, 1975년 이를 개정하였다. 1973년 미국은 「재활법」을 제정하여 중증장애인을 사회재활의 법적 대상으로 규정하였다. 이와 함께 1970년대 미국에서는 자립생활센터의 전국적 확대가 이루어졌다. 이어서 미국은 1975년 「장애아동교육법」, 1978년 「장애인지원 및 권리법」을 제정하였다.

1970년대를 이어서 1980년대는 장애인 복지정책의 지속적인 전기가 마련되었던 시기였다. 1981년 유엔은 '세계 장애인의 해(International Year of Disabled Persons)'를 기념하였고, '세계장애인 10년(International Decade of Disabled Persons, 1983~1992)'을 선포하였다. 1983년 유엔은 '장애인에 관한 세계행동계획(World Program of Action Concerning Disabled Persons)'을 수립하였다. 국제사회의 노력과 함께 유럽 각국 또한 관련법을 제정해 나갔는데, 1980년 독일의 장애인활동강령, 1981년 영국의 「장애인법」, 1984년 미국의 「발달장애인법」, 1986년 스웨덴의 「지적장애인특별법」 제정으로 나타났다.

(3) 1990년대 이후

1990년대 이후는 장애인의 권리 차원에서 장애인복지를 실현하려는 제도적 노력이 강화하게 된 시기이다. 미국은 1990년 「장애인법(Americans with Disabled Act: ADA)」을 제정하여 장애인의 평등하고 완전한 사회참여와 통합을 장애인복지의 궁극적 목표로 하여 이를 달성하고자 하였다. 이 법은 장애인의 고용차별 금지, 교통・통신의 접근성 보장, 균등한 기회 부여, 사회적・

물리적 장벽 제거를 규정하였다. 이어서 1992년 호주의「장애차별금지법」, 1995년 영국의「장애차별금지법」이 제정되었다.

국제사회에서도 장애인복지를 향상시키기 위한 제도적 노력이 투입되었다. 1994년 유엔은 '모두를 위한 사회(A Society for All)' '인식에서 행동(from Awareness to Action)'이라는 표어를 만들어 공포하였고 이어서 '장애인의 기회균등을 위한 표준규칙(Standard Rules for the Equalization of Opportunities for Disabled Persons)'을 채택하였다. 이 규칙의 목적은 장애인에게 균등한 기회를 주기 위하여 표준화된 규칙을 마련한 것이었으며 기술적 및 경제적 협력을 위한 정책결정의 지침으로서 작용하였다. 특히 장애인의 기회균등을 위하여 균등한 참여의 전제조건, 균등한 참여의 목표영역, 실행방침, 모니터링 메커니즘 등 4개의 장과 22개 조항으로 구성되었다.

(4) 유엔 장애인권리협약

국제사회에서 장애인의 권리를 보장하기 위해 꾸준하게 기울인 노력이 제도적 결실을 맺은 것이 2006년 유엔 장애인권리협약(United Nations Convention on the Rights of Persons with Disabilities)이다. 장애인의 인권을 증진하기 위하여 1971년 유엔 정신지체인권리선언(Declaration on the Rights of Mentally Retarded Persons)과 1975년 유엔 장애인권리선언(Declaration on the Rights of Disabled Persons)을 제정하였으나 모두가 선언적 수준에 그치고 법적 구속력을 가지지 못하였다. 그러나 장애인권리협약은 유엔 회원국이 협약의 내용을 준수할 것을 정식 비준한 것으로 국내법과 마찬가지로 법적 구속효력이 작용하게 된다.

장애인권리협약은 전문과 총 50개 조항으로 구성되어 있다. 특히 조항 1에서는 장애인의 타고난 존엄성을 존중하고, 장애인이 모든 인권과 기본적인 자유를 향유할 수 있도록 이를 증진하고, 보호하고, 보장해 주어야 함을 협약의 목적으로 삼고 있다. 또한 조항 3은 장애인 권리를 증진하기 위하여, 개인의 천부적 존엄성, 선택의 자유를 포함한 자율, 자립에 대한 존중, 차별금지,

〈표 7-1〉 연도별 장애 출현율과 추정 장애인 수

시대적 구분	사회적 반응과 복지 대책
고대	미신적 시대 및 비인도주의적 시대: 장애아 유기 또는 학대
중세	시설보호 시대: 수도원, 구빈원, 수용소 보호
근대	초기 장애인 관점 변화 시대: 정신질환자 구속 및 감금, 의학과 과학의 발달, 사상적 변화, 장애아동에 대한 특수교육의 필요성 인식
1900년대~1960년대	사회입법 제정 시대: 제1차, 제2차 세계대전 전상장애인에 대한 책임과 보상책, 산업재해법, 직업재활법, 사회보장제도 도입
1970년대 이후	사회통합 시대: 지역사회 보호, 격리시설 폐쇄, 사회복귀를 위한 각종 프로그램 발달, 정상화 이념의 실현, 자립생활 패러다임 등장

출처: 정일교, 김만호, 2007, p. 43.

완전하고 효과적인 사회참여와 통합, 다양성 인정과 장애인에 대한 차이의 존중과 수용, 기회의 균등, 접근성, 남성과 여성의 평등, 장애아동의 점진적 역량존중 및 정체성 유지에 대한 권리존중 등 8개의 실천원칙을 명시하고 있다. 조항 4는 장애인 권리를 증진하기 위하여 협약의 국내 이행을 위한 당사국의 책임과 의무를 규정하고 있다. 이어서 장애인의 권리 보장을 위하여 차별금지, 접근성 제고, 긴급조치, 법 앞에서의 평등, 착취와 폭력과 학대로부터의 자유, 장애에 대한 인식 개선 등 구체적인 실천내용을 조항으로 구성하였다.

2. 우리나라

1) 삼국시대

삼국시대에는 장애인을 부르는 독립된 명칭이 없었다. 장애인을 폐질자라고 불렀으며 병자와 구별하지 않았다. 장애인의 부양과 보호는 일차적으로 가족의 책임으로 하였으며, 자연재해나 기근으로 인하여 가족이 장애인을 부양하지 못할 경우에 마을 공동체가 장애인의 구제를 담당하도록 하였다.

삼국시대 구제사업 가운데 장애인과 관련이 있는 제도는 사궁구휼(四窮救恤)이다. 이는 병자, 빈민, 고아, 장애인을 대상으로 나라로부터 의류, 곡물, 관제 등의 급여를 실시하는 것이다. 고구려 고국천왕 16년 환과고독(鰥寡孤獨)이라 하여 홀아비, 홀어미, 고아, 늙고 자식이 사람 등 무의무탁한 빈민을 구제하기 위하여 사궁구휼을 실시하였다. 또한 고구려 삼국사기는 고국천왕 16년에 진대법을 제정하여 질병이나 노동력이 결핍된 자들에게 관곡을 대여하는 방식으로 이들을 구휼했다고 기록하고 있다. 삼국유사는 신라 3대 유리왕 5년에 노인, 병자를 구제했다고 기록하였으며, 백제 비류왕 9년에 백성의 환고를 조사하여 병자, 노인, 장애인 등을 곡식으로 구제했다고 기록하고 있다.

통일신라시대 경덕왕 6년에 기근과 질환에 시달리는 백성을 구휼하였고 경덕왕 14년에는 노병과 환과고독의 백성에게 곡식을 차등 있게 주어 구휼하였다고 적고 있다. 그러나 삼국시대의 구제는 임시방편적이었으며 구휼제도는 사후대책의 성격을 띠었다.

2) 고려시대

고려시대는 불교가 국교였다. 불교는 장애인을 포함하여 빈곤층을 대상으로 하는 구제사업을 실행하는 데 사상적인 영향을 미쳤다. 고려시대는 삼국시대의 구휼제도가 계속되었으며 또한 삼국시대에 비해 보다 더 제도화된 구제사업이 전개되었다. 이재민이 발생했을 경우 이들에 대한 조세와 부역면제 등 각종 구휼제도가 실시되었다. 국가 차원에서 춘궁기나 재해로 인하여 발생한 빈민에게 대여하고자 전대사업용 곡식을 비축하는 제도를 만들었다. 태조 원년의 흑창, 성조 5년의 상평창, 충선왕 5년의 유비창 등이 이에 해당된다.

고려 성종은 다양한 의료구제제도를 실시하였다. 성종은 의학교육기관인 대의감을 설립하였고, 서민 시료기관인 혜민국을 설치하였다. 또한 병자, 고아, 노인, 폐질자 등을 포함하여 구빈 시료를 행하는 동서대비원을 설립하였다. 또한 동서대비원은 무의무탁자를 수용하여 보호하였다.

고려시대에는 장애인이 종사할 수 있는 직업을 국가가 지정하였는데 장애인 특히 맹인의 고용제도를 유도한 기록이 있다. 맹인은 점복, 독경, 기우제, 악사와 같은 직업을 가지도록 제도화하여 경제적 자립을 도왔다. 고려 광종 9년에는 국가의 과거제도에 복업을 포함하여 시험에 합격한 장애인에게 벼슬을 주었다. 이처럼 맹인들에게 벼슬을 주었던 사실은 장애인복지제도의 중요한 발전이라고 할 수 있다(정일교, 김만호, 2007).

3) 조선시대

조선시대는 유교사상이 지배하던 사회였다. 장애인의 부양은 대부분 친족에 의해 이루어졌으나 유교사상을 바탕으로 장애인을 포함하는 빈민층에 대한 구제사업이 범 국가적으로 이루어졌다. 태조 2년에는 노약자, 폐질자를 노동으로부터 면제해 주고 구휼사업을 실시하였으며, 세종 원년에는 환과고독과 폐질자를 노동으로부터 면제해 주고 곡식으로 구제하였다. 세종 때 설립된 진제장은 빈민을 위한 응급구제기관이었으며, 동서활인원은 빈민의 의료와 의식을 지원하던 시료기관이었다. 동서활인원에서 장애인, 맹인에 대한 진휼을 실시하는 것이 세조까지 이어졌다. 정조 7년에는 맹인, 절름발이, 문둥이, 간질, 벙어리, 꼽추, 고자 등으로 불구폐질자를 분류하였다. 불구폐질자는 노동을 면제해 주고 구휼사업을 실행하는 대상이 되었다. 또한 고려시대와 마찬가지로 장애 유형에 따라 특정 직업을 지정하여 경제적 자립을 지원하였다. 맹인은 복술을 지정하고 절름발이는 그물 짜기를 지정하는 등 원시적 유보고용제도를 실시하였다.

4) 근대

우리나라 최초의 장애인 보호사업은 고종 31년인 1894년 미국인 선교사와 부인들이 평양에서 맹인학생을 집에서 보호하며 교육을 실시한 것이라고 볼 수 있다. 1905년 우리나라 최초의 아동보호시설인 경성고아원이 설립되었다. 1911년 조선총독부가 이를 접수하여 제생원으로 이름을 바꾸었다. 1913년 제생원 안에 맹아부를 설치하여 맹아를 보호 · 수용하면서 초등교육과 직업교육을 실시하였는데, 우리나라 최초의 시각장애 특수학교라고 할 수 있다. 1945년 제생원은 국립맹아학교로 명칭을 바꾸었으며, 1959년 서울맹학교로 개칭되어 지금까지 시각장애 특수교육을 실행하고 있다.

1944년 조선구호령이 공포되었는데, 65세 이상의 노쇠자, 13세 이하의 아동, 임산부, 불구자, 폐질자, 정신 및 신체장애 등 노동을 못하는 자를 대상으로 하였다. 그러나 이름만 구호사업이었으며 실제로는 장애인을 대상으로 한 것이 아니라 식민지 통치를 정당화하기 위해 실시된 사업이라는 한계가 드러났다.

1948년 우리나라 최초로 정신박약아 수용시설인 중앙각심학원이 설립되었는데, 후일 국립재활원으로 발전하였다. 이처럼 단편적으로 장애인을 위한 시설보호나 민간에서의 특수교육은 일부 실행되었으나 해방 이후 정부 수립까지 장애인복지를 위한 제도적 정책은 전무하였다.

5) 현대

(1) 시설중심의 보호단계: 1950~1960년대

우리나라는 해방 이후 정부 수립까지 많은 정치적 및 사회적 혼란을 겪었을 뿐만 아니라, 1950년 한국전쟁으로 인하여 전쟁고아, 사상자, 미망인이 양산되어 사회적 혼란과 경제적 피폐가 더욱 가중되었다. 그러나 정부의 복지대책은 마련되지 않았다. 특히 장애인복지를 위한 국가 차원의 독자적 법령이나 제도적 접근은 전무하였다. 장애인에 대한 사회복지서비스는 전적으로 민간 영역이 담당하였으며, 민간사회사업가, 종교기관, 해외원조기관에 의해 시설수용보호에 초점을 둔 서비스가 제공되었다. 1949년 이후 장애인과 관련하여 제정된 법제도는 1949년「교육법」제정, 1950년「군사원호법」제정, 1951년「경찰원호법」제정, 1961년「군사원호보상법」제정이라고 할 수 있다.

(2) 교육중심의 재활단계: 1970~1980년대 중반

1970년 최초로 사회복지사업법이 제정되었으나 장애인복지사업을 포함한 것이 아니었다. 장애인복지와 관련하여 실질적인 제도가 이루어진 것은 1970년대 후반부터라고 할 수 있다. 1977년「특수교육진흥법」이 제정되어 장애인에게 교육기회를 제공할 수 있는 법적 기반을 마련하였다.「특수교육진흥법」은 시각, 청각, 정신장애, 지체부자유자, 정서장애, 언어장애, 기타 심신장애인을 특수교육 대상자로 하고 국가 및 지방자치단체는 특수교육 진흥을 위한 시책을 강구하도록 하였다. 그러나 실제로 학교 현장에서 장애인의 제도적 차별은 여전하였다.

1981년 제정된「심신장애자복지법」은 우리나라 역사상 최초의 장애인복지에 관한 종합적 법률이라고 할 수 있다. 장애인의 권익을 보장하고 복지서비스 제공을 법제화한 것으로 산업화 및 도시화 과정에서 발생하는 장애를 예방하고, 장애인을 위한 의료서비스 제공과 생활보호 등 복지시책을 강구하여 장애인의 경제적 사회적 재활을 도모하는 것을 목표로 삼았다. 장애인복지의 제도적 장치를 마련하고 정책방향을 제시하였다는 데 의의를 갖는다.

(3) 참여중심의 통합단계: 1980년대 후반~1990년대

1980년대 후반부터 본격적인 장애인복지의 제도화가 이루어졌다고 평가할 수 있다. 사회통합이라는 장애인복지의 기본이념이 강조되면서 의료재활 패러다임이 자립생활 패러다임으로 변화하였다. 이와 더불어 기존의 시설중심의 보호서비스가 지역사회보호로 바뀌었다. 1988년 개최된 장애인올림픽은 장애인에 대한 시각을 개선하고 장애인복지를 위한 제도적 방안을 마련하는 데 인식적 변화를 일으킨 계기이다. 같은 해 대통령 소속 장애인복지대책위원회가 구성되었다. 위원회에서는 11개 대책방안을 마련하였으며, 장애인 의무고용제, 장애수당, 세금감면제도, 요금이용료 감면제도 등을 건의하였다. 이에 따라 1984년 장애인편의시설을 의무화하였으며, 1987년 장애인등록사업을 실시하였다.

1989년 「심신장애자복지법」이 전면 개정되어 「장애인복지법」으로 탄생하였다. 법 제정과 더불어 '지체부자유자'를 '지체장애인'으로, '정신박약'을 '정신지체'로, 그리고 '심신장애자'를 '장애인'으로 변경하는 등 긍정적인 용어로 개선되었다. 또한 국가 및 지방자치단체의 책임과 의무를 명시하였으며, 장애인등록제도를 도입하고, 장애인복지와 관련하여 복지조치 등을 규정하였다. 새로이 제정된 「장애인복지법」이 장애인복지 증진에 기여한 바가 크다고 하겠다.

1990년 「장애인고용촉진 등에 관한 법률」이 제정되었다가 1995년 개정되었다(약칭: 「장애인고용촉진법」). 이 법은 장애인의 직업재활 및 고용기회 확대를 통하여 장애인의 경제적 자립을 도모하고자 하는 것으로, 장애인 의무고용제도를 규정하였으며, 장애인근로촉진공단을 설립하도록 하였다. 현재 한국장애인고용공단의 전신이다.

1994년 기존의 「특수교육진흥법」이 개정되었다. 이 법에는 통합교육이 최초로 명시되었는데, 장애를 가진 아동의 교육적 권리를 보장하여 통합교육 이념을 실현하고자 하였다. 1999년 「특수교육진흥법」이 전면 개정됨과 함께 장애학생의 무상교육이 실시되었다.

정부는 1997년 제1차 장애인복지발전 5개년 계획(1998~2002)을 수립하였다. 장애인의 완전한 사회참여와 평등을 보장하는 것을 목표로 삼고, 장애 발생의 예방, 장애 범주의 확대, 사회참여 확대 및 편의시설 확충 등 복지확대, 장애아 교육기회 확대 등 특수교육 강화, 장애인 직업능력 개발 증진, 중증장애인 고용환경 개선 등 고용촉진을 3대 실천 목표로 추진하였다.

1998년 장애인인권헌장이 제정 공포되었다. 장애인의 인권에 대한 관심을 촉구하면서 인간으로서의 존엄성을 보장받아야 하고, 차별과 착취가 없어야 하며, 평등한 기회를 보장받아야 함을 선언한 것이다. 장애인은 인간의 존엄과 가치를 가지며 행복을 추구할 권리를 가진다. 또한 장애인은 건전한 사회구성원으로서 책임 있는 삶을 살아가며 자립하도록 노력하여야 한다. 국가와 사회는 헌법과 유엔의 장애인권리선언의 정신에 따라 장애인의 인권을 보호하여야 함을 천명하고 있다. 총 13개 조항으로 구성되어 있다. 후일 「장애인차별금지 및 권리구제 등에 관한 법률」을 제정하는 데 실천원칙에 대한 기반으로서 작용하였다.

같은 해 1998년 「장애인 · 노인 · 임산부 등의 편의증진 보장에 관한 법률」이 제정되었다(약칭: 「장애인등편의법」). 이 법은 장애인 등 일상생활에서 불편을 느끼는 사람들이 이동하는 데 불편함이 없고, 안전하고 편리하게 시설 및 설비를 이용하고, 정보를 이용하는 데 접근성을 보장함으로써 사회참여와 사회통합을 증진하는 것으로 목적으로 삼았다.

1999년 「장애인복지법」이 전면 개정됨과 함께 2000년 장애 범주가 10종으로 확대되었으며, 2003년 다시 15종으로 확대되었다.

(4) 권리중심의 인권단계: 2000년대 이후

2000년대 이후는 장애인의 인권에 대한 관심과 실천이 본격적으로 시작된 시대라고 말할 수 있다. 1980년대 후반부터 시작된 장애인의 사회참여와 사회통합을 위한 제도적 노력도 괄목할 만하였다. 그럼에도 불구하고 의사소통 문제, 외모상의 차이, 신체적 기능 등의 문제로 사회의 거의 모든 영역에서 차별받고 배제되어 온 장애인들이 사회구성원으로서 누려야 할 권리를 보장하려는 제도적 노력이 진척되었다. 이에 따라서 2000년대는 장애인에 대한 인식 변화와 더불어 시혜적이었던 장애인정책이 권리중심의 제도적 접근으로 바뀌게 되었다. 2000년 이후 장애인복지 제도의 변화를 살펴보면 다음과 같다.

2000년「장애인고용촉진 및 직업재활법」이 제정되었다. 1997년 수립된 제1차 장애인복지발전 5개년 계획이 2002년까지 시행되었다. 제1차 계획은 '장애인의 완전한 사회참여와 평등보장'을 목표로 하여 3대 분야, 71개 세부과제로 구성되었다. 2005년 기존의「장애인등편의법」에서「교통약자의 이동편의 증진법」이 특별 분리 제정되었다.

2007년 장애인의 인권을 보장하고 장애인의 차별문제 해결을 위하여 인권법으로서의「장애인차별금지 및 권리구제 등에 관한 법률」이 제정되었다. 장애인에게 정당한 편의제공을 의무화하고 장애로 인한 차별의 권리구제 및 벌칙 조항을 두어 실질적으로 장애인의 인권을 보호하고자 하는 것이 목적이다.「장애인차별금지법」의 제정은 장애인을 위한 최초의 인권법으로서 최소한의 장애인 인권을 보장할 수 있는 시발점이라는 데 의의를 가진다. 이 법의 제정은 장애인복지제도와 정책의 변화를 가져 오고, 장애인 차별을 지양하여 장애인을 사회의 주체적인 구성원으로의 역할을 감당하는 데 법적 기반으로서 작용하였다.

제2차 장애인복지발전 5개년 계획이 2007년까지 수립 시행되었다. 제2차 계획은 '장애인이 대등한 시민으로 통합적 사회실현'이라는 비전을 제시하였으며 7대 분야, 103개 세부과제로 구성하여 추진하였다. 2010년「장애인연금법」이 제정되었다.「장애인연금법」은 장애로 인하여 근로할 수 없으며 따라서 기여금을 불입할 수 없어 연금제도의 혜택을 입지 못하는 장애인들을 대상으로 무기여 연금제도를 제정하기 위한 법적 근거로 활용되었다.

2011년「장애인활동지원에 관한 법률」과「장애아동 복지지원법」이 제정되었으며, 2012년「장애인·고령자 등 주거약자 지원에 관한 법률」(약칭「주거약자법」)이 제정되었다. 2012년까지 제3차 장애인복지발전 5개년 계획이 수립 시행되었다. 제3차 계획은 '장애인의 권리에 기반한 참여확대와 통합사회 실현'이라는 목표하에 4대 분야, 58개 세부과제를 추진하였다. 2012년 제3차 아시아태평양장애인 10년(2013~2022)이 한국에서 개최되었다.

2014년에는「발달장애인 권리보장 및 지원에 관한 법률」(약칭「발달장애인법」)이 제정되었고, 2015년에는 「장애인 · 노인 등을 위한 보조기기 지원 및 활용촉진에 관한 법률」(약칭 「장애인보조기기법」)과 「장애인 건강권 및 의료 접근성 보장에 관한 법률」(약칭 「장애인건강권법」)이 차례로 제정되면서 장애인복지와 관련하여 가일층 제도화되었으며 장애인의 다양한 복지욕구를 충족시키면서 장애인의 권리증진을 위한 노력이 투입되어 왔다고 할 수 있다. 2017년까지 제4차 장애인복지발전 5개년 계획이 시행되었다. 제4차 계획은 '장애인과 비장애인이 더불어 행복한 사회 실현'이라는 목표를 세우고 4대 분야, 71개 과제를 추진하였다.

〈표 7-2〉 장애인복지 관련 법제도 주요 연혁

연도	우리나라	국제사회 및 세계 각국
1970년대	1977 특수교육진흥법	1970 영국 만성병 및 장애인법 1971 유엔 정신지체인권리선언 1973 미국 재활법 1974 독일 중증장애인법 1975 미국 장애아동교육법 1975 유엔 장애인권리선언 1978 미국 장애인지원 및 권리법
1980년대	1981 심신장애자복지법 1989 장애인복지법	1980 독일 장애인활동강령 1981 영국 장애인법 1981 유엔 세계장애인의 해 유엔 세계장애인 10년 1983 유엔 장애인에 관한 세계행동 계획 1984 미국 발달장애인법 1986 스웨덴 지적장애인특별법
1990년대	1990 장애인고용촉진 등에 관한 법률 제정 1997 장애인등편의법 제정 1997 제1차 장애인복지발전 5개년 계획(1998~2002) 1998 장애인인권헌장 1999 장애인복지법 전면 개정	1992 1차 아 · 태장애인10년 (1993~2002) 1992 호주 장애차별금지법 1994 유엔 장애인의 기회균등을 위한 표준규칙 1995 영국 장애차별금지법

2000년대	2000 장애인고용촉진 및 직업재활법 제정 2003 제2차 장애인복지발전 5개년 계획(2003~2007) 2005 장애인기업활동촉진법 제정 UN장애인권리협약 채택 2007 UN장애인권리협약 서명 장애인특수교육법 제정 장애인차별금지법 제정 2008 제3차 장애인복지발전 5개년 계획(2008~2012) 2010 장애인연금법 제정 2011 장애인활동지원에 관한 법률 제정 장애아동 복지지원법 제정 2012 주거약자법 제정 아태장애인대회 개최 2013 제4차 장애인복지발전 5개년 계획(2013~2017) 2014 발달장애인법 제정 유엔장애인권리협약 제1차 국가보고서 2015 장애인보조기기법 제정 장애인건강권법 제정 2018 제5차 장애인정책종합계획(2018~2022)	2006 유엔 장애인권리협약 2002 2차 아 · 태 장애인 10년 (2003~2012) 2012 3차 아 · 태장애인 10년 (2013~2022) 2017 아 · 태장애인 10년 중간점검

생각해 봅시다

1. 장애인복지를 증진시키기 위한 국제사회의 노력이 어떻게 발전하였는지 알아봅시다.
2. 장애인복지를 증진시키기 위하여 우리나라는 어떤 노력을 기울였는지 알아봅시다.
3. 서구의 장애인복지 발달역사와 우리나라의 장애인복지 발달역사를 비교하여 공통점과 차이점을 알아봅시다.
4. 국제사회의 장애인복지 발달이 우리나라의 장애인복지 발달에 미친 영향을 논의해 봅시다.

제8장

장애인복지 관련 법령

1. 장애인복지법

1981년 「심신장애자복지법」으로 시작되었다가 1989년 「장애인복지법」으로 명칭을 바꾸면서 전면 개정되어 지금까지 이어져 오고 있다. 이후 수차례 일부 개정되었으며 2000년, 2007년 전면 개정되었다. 기본법적 성격을 띠고 있으며 장애 범주 및 장애인복지와 관련된 개념, 정의, 목적 등 모두 이 법에 준한다. 「장애인복지법」은 1장 총칙, 2장 기본정책의 강구, 3장 복지 조치, 4장 자립생활의 지원, 5장 복지시설과 단체, 6장 장애인보조기구, 7장 장애인복지 전문인력, 8장 보칙, 9장 벌칙으로 구성되어 있으며, 총 90개 조항으로 이루어져 있다.

1) 총칙

제1장 총칙은 법의 목적, 장애인의 정의, 기본이념, 장애인의 권리, 장애인 및 보호자 등에 대한 의견수렴과 참여, 중증장애인의 보호, 여성장애인의 권익보호, 차별금지, 국가 및 지방자치단체의 책임, 국민의 책임, 장애인정책종합계획, 장애인정책조정위원회, 장애인의 날 등에 대한 규정을 포함하고 있다.

제1조는 법의 목적으로 '장애인의 인간다운 삶과 권리보장을 위한 국가와 지방자치단체의 책임을 명백히 하고, 장애 발생 예방과 장애인의 의료·교육·직업재활·생활환경개선 등에 관한 사업을 정하여 장애인복지대책을 종합적으로 추진하며, 장애인의 자립생활·보호 및 수당지급 등에 관하여 필요한 사항을 정하여 장애인의 생활안정에 기여하는 등 장애인의 복지와 사회활동 참여증진을 통하여 사회통합에 이바지함'이라고 명시하고 있다.

제3조는 장애인복지의 기본이념으로 '장애인의 완전한 사회 참여와 평등을 통하여 사회통합을 이루는 데에 있음'을 천명하였다. 제4조는 장애인의 권리로 '장애인은 인간으로서 존엄과 가치를 존중받으며 그에 걸맞은 대우를 받는다.' '장애인은 국가·사회의 구성원으로서 정치·경제·사회·문화, 그 밖의 모든 분야의 활동에 참여할 권리를 가진다.' '장애인은 장애인 관련 정책결정과정에 우선적으로 참여할 권리가 있다.'라고 명시하였다.

제8조는 장애인에 대한 차별금지를 명시한 것인데 '누구든지 장애를 이유로 정치·경제·사회·문화생활의 모든 영역에서 차별을 받지 아니하고 누구든지 장애를 이유로 정치·경제·사회·문화생활의 모든 영역에서 장애인을 차별하여서는 아니 된다.' '누구든지 장애인을 비하·모욕하거나 장애인을 이용하여 부당한 영리행위를 하여서는 아니 되며, 장애인의 장애를 이해하기 위하여 노력하여야 한다.'라고 천명하였다.

아울러 장애인의 권익과 복지증진을 위하여 5년마다 장애인정책종합계획을 수립·시행하여야 하며, 장애인에 대한 국민의 이해를 깊게 하고 장애인의 재활의욕을 높이기 위하여 매년 4월 20일을 장애인의 날로 하며, 장애인의 날부터 1주간을 장애인 주간으로 정하고 있다. 따라서 국가와 지방자치단체는 장애인의 날의 취지에 맞는 행사 등 사업을 하도록 노력하여야 함을 명시하였다.

2) 기본정책의 강구

제2장은 장애인복지를 위하여 국가와 지방자치단체가 기본정책을 강구할 것을 규정하고 있다. 이를 위하여 장애 발생 예방, 의료 및 재활치료, 사회적응 훈련, 교육, 직업, 정보에의 접근, 편의시설, 안전대책 강구, 사회적 인식개선, 선거권 행사를 위한 편의 제공, 주택 보급, 문화환경 정비, 복지연구 등의 진흥, 한국장애인개발원 설립, 경제적 부담의 경감, 장애인가족 지원 등에 대한 조항으로 구성되어 있다.

3) 복지 조치

제3장은 복지 조치를 규정하고 있다. 「장애인복지법」이 정하는 복지 조치로는 실태조사, 장애인등록 및 취소, 장애인 지원 사업, 서비스 지원 종합조사, 장애 등급에 대한 정보 제공, 민관협력을 통한 사례관리, 장애인복지상담원, 재활상담 등의 조치, 장애 유형 · 장애 정도별 재활 및 자립지원서비스 제공 등의 조항이 있으며, 이어서 산후조리도우미 지원, 자녀교육비 지원, 자동차 지원, 보조견 훈련 · 보급 지원, 자금 대여와 생업 지원, 자립훈련비 지급, 생산품 구매, 고용 촉진, 장애인 응시자 편의제공, 공공시설 우선 이용, 국유 · 공유 재산의 우선매각이나 유상 · 무상대여, 장애수당, 장애아동수당과 보호수당 등을 규정하고 있다. 특히 제31조는 장애인 복지정책의 수립에 필요한 기초 자료로 활용하기 위하여 3년마다 장애실태조사를 실시하여야 함을 명시하고 있으며, 제32조는 장애인 등록과 그에 따른 장애진단, 장애판정

위원회, 장애 등록 신청, 장애인등록증 교부에 대하여 지방자치단체의 책무를 구체적으로 명시하였다(법 제32조).

4) 자립생활 지원 등

제4장은 장애인의 자립생활 지원에 대해 규정하고 있다. 중증장애인의 자기결정에 의한 자립생활을 위하여 활동보조인의 파견 등 활동보조서비스 또는 장애인보조기구의 제공, 그 밖의 각종 편의 및 정보제공 등 필요한 시책을 강구할 것을 규정하였으며, 장애인자립지원센터, 활동지원급여의 지원, 장애동료 간 상담에 대하여 조항으로 규정하고 있다.

제5장은 장애인의 기능회복과 사회적 향상을 도모할 수 있도록 장애인복지시설의 이용에 대해 규정하고 있다. 장애인복지시설은 거주시설, 지역사회재활시설, 직업재활시설, 의료재활시설, 기타 시설[1]로 구분하고 있으며, 각종 복지시설의 설치와 운영에 대한 규정이 들어 있다. 특히 최근에는 장애인학대의 예방과 방지의무에 대한 조항을 신설하였으며 이어서 학대와 방임과 같은 금지행위, 장애인학대 및 장애인 대상 성범죄 신고의무와 절차, 학대피해 장애인에 대한 응급조치, 장애인권익옹호기관의 설치 등에 대한 조항을 추가하였다.

제6장은 장애인보조기구에 대해 규정하고 있다. 장애인보조기구는 장애인이 장애의 예방 · 보완과 향상을 위하여 사용하는 의지 · 보조기 및 보장구

1) • 장애인 거주시설: 거주공간을 활용하여 일반가정에서 생활하기 어려운 장애인에게 일정 기간 동안 거주 · 요양 · 지원 등의 서비스를 제공하는 동시에 지역사회생활을 지원하는 시설
• 장애인 지역사회재활시설: 장애인을 전문적으로 상담 · 치료 · 훈련하거나 장애인의 일상생활, 여가활동 및 사회참여활동 등을 지원하는 시설
• 장애인 직업재활시설: 일반 작업환경에서는 일하기 어려운 장애인이 특별히 준비된 작업환경에서 직업훈련을 받거나 직업 생활을 할 수 있도록 하는 시설
• 장애인 의료재활시설: 장애인을 입원 또는 통원하게 하여 상담, 진단 · 판정, 치료 등 의료재활서비스를 제공하는 시설

와 일상생활의 편의 증진을 위하여 사용하는 생활용품을 말하는데 의지 · 보조기 제조업소의 개설과 폐쇄 등에 대한 규정이 들어 있다.

제7장은 장애인복지 전문인력에 대해 규정하고 있다. 장애인복지 전문인력으로 의지 · 보조기 기사, 언어재활사, 장애인재활상담사, 한국수어 통역사, 점역 · 교정사 등 장애인복지 전문인력을 말한다. 전문인력 외에 장애인복지에 관한 업무에 종사하는 자를 양성 · 훈련하는 데 노력해야 함을 명시하였다. 이와 관련하여 자격증 교부, 국가시험 실시, 응시자격 제한, 보수교육 등에 대한 조항이 들어 있다.

2. 장애인 · 노인 · 임산부 등의 편의증진 보장에 관한 법률

1994년 「장애인 편의시설 및 설비의 설치기준에 관한 규칙」이 제정된 이후 1997년 4월 「장애인 · 노인 · 임산부 등의 편의증진 보장에 관한 법률」이 제정되었다. 약칭 「장애인등편의법」이라고 한다. 총 27개 조항으로 구성되어 있다.

제1조 법의 목적은 '장애인 · 노인 · 임산부 등이 일상생활에서 안전하고 편리하게 시설 및 설비를 이용하고 정보에 접근할 수 있도록 보장함으로써 이들의 사회활동 참여와 복지 증진에 이바지함'이라고 명시하였다. 법의 핵심은 정보 · 통신 · 시설 · 설비에 대한 접근권을 보장하려는 것이다. 제4조는 장애인 등은 인간으로서의 존엄과 가치 및 행복을 추구할 권리를 보장받기 위하여 장애인 등이 아닌 사람들이 이용하는 시설과 설비를 동등하게 이용하고 정보에 자유롭게 접근할 수 있는 권리, 즉 접근권을 규정하고 있다.

주요 내용으로는 국가와 지방자치단체의 의무, 편의시설의 설치기준과 지도 · 감독, 장애물 없는 생활환경 인증, 편의시설 설치에 관한 실태조사, 설치계획의 수립 · 시행 및 보고, 편의증진심의회 설치, 장애인전용주차구역, 시정명령, 이행강제금과 과태료 등이 포함되어 있다.

3. 장애인고용촉진 및 직업재활법

1990년 제정된「장애인고용촉진 등에 관한 법률」이 전신이다. 2000년「장애인고용촉진 및 직업재활법」으로 이름을 바꾸면서 전면 개정되었으며, 2007년 다시 전면 개정되었다. 약칭「장애인고용법」이라 부른다. 제1장 총칙, 제2장 장애인 고용촉진 및 직업재활, 제2장의2 장애인 기능경기 대회 개최 등, 제3장 장애인 고용 의무 및 부담금, 제4장 한국장애인고용공단, 제5장 장애인 고용촉진 및 직업재활 기금, 제6장 보칙으로 구성되어 있으며 총 87개 조항으로 이루어져 있다.

「장애인고용법」의 목적은 제목 그대로 장애인의 고용촉진과 직업재활을 도모하려는 것으로 핵심은 장애인 고용의무를 규정한 것이다. 제1조 법의 목적은 '장애인이 그 능력에 맞는 직업생활을 통하여 인간다운 생활을 할 수 있도록 장애인의 고용촉진 및 직업재활을 꾀하는 것'이라고 명시하였다.

장애인의 고용촉진을 위하여 직장내 장애인 인식개선 교육을 실시하도록 하고 직업재활을 위하여 직업지도, 직업적응훈련, 직업능력개발훈련, 취업 후 적응지도를 실시하도록 하고 있으며, 지원고용과 보호고용, 취업알선 등을 실시하도록 규정하고 있다. 또한 자영업 장애인 지원과 장애인 고용 사업주에 대한 지원, 장애인 표준사업장 생산품의 우선 구매에 대한 조항도 포함하고 있다.

또한 5년마다 장애인고용촉진 및 직업재활 기본계획을 수립하여야 함을 명시하고 있으며, 장애인의 고용촉진 및 직업재활을 위하여 매년 1회 이상 장애인의 취업직종 · 근로형태 · 근속기간 · 임금수준 등 고용현황 및 장애인 근로자의 산업재해 현황에 대하여 전국적인 실태조사를 실시하도록 규정하였다.

장애인의 고용촉진을 위한 제도는 다음과 같이 세 가지로 분류할 수 있다.

① 지원고용: 중증장애인 중 사업주가 운영하는 사업장에서는 직무수행이 어려운 장애인이 직무를 수행할 수 있도록 사업주에게 지원함.

② 보호고용: 장애인 중 정상적인 작업 조건에서 일하기 어려운 장애인을 위하여 특정한 근로환경을 제공하고 그 근로환경에서 일할 수 있도록 함.

③ 의무고용: 국가와 지방자치단체의 장은 장애인을 소속 공무원 정원의 1천분의 32 이상 고용하여야 함.[2] 또한 공공기관, 지방공사 · 지방공단, 지방자치단체 출자기관 · 출연기관 등의 공공기관의 의무고용률은 상시 고용하고 있는 근로자 수에 대하여 1천분의 32까지 고용하여야 함. 상시 50명 이상의 근로자를 고용하는 사업주는 그 근로자의 총수의 100분의 5의 범위에서 대통령령으로 정하는 비율(이하 "의무고용률"이라 함) 이상에 해당하는 장애인을 고용하여야 함.[3]

이와 더불어 장애인의 고용촉진과 직업 안정을 위하여 장애인을 고용한 사업주에게 고용장려금을 지급할 수 있도록 정하고 있으며, 이와 반대로 의무고용률에 못 미치는 공공기관과 사업주(상시 50명 이상 100명 미만의 근로자를 고용하는 사업주는 제외)는 매년 고용노동부장관에게 장애인 고용부담금을 납부하도록 규정하고 있다. 특히 장애인고용촉진공단의 운영, 고용장려금의 지급 등 장애인의 고용촉진 및 직업재활을 위한 사업을 수행하기 위하여 장애인 고용촉진 및 직업재활 기금을 설치하도록 규정하였다.

2) 「장애인고용법」 제27조에 의하면 2019년 이후 장애인을 소속 공무원 정원에 대하여 1천분의 34로 고용하여야 함을 규정하였음.

3) 「장애인고용법 시행령」에 따르면 사업주의 의무고용률은 2015~2016년 2.7%, 2017~2018년 2.9%, 2019년 이후 3.1%로 규정하고 있다.

〈표 8-1〉 고용부담금 산정기준: 2018년

월 부담금 = 해당 월 고용의무 미달인원 x 장애인 고용률에 따른 부담 기초액 및 가산 금액		금액
부담 기초액		945,000원
장애인 고용의무 인원 대비 고용하고 있는 장애인 근로자 비율	1/2 이상 3/4 미만	1,001,700원
	1/4 이상 1/2 미만	1,134,000원
	1/4 미만	1,323,000원
	장애인을 한 명도 고용하지 않은 경우	1,573,770원

4. 장애인차별금지 및 권리구제 등에 관한 법률

2007년 제정된 「장애인차별금지 및 권리구제 등에 관한 법률」은 약칭 「장애인차별금지법」이라 부른다. 장애인이 더 이상 장애를 이유로 차별받지 않고 권익을 보장받을 수 있도록 보호하기 위하여 제정된 것이다. 「장애인차별금지법」은 1장 총칙, 2장 차별금지, 3장 장애여성 및 장애아동 등, 4장 장애인차별시정기구 및 권리구제 등, 5장 손해배상, 입증책임 등, 6장 벌칙으로 이루어져 있으며 총 50개 조항으로 구성되어 있다.

1) 총칙

제1장 총칙은 목적, 장애와 장애인, 정의, 차별행위, 차별판단, 차별금지, 자기결정권 및 선택권, 국가 및 지방자치단체의 의무 조항으로 구성되어 있다. 제1조는 「장애인차별금지법」의 목적으로 '모든 생활영역에서 장애를 이유로 한 차별을 금지하고 장애를 이유로 차별받은 사람의 권익을 효과적으로 구제함으로써 장애인의 완전한 사회참여와 평등권 실현을 통하여 인간으로서의 존엄과 가치를 구현함'을 명시하였다.

제4조는 차별행위를 구체적으로 정의하고 있다. 이를 자세히 살펴보면,

상자 8-1 「장애인차별금지법」의 금지 차별행위

① 장애인을 장애를 사유로 정당한 사유 없이 제한 · 배제 · 분리 · 거부 등에 의하여 불리하게 대하는 경우

② 장애인에 대하여 형식상으로는 제한 · 배제 · 분리 · 거부 등에 의하여 불리하게 대하지 아니하지만 정당한 사유 없이 장애를 고려하지 아니하는 기준을 적용함으로써 장애인에게 불리한 결과를 초래하는 경우

③ 정당한 사유 없이 장애인에 대하여 정당한 편의 제공을 거부하는 경우(* 정당한 편의란 장애인이 장애가 없는 사람과 동등하게 같은 활동에 참여할 수 있노록 장애인의 성별, 장애의 유형 및 정도, 특성 등을 고려한 편의시설 · 설비 · 도구 · 서비스 등 인적 · 물적 제반 수단과 조치)

④ 정당한 사유 없이 장애인에 대한 제한 · 배제 · 분리 · 거부 등 불리한 대우를 표시 · 조장하는 광고를 직접 행하거나 그러한 광고를 허용 · 조장하는 경우(* 이 경우 광고는 통상적으로 불리한 대우를 조장하는 광고효과가 있는 것으로 인정되는 행위)

⑤ 장애인을 돕기 위한 목적에서 장애인을 대리 · 동행하는 자에 대하여 ①~④까지의 행위를 하는 경우(대리 · 동행하는 자란 장애아동의 보호자 또는 후견인 그 밖에 장애인을 돕기 위한 자를 말하며 통상 장애인관련자라 함)

⑥ 보조견 또는 장애인보조기구 등의 정당한 사용을 방해하거나 보조견 및 장애인보조기구 등을 대상으로 ④에 따라 금지된 행위를 하는 경우

①항은 직접차별이고 ②항은 간접차별에 해당되며, 차별행위의 대상이 장애인, 장애인을 대리 · 동행하는 자(보호자, 후견인, 돕는 자), 보조견, 장애인보조기구까지 포함하는 것을 알 수 있다.

2) 차별금지 영역

제2장은 장애인차별금지의 전 영역을 망라하고 있다. 차별영역으로 고용, 교육, 재화와 용역의 제공 및 이용, 사법 · 행정절차 및 서비스와 참정권, 모 · 부성권과 성, 가족 · 가정 · 복지시설과 건강권으로 구성되어 있다. 아울

러 제3장은 장애여성 및 장애아동 영역으로 이들에 대한 차별금지에 대해 규정하고 있다.

〈표 8-2〉 장애인 차별금지 영역별 차별금지 관련 내용

영역	차별금지 내용
고용	모집 · 채용, 임금 및 복리후생, 교육 · 배치 · 승진 · 전보, 정년 · 퇴직 · 해고상 차별금지
	의학적 검사 금지
교육	장애인의 입학 지원 및 입학 거부와 전학 강요금지
재화와 용역	재화 · 용역 등의 제공에 있어서의 차별금지
	토지 및 건물의 매매 · 임대 등에 있어서의 차별금지
	금융상품 및 서비스 제공에 있어서의 차별금지
	시설물 접근 · 이용의 차별금지
	이동 및 교통수단 등에서의 차별금지
	정보접근에의 차별금지
	정보통신 · 의사소통 등에서의 정당한 편의제공의무
	개인정보보호
	문화 · 예술활동의 차별금지
	체육활동의 차별금지
사법 · 행정 · 참정권	사법 · 행정절차 및 서비스 제공에 있어서의 차별금지
	선거권, 피선거권, 청원권 등을 포함한 참정권 행사상 차별금지
모 · 부성권, 성	모 · 부성권의 차별금지
	성에서의 차별금지
가족 · 가정 · 복지시설, 건강권	가족 · 가정 · 복지시설 등에서의 차별금지
	건강권에서의 차별금지
	괴롭힘 등의 금지
장애여성, 장애아동	장애여성에 대한 차별금지
	장애아동에 대한 차별금지
	정신적 장애를 가진 사람에 대한 차별금지 등

3) 장애인차별시정기구 및 권리구제

「장애인차별금지법」에 의하면 장애인이 차별행위로 인하여 피해를 입었을 경우 본인 또는 그 사실을 알고 있는 사람이나 단체는 국가인권위원회에 그 내용을 진정할 수 있도록 규정하고 있다. 장애인차별시정기구, 즉 국가인권위원회는 장애인차별시정소위원회를 두게 하여 이 법에서 금지하는 차별행위에 대한 조사와 권리구제 업무를 전담하도록 정하고 있다. 권리구제의 절차는 다음과 같이 이루어진다.

① 진정: 피해자나 사실을 알고 있는 사람 또는 단체는 차별행위로 발생한 피해에 관한 내용을 국가인권위원회에 진정한다.

② 직권조사: 위원회는 법이 금지하는 차별행위가 있다고 믿을 만한 근거가 있고 내용이 중대하다고 인정할 때 직권 조사를 한다.

③ 권고의 통보: 위원회는 차별행위를 금지하도록 권고하고 이를 법무부장관에게 통보한다.

④ 시정명령: 법무부장관은 위원회의 권고를 받은 자가 정당한 사유 없이 권고를 이행하지 아니할 경우 그 피해의 정도가 심각하고 공익에 미치는 영향이 중대하다고 인정되는 경우 피해자의 신청에 의하거나 또는 직권으로 시정명령을 내린다. 시정명령으로서 차별행위의 중지, 피해의 원상회복, 재발방지를 위한 조치 등의 조치를 명할 수 있도록 한다.

⑤ 시정명령 확정: 시정명령에 불복하는 관계 당사자는 30일 이내에 행정소송을 제기할 수 있다. 행정소송을 제기하지 아니한 때에는 시정명령은 확정된다.

⑥ 과태료: 확정된 시정명령을 이행하지 아니하는 경우에 3천만 원 이하의 과태료 처분이 가능하다.

또한 법원을 통한 권리구제도 가능하도록 규정하고 있다. 이 법에 따라 금

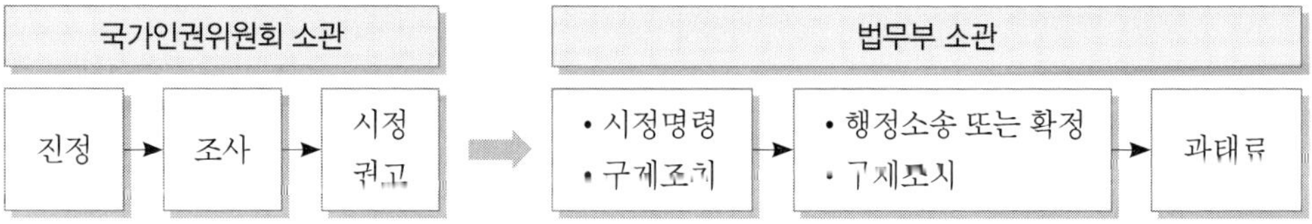

그림 8-1 차별행위에 대한 권리구제 절차

지된 차별행위에 관한 소송이 제기되기 전이나 소송 제기 중에 피해자의 신청으로 피해자에 대한 차별이 소명되는 경우 본안 판결 전까지 차별행위의 중지, 임금 등 근로조건의 개선, 시정을 위한 적극적 조치 등의 판결을 할 수 있다. 또한 법에서 금지한 차별행위를 행하고 그 행위가 고의성, 지속성 및 반복성, 보복성 등의 악의적이라고 인정되는 경우 법원은 차별을 행한 자에 대하여 3년 이하의 징역 또는 3천만 원 이하의 벌금에 처하도록 규정하고 있다.

「장애인차별금지법」은 장애인이 차별받지 않고 권익을 보장받을 수 있도록 제정된 것이다. 그러나 「장애인차별금지법」에서는 차별행위가 있었다는 사실을 차별행위를 당하였다고 주장하는 자가 입증하도록 하고 있다(제47조 입증책임의 배분). 장애라는 제약을 가진 장애인이 차별행위를 당하였다고 입증하는 것이 현실적으로 어려워 가장 큰 문제점으로 지적되고 있다.

5. 장애인연금법

「장애인연금법」은 2010년 제정되었으며, 아직까지 전면 개정된 바 없다. 「장애인연금법」은 목적, 수급권자 범위, 장애인연금 종류 등 총 27개 조항으로 구성되어 있다.

제1조 법의 목적은 '장애로 인하여 생활이 어려운 중증장애인에게 장애인연금을 지급함으로써 중증장애인의 생활 안정 지원과 복지 증진 및 사회통합을 도모하는 데 이바지함'이라고 명시하고 있다. 여기서 중증장애인이란 '근

로능력이 상실되거나 현저하게 감소되는 등 장애 정도가 중증인 사람'을 말한다. 현재 중증장애는 장애 등급 1급 · 2급 및 3급 중복장애를 의미한다.

장애인연금제도는 국민연금제도의 장애연금과 노령연금 수혜에서 배제될 수밖에 없는 복지의 사각지대를 해소하기 위하여 도입된 제도이다. 따라서 장애인연금제도의 핵심은 중증장애인에게 무기여 연금을 지급하는 것이다. 수급권자는 18세 이상의 중증장애인으로서 소득인정액이 소득 · 재산 · 생활수준과 물가상승률 등을 고려하여 보건복지부장관이 정하여 고시하는 금액(선정기준액) 이하인 사람으로 한다. 18세 이상의 중증장애인 중 수급자가 100분의 70 수준에 이르도록 명시하고 있다.

장애인연금의 급여는 기초급여와 부가급여로 구분하며, 기초급여는 동일하나, 부가급여는 차등을 둔다. 장애인연금 수급에도 최저생계비에 못 미치는 가구는 기초생활보장제도를 통해 보장받게 된다. 주요 내용을 살펴보면 다음과 같다.

① 기초급여: 근로능력의 상실 또는 현저한 감소로 인하여 줄어드는 소득을 보전하여 주기 위하여 지급하는 급여. 전년도 기초급여액에 전국소비자물가변동을 반영해 보건복지부장관이 기초급여액을 고시함.

② 부가급여: 장애로 인하여 추가로 드는 비용의 전부 또는 일부를 보전하여 주기 위하여 지급하는 급여

〈표 8-3〉 장애인연금 수급권자 선정기준액과 급여액 고시: 2018년 7월

급여	대상	금액
선정기준액	단독가구	1,210,000원
	부부가구	1,936,000원
기초급여	단독가구	209,960원
	부부가구	335,940원
부가급여	기초생활 수급자(18~64세 / 65세 이상)	80,000원 / 289,960원
	차상위계층(18~64세 / 65세 이상)	7만 원 / 7만 원
	차상위계층 초과(18~64세 / 65세 이상)	2만 원 / 4만 원

6. 장애인복지 특별법

이상과 같이 장애인복지 관련 법령 가운데 대표적인 법령 다섯 가지를 살펴보았는데 이 외에도 장애인복지 욕구가 증대하고 복지수준이 높아지면서 특별법이 제정되기 시작하였다.

2000년 기존의 장애인고용촉진법이 「장애인고용촉진 및 직업재활법」으로 제정되었다(약칭: 「장애인고용법」). 이 법은 장애인이 가진 능력을 정당하게 평가하여 고용의 기회를 제공하고 능력에 맞는 직업생활을 하도록 하여 경제적 자립과 인간다운 생활을 하도록 목적을 삼고 있다. 2005년 기존의 「장애인등편의법」에서 「교통약자의 이동편의 증진법」(약칭: 「교통약자법」)이 특별 분리 제정되었다. 이 법은 교통약자가 안전하고 편리하게 이동할 수 있도록 교통수단, 여객시설 및 도로에 이동편의시설을 확충하고 보행환경을 개선하여 사람 중심의 교통체계를 구축함으로써 교통약자의 사회 참여와 복지 증진에 기여하고자 제정된 것이다.

2007년 특별한 교육적 요구가 있는 장애아동에게 통합된 교육환경을 제공하고 생애주기에 따라 장애 유형 · 장애 정도의 특성을 고려한 교육을 실시하여 이들의 자아실현과 사회통합을 하는 데 기여할 목적으로 「장애인 등에 대

한 특수교육법」(약칭: 「특수교육법」)이 제정되었다.

2010년 이후 장애인복지 관련 법령은 장애인들의 복지욕구에 부응하기 위하여 보다 더 세분화되기 시작하였으며 그 결과 다수의 특별법이 추가되었다.

2011년 「장애아동 복지지원법」(약칭: 「장애아동복지법」)은 장애아동의 특별한 복지적 욕구에 적합한 지원을 통합적으로 제공함으로써 장애아동이 안정된 가정생활 속에서 건강하게 성장할 수 있도록 하며 장애아동 가족의 부담을 줄이는 데 이바지하고자 제정된 것이다. 같은 해 2011년 제정된 「장애인활동 지원에 관한 법률」(약칭: 「장애인활동법」)은 신체적 · 정신적 장애 등의 사유로 혼자서 일상생활과 사회생활을 하기 어려운 장애인에게 제공하는 활동지원급여에 관한 사항을 규정하여 장애인의 자립생활을 지원하고 그 가족의 부담을 줄임으로써 장애인의 삶의 질을 높이는 것을 목적으로 하고 있다.

2012년에는 「장애인 · 고령자 등 주거약자 지원에 관한 법률」(약칭: 「주거약자법」)이 제정되었다. 이 법은 장애인 · 고령자 등 주거약자의 안전하고 편리한 주거생활을 지원하기 위하여 필요한 사항을 정함으로써 주거약자의 주거안정과 주거수준 향상에 이바지함을 목적으로 한다. 2014년에는 「발달장애인 권리보장 및 지원에 관한 법률」(약칭: 「발달장애인법」)이 제정되었고, 2015년에는 「장애인 · 노인 등을 위한 보조기기 지원 및 활용촉진에 관한 법률」(약칭: 「장애인보조기기법」)과 「장애인 건강권 및 의료접근성 보장에 관한 법률」(약칭: 「장애인건강권법」)이 차례로 제정되면서 장애인복지와 관련하여 가일층 제도화되었으며 장애인의 다양한 복지욕구를 충족시키면서 장애인의 권리증진을 위한 노력이 투입되어 왔다고 할 수 있다.

이처럼 장애인복지의 여러 영역을 중심으로 특별법이 제정되어 왔으며 앞으로도 더욱 제정되거나 개정될 전망이다. 그럼에도 불구하고 우리나라 장애인복지 관련법들은 그 적용에 있어서 몇 가지 문제점을 내포하고 있다.

첫째, 법령에 따라 장애 범주가 다르며, 장애 기준이 일치하지 않는다. 가령, 「특수교육법」에서는 정서장애와 학습장애를 규정하고 있으나, 「장애인복지법」은 이를 장애 범주에 포함하지 않고 있다. 둘째, 법령 간의 장애 등급이 일치하지 않는다. 「장애인복지법」은 6등급으로 분류하고 있으나, 「산업재해보상보험법」은 14등급, 「국민연금법」은 4등급, 「국가유공자예우법」은 7등급으로 구분하고 있다. 다른 법령에 의한 판정이나 보상을 받는 외에 「장애인복지법」에 의한 진단 및 등록을 신청하는 경우가 많아 중복된 절차의 번거로움과 예산 낭비가 발생하고 있다. 셋째, 장애 유형별 복지대책이 면밀하지 못하다는 점이 지적된다. 장애 정도와 유형에 따라 치료비용과 추가비용이 천차만별임에도 일괄적 복지지원이나 동일한 급여액도 문제로 지적받고 있다. 앞으로 보조기 개발과 재활훈련(지체장애), 의료대책(신장, 심장), 조기교육, 보호고용, 주거시설의 특수성(자폐성장애, 지적장애, 뇌병변장애, 뇌전증 등)에 대한 법령이 더욱 제정되어야 할 것이다.

〈표 8-4〉 장애인복지 관련 법령 정리

성격	명칭(제정 연도)	영역
기본법	장애인복지법(1981, 1989)	장애인복지 총괄
특별법	장애인고용촉진 및 직업재활법(2000)	고용 및 직업재활
	장애인 · 노인 · 임산부 등의 편의증진 보장에 관한 법률(1997)	편의증진
	교통약자의 이동편의 증진법(2005)	교통, 접근권
	장애인 등에 대한 특수교육법(2007)	교육
	장애인차별금지 및 권리구제 등에 관한 법률(2007)	차별금지, 인권보장
	장애인연금법(2010)	소득보장
	장애인활동 지원에 관한 법률(2011)	활동지원서비스
	장애아동 복지지원법(2011)	장애아동
	장애인 · 고령자 등 주거약자 지원에 관한 법률(2012)	주거복지
	발달장애인 권리보장 및 지원에 관한 법률(2014)	발달장애인
	장애인 · 노인 등을 위한 보조기기 지원 및 활용촉진에 관한 법률(2015)	보조기기
	장애인 건강권 및 의료접근성 보장에 관한 법률(2015)	건강

생각해 봅시다

1. 장애인이 차별행위를 경험했을 경우 이를 어떻게 입증할 것인지 사례를 들어 실행해 봅시다.
2. 「특수교육법」의 제정과정과 내용을 알아봅시다.
3. 최근에 제정된 「주거약자법」과 「교통약자법」에 대해 알아봅시다.
4. 장애인복지 영역에서 추가로 제정하여야 할 법령이 있다면 어떤 것이 있을지 논의해 봅시다.

제9장

장애인복지 정책과 전달체계

1. 장애인정책

1) 수립시행 역사

「장애인복지법」 제10조의2에 의거하여 보건복지부장관은 장애인의 권익과 복지증진을 위하여 관계 중앙행정기관의 장과 협의하여 5년마다 장애인정책종합계획을 수립 · 시행하여야 한다. 1996년 국무총리를 위원장으로 하는 장애인복지대책위원회에서 장애인정책종합계획을 수립하고 추진하기로 결정하였다. 이후 1998년부터 우리나라는 매 5년마다 장애인 및 고용관련단체, 학계 등의 의견을 수렴하여 정부 각 부처가 협력하여 장애인정책종합계획을 수립하여 왔다. 수립시행 역사를 살펴보면 1998년부터 2003년까지 제1차 장애인정책종합계획이 수립된 이후 2013년부터 2017년까지 제4차 계획이 완료되었으며 2018년부터 제5차 계획이 수립되어 추진되고 있는 중이다.

〈표 9-1〉 장애인정책종합계획 수립 · 추진 역사

구분	1차(1998~2003)	2차(2003~2007)	3차(2008~2012)	4차(2013~2017)
목표	장애인의 완전한 사회참여와 평등보장	장애인이 대등한 통합적 사회실현	장애인의 권리에 기반한 참여확대와 통합사회 실현	장애인과 비장애인이 더불어 행복한 사회 실현
세부과제	3대 분야 71개 세부과제	7대 분야 103개 세부과제	4대 분야 58개 세부과제	4대 분야 71개 세부과제
주요정책	• 장애 범주 확대 • 장애인 고용지원	• 장애수당 확대 • 장애아 무상보육 • 문화바우처 도입	• 장애인연금 도입 • 장애인활동지원 서비스 도입	• 장애 등급제 개편 및 맞춤형서비스 지원 체계 시범사업
참여부처	3개 부처	5개 부처	12개 부처	12개 부처

그동안의 장애인정책 수립시행 역사를 살펴보면 〈표 9-1〉과 같다.

2) 제5차 장애인정책종합계획(2018~2022)

(1) 배경

제5차 종합계획을 수립하게 하게 된 배경에는 장애인과 관련하여 몇 가지 사회적 요구가 작용하였다. 첫째, 장애 인구 구조의 변화이다. 장애인은 전체 인구의 5%선인 250만 명 수준으로 유지되고 있으나 전체 구성비를 살펴보면 고령화로 인한 장애 노인과 발달장애인이 차지하는 비중이 증가하였다. 이들 장애 인구의 증가는 사회적 돌봄서비스 욕구를 증대시켜 이를 해결할 정책이 필요하다. 둘째, 장애인 권리의식에 기반하는 복지수요의 급증이다. 장애인이 국가 및 사회에 우선적으로 요구하는 사항은 소득보장(41.0%), 의료보장(27.6%), 고용보장(9.2%), 주거보장 순(5.1%)인데 소득보장에 대한 욕구는 2011년부터 꾸준히 증대하여 온 것이다. 또한 장애인의 14.4%는 일상생활에서 대부분 타인의 도움이 필요하며 활동보조인 등 공적 돌봄서비

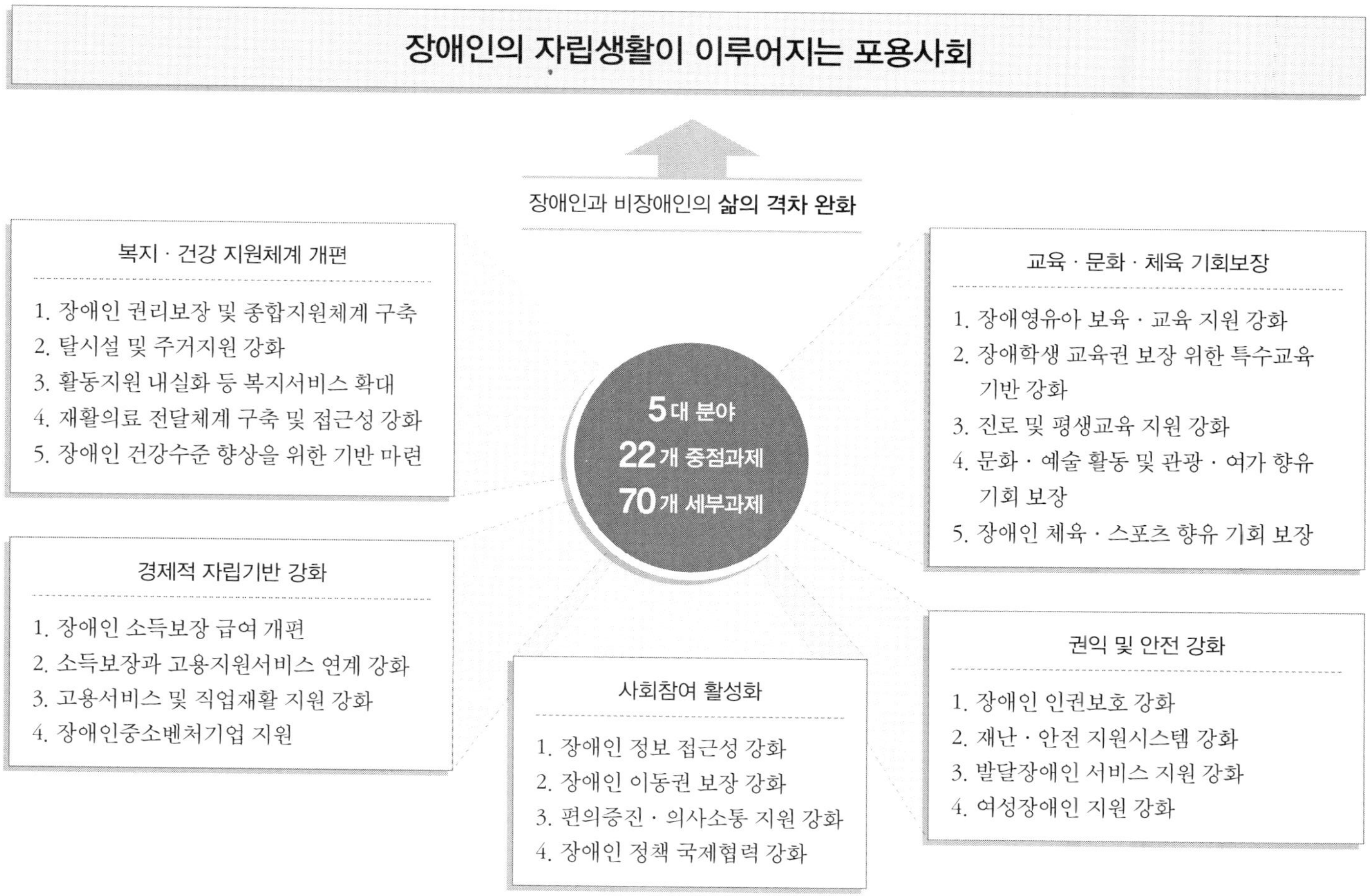

그림 9-1 제5차 장애인정책종합계획(2018~2022)

스 제공을 필요로 하고 있으나 여전히 부족한 것이 현실이다. 셋째, 장애인 1인 가구의 증가이다. 장애인 1인 가구 비중은 2011년 17.4%였으나 2014년 24.3%, 2017년 26.4%로 증가하였다. 이는 수거복지정책의 연계가 필요함을 여실히 보여 준다. 넷째, 양극화 사회에서 취약한 경제활동과 낮은 소득수준이다. 장애인 빈곤율은 31.5%로 전체 국민의 빈곤율 15.9%의 2배 수준이며 연 평균 경상소득은 3,496만 원으로 전체 가구 경상소득 4,882만 원의 71.6%에 그치고 있다. 또한 장애인의 경제활동 참가율은 38.7%로 전체 인구 62.3%의 60% 수준이다.

(2) 5대 분야별 과제

이러한 사회적 배경을 바탕으로 수립된 제5차 장애인정책종합계획(2018~2022)은 '장애인의 자립생활이 이루어지는 포용사회'를 비전으로 하고 있으며 '모두가 누리는 포용적 복지국가' 실현을 위해 비장애인과 격차 없이 자립생활을 할 수 있는 장애인정책을 추진하려는 계획이다. 종합정책에는 사회 전 영역을 망라하는 5대 분야 22개 중점과제, 70개 세부과제를 제안하고 있다. 5대 분야는 복지·건강 지원체계 개편, 교육·문화·체육 기회보장, 경제적 자립기반 강화, 권익 및 안전 강화, 그리고 사회참여 활성화이다.

첫 번째 분야는 장애인 권리보장 및 종합지원체계 구축, 탈시설 및 주거지원 강화, 활동지원 내실화 등 복지서비스 확대, 재활의료 전달체계 구축 및 접근성 강화, 장애인 건강수준 향상을 위한 기반 마련의 5개 중점과제가 포함되어 있다.

5개 중점과제 가운데 특히 주목해야 할 세부과제는 장애 등급제 폐지 및 맞춤형 종합지원체계 구축, 장애인권리보장법 제정이다. 장애인 서비스가 의학적 장애 등급에 따라 획일적으로 제공됨에 따라 장애 등급제 폐지의 필요성이 지속적으로 제기되어 왔다. 따라서 이를 폐지하고 일상생활수행능력, 인지특성, 주거환경 등을 고려하는 장애인서비스 종합판정도구를 만들려는 계획이다.

장애인권리보장법은 장애인복지가 시혜가 아닌 권리로 확보될 수 있도록 서비스를 확충하고 전달체계를 개편하며, 권익옹호 등을 내용으로 하는 장애인권리보장법을 제정하려는 것이다. 「장애인권리보장법」 제정에 맞춰 「장애인복지법」 「장애인차별금지법」, 개별 서비스법 등 장애인 관련법 체계 정비를 검토하고 있다.

두 번째 분야는 장애영유아 보육 · 교육 지원 강화, 장애학생 교육권 보장 위한 특수교육 기반 강화, 진로 및 평생교육 지원 강화, 문화 · 예술 활동 및 관광 · 여가 향유 기회 보장, 그리고 장애인 체육 · 스포츠 향유 기회 보장 등 5개 중점과제가 포함되어 있다. 특히 중요한 세부과제는 장애아전문어린이집 및 장애아통합어린이집 확충인데 2018년 1,124개소에서 매년 12개소씩 5년간 60개소를 신설하여 2022년까지 1,184개소로 확충하려는 계획을 세우고 있다.

세 번째 분야는 장애인 소득보장 급여 개편, 소득보장과 고용지원서비스 연계 강화, 고용서비스 및 직업재활 지원 강화, 장애인중소벤처기업 지원 등의 4개 중점과제로 구성되어 있다. 특히 세부과제 가운데 장애인의 경제자립 기반을 강화하기 위하여 장애인 소득보장 급여를 개편하려는 계획이 포함되어 있다. 구체적으로 살펴보면 중증장애인 소득보장을 위해 장애인연금 기초급여를 2018년 25만 원으로 인상하고 2019년 4월부터 30만 원으로 인상하였다. 또한 장애로 인한 추가 비용을 현실적으로 보전하기 위하여 장애인연금 부가급여와 장애수당을 단계적으로 인상하려는 방안도 마련하였다.

네 번째 분야에는 장애인 인권보호 강화, 재난 · 안전 지원시스템 강화, 발달장애인 서비스 지원 강화, 여성장애인 지원 강화의 4개 중점과제가 들어 있다. 장애인 인권보호를 강화하기 위하여 장애 인식개선 교육을 의무화하는 방안이 포함되어 있으며, 장애인권익옹호기관을 통해 장애인에 대한 학대, 차별, 인권침해에 대한 체계적 대응과 학대피해 장애인을 위한 쉼터의 확대 설치도 들어 있다. 또한 여성장애인에 대하여 임신, 출산, 양육 지원을 확대하는 정책방안도 포함되어 있음을 알 수 있다.

다섯 번째 분야는 사회참여 활성화를 위하여 장애인 정보 접근성 강화, 장애인 이동권 보장 강화, 편의증진 · 의사소통 지원 강화, 장애인 정책 국제협력 강화의 4개 중점과제로 구성하였다. 특히 장애인의 정보접근성을 보장하기 위하여 다양한 세부과제를 포함하고 있는데 웹 · 모바일 정보접근성 보장, 장애인을 위한 정보통신 보조기기 개발보급 등이다.

2. 전달체계

1) 의미와 분류

전달체계란 정책을 서비스로 전환하여 대상자인 장애인과 가족에게 전달하는 체계를 의미하며 모든 공적 및 사적 조직체계를 포함한다. 장애인복지의 궁극적 목적은 효과적이고 효율적인 전달체계를 마련하여 대상자인 장애인과 가족에게 적합한 서비스를 제공해 주는 것이라고 할 수 있다.

전달체계는 행정체계와 집행체계로 분류할 수 있는데 행정체계는 서비스 전달을 기획, 지원, 관리하는 체계이며, 집행체계는 전달자와 수급자와 상호 접촉을 가지면서 서비스를 직접 전달하는 체계를 말한다. 장애인복지 전달체계는 보건복지부 → 특별시 · 광역시 · 도 → 시 · 군 · 구 → 읍 · 면 · 동 행정복지센터 → 장애인과 가족으로 이어진다. 보건복지부에서 시 · 군 · 구까지의 체계는 장애인복지서비스를 기획, 지원, 관리감독하는 업무를 주로 하기 때문에 행정체계라 할 수 있으며, 읍 · 면 · 동 행정복지센터에서 대상자인 장애인과 가족까지 이르는 과정은 구체적인 서비스를 제공하는 업무를 담당하기 때문에 집행체계라 할 수 있다.

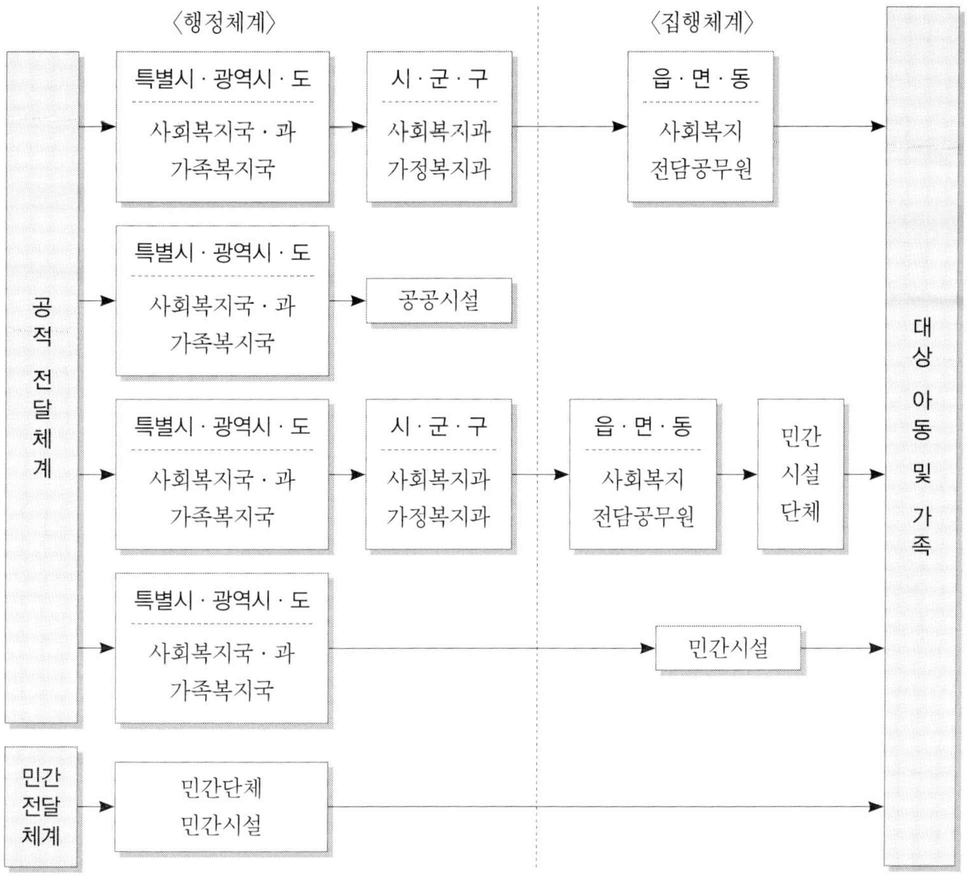

그림 9-2 장애인복지 전달체계

2) 공공전달체계

장애인복지 정책과 서비스 전달체계는 운영 주체에 따라 공공체계와 민간체계로 구분한다. 공공체계는 중앙정부 및 지방정부나 공공기관이 직접 관리 · 운영하는 것을 말하고 민간체계는 복지재단, 복지관, 단체, 협의회, 이용 및 수용시설 등 민간이 관리 · 운영하는 것을 말한다.

그림 9-3 보건복지부 조직도

출처: 보건복지부 홈페이지.

국가적 장애인복지종합정책을 수립하고 시행하는 것은 장애인정책조정위원회이다. 「장애인복지법」 제11조는 장애인종합정책을 수립하고 관계 부처 간의 의견을 조정하며 그 정책의 이행을 감독 · 평가하기 위하여 국무총리 소속하에 장애인정책조정위원회를 두도록 명시하고 있다.

중앙정부 차원에서 장애인복지 전달체계 역할을 담당하는 것은 보건복지부이다. 2018년 현재 보건복지부는 산하에 4개 실과 6개 국을 두고 있는데 6개 국 가운데 장애인정책국이 있으며 장애인정책국 안에 장애인정책과, 장애인권익지원과, 장애인자립기반과, 장애인서비스과의 4개 과가 있다.

「장애인복지법」 제13조는 장애인복지 관련 사업의 기획 · 조사 · 실시 등을 하는 데에 필요한 사항을 심의하기 위하여 지방자치단체에 지방장애인복지위원회를 두도록 명시하고 있다. 지방정부 차원에서도 장애인복지 전달체계 역할을 담당하는 부서가 있다. 특별시 · 광역시 · 도 단위의 사회복지국[1)]하에 장애인복지를 담당하는 장애인복지과가 있어 장애인복지 업무를 담당하고 있다. 기초자치단체인 시 · 군 · 구에서도 사회복지과가 있어 장애인복지 업무를 담당하는 동시에 보건복지부나 광역시 · 도로부터 시달된 지침을 받아 제1선 전달체계인 읍 · 면 · 동 행정복지센터로 전달한다. 행정복지센터의 사회복지전담공무원이 행정업무를 담당하고 있으며 지역사회의 장애인과 가족과 대면 접촉하며 서비스를 전달하게 된다.

1) 특별시, 광역시, 도마다 명칭이 조금씩 다르다.

〈표 9-2〉 사회복지전담공무원 현황

연도	정원	현원	사회복지사		
			1급	2급	3급
2005	9,920	9,094	7,860	1,163	71
2006	10,110	9,805	8,446	1,312	47
2007	10,515	10,113	8,675	1,389	49
2008	10,706	9,945	8,570	1,353	22
2009	12,270	10,334	8,788	1,505	41
2010	11,634	10,496	8,921	1,522	53
2011	11,170	10,639	8,991	1,603	45
2012	13,290	12,907	10,168	2,682	57
2013	14,700	14,184	10,518	3,571	95
2014	16,475	16,269	11,719	4,491	59
2015	17,717	17,371	11,988	5,257	124
2016	20,307.5	19,263	12,370	6,819	69

출처: 2017 보건복지통계연보.
주: 소수점은 시간제공무원

3) 민간체계

장애인복지 민간전달체계로는 영리를 목적으로 하지 않는 민간조직과 법인이나 종교단체 등이 운영하는 시설이나 기관을 들 수 있다. 대부분의 시설이나 기관은 국가로부터 보조금을 지원받아 운영하고 있으며 행정기관의 지도 및 관리감독을 받아 서비스를 전달하고 있다. 대표적인 시설로는 장애인거주시설(장애유형별거주시설, 중증장애인거주시설, 장애영유아거주시설, 장애인단기거주시설, 장애인공동생활가정), 장애인 지역사회재활시설(장애인복지관, 주간보호시설, 체육시설, 수화통역센터, 아동지원센터, 점자도서관, 점자도서 및 녹음서 출판시설 등), 직업재활시설, 장애인생산품 판매시설 등 다양하다. 이와 더불어 이들 기관이나 시설 간의 상호 연락이나 조정, 조사, 건의를 위하여 협의체나 협회가 구성되어 있는 경우가 많다. 예를 들면, 장애인복지시설협회, 장애인주간보호시설협회, 장애인직업재활시설협회 등이 있다.

3. 예산

2018년도 보건복지부 예산 및 기금의 총 지출은 63조 2천억 원으로 2017년 본예산 대비 9.5%가 증가한 것이다. 정부 전체 총 지출인 428조 8천억 원의 14.7%의 비중을 차지하고 있다.

세부 내역을 살펴보면 일반회계를 포함한 예산은 37조 6,546억 원이며 이는 전년도 본예산에 비해 10.9%가 증가한 것이다. 기금은 전년도에 비해 7.5%가 증가한 25조 5,008억 원이다.

2018년도 보건복지부 총 지출 예산 가운데 사회복지 분야가 52조 7,747억 원으로 전체 지출 규모의 83.6%를 차지하고 있으며, 보건 분야는 10조 3,807억 원으로 16.4%의 비중을 차지하였다. 사회복지 분야 가운데 장애인복지가 포함된 사회복지 일반은 사회복지 분야 지출에서 2.1% 정도를 차지한다. 기초생활보장 지출과 합쳤을 때 전체 사회복지 분야 세출의 21.1%를 구성하고 있다.

〈표 9-3〉 정부 총 지출과 보건복지부 총 지출 규모 비교 (단위: 조 원, %)

구분	2017년 예산		2018년 예산		증감			
	예산(A)	추경	본예산(B)	추경(C)	(B-A)	(%)	(C-A)	(%)
정부 총 지출	400.5	410.0	428.8	432.7	28.3	7.1	32.2	8.0
보건복지부 총 지출	57.7	58.5	63.2	63.3	5.5	9.5	5.6	9.7
b/a(%)	14.4	14.3	14.7	14.6	-	-	-	-

출처: 2018 보건복지백서.

〈표 9-4〉 2018도 보건복지 예산

(단위: 억 원, %)

구분	2017년 예산		2018년 예산		증감 (B-A)	증감 (C-A)	증감률(%)	
	예산(A)	추경	본예산(B)	추경(C)			본예사	추경
총 지출	576,628	585,333	631,554	632,869	54,926	56,241	9.5	9.8
▣ 예산	339,450	345,757	376,546	377,861	37,096	38,411	10.9	11.3
-일반회계	334,589	340,896	371,598	372,913	37,009	38,324	11.1	11.5
-특별회계	4,861	4,861	4,948	4,948	87	87	1.8	1.8
▣ 기금	237,178	239,576	255,008	255,008	17,830	17,830	7.5	7.5
-건강증진기금	33,001	35,399	33,926	33,926	925	925	2.8	2.8
-국민연금기금	201,977	201,977	218,788	218,788	16,811	16,811	8.3	8.3
-응급의료기금	2,200	2,200	2,294	2,294	94	94	4.3	4.3

출처: 2018 보건복지백서.

〈표 9-5〉 분야별 세출 예산 현황

(단위: 억 원, %)

구분	2017년 예산		2018년 예산		증감 (B-A)	증감 (C-A)	증감률(%)	
	예산(A)	추경	본예산(B)	추경(C)			본예산	추경
총 지출	576,628	585,333	631,554	632,869	54,926	56,241	9.5	9.8
▣ 사회복지 분야	477,464	485,796	527,747	529,062	50,283	51,598	10.5	10.8
-기초생활보장	94,223	98,894	100,582	101,235	6,359	7,012	6.7	7.4
-취약계층지원	22,905	23,568	24,709	24,709	1,804	1,804	7.9	7.9
-공적연금	201,984	201,984	218,790	218,790	16,806	16,806	8.3	8.3
-사회복지 일반	8,006	8,029	10,976	10,976	2,970	2,970	37.1	37.1
-아동 · 보육	54,783	55,115	62,619	62,967	7,836	8,184	14.3	14.9
-노인	95,563	98,206	110,071	110,385	14,508	14,822	15.2	15.5
▣ 보건 분야	99,164	99,537	103,807	103,807	4,643	4,643	4.7	4.7
-보건의료	23,353	23,726	24,373	24,373	1,020	1,020	4.4	4.4
-건강보험	75,811	75,811	79,434	79,434	3,623	3,623	4.8	4.8

출처: 2018 보건복지백서.

생각해 봅시다

1. 우리나라 장애인정책이 어떠한 방향으로 진행되어 왔는지 그리고 시대적 변화의 배경이 무엇이었는지 설명해 봅시다.
2. 가까운 장래 어떤 장애인정책이 더 필요한지 논의해 봅시다.
3. 지금까지 우리나라 장애인정책 가운데 수립 · 시행되지 않은 정책이 있다면 어떤 것이 있을지 논의해 봅시다.
4. 해외 선진국들의 장애인정책과 우리나라 장애인정책을 비교하여 봅시다.

제10장

장애인복지 실천

1. 실천원칙

장애인복지는 기본이념을 바탕으로 장애인을 인간으로서 존중하고, 개개인의 능력 개발과 성장발달을 도모하며, 사회통합을 이루기 위한 목적을 달성하기 위하여 다음과 같은 몇 가지 실천원칙이 있다.

1) 인간 존엄의 원칙

장애인은 비록 신체적 혹은 정신적으로 장애가 있다 하더라도 인간으로서의 존엄성이 지켜져야 하며, 생명권과 생존권을 보장받아야 한다. 또한 비장애인과 동일하게 사회의 기본적 의무와 권리가 존중되어야 하며, 어떠한 이유에서라도 장애인의 인권이 침해되어서는 아니 된다.

2) 개별화의 원칙

모든 장애인은 장애 유형, 장애를 입는 시기, 복지욕구, 경험하고 있는 문제 등 개별적인 특성이 다 다르며 개인이 추구하는 삶의 목표도 다 다르다. 따라서 장애인의 문제해결을 위한 접근방법에도 개별화가 필요하다. 미국에서 수행되고 있는 장애인개별화프로그램이 여기에 해당된다. 장애인개별화프로그램은 0~3세 장애아동을 위한 개별화가족서비스계획(Individualized Family Service Plan: IFSP), 3~5세와 6~21세 장애아동을 위한 개별화교육프로그램(Individualized Education Program: IEP), 14세부터 학교 졸업 때까지 제공하는 개별화전환계획(Individualized Transition Plan: ITP)이 여기에 해당된다.

3) 발달보장의 원칙

모든 인간은 능력과 잠재력을 개발하여 발달하며 성장해 나간다. 따라서 장애인의 능력과 잠재력을 찾아 개발하는 것이 발달보장이다. 장애인의 발달보장을 위하여 장애인의 강점과 잠재력을 발굴하여야 하며 이를 위한 복지시책과 제도적 환경을 마련하여야 한다.

4) 기회균등의 원칙

모든 사람이 차별 없이 사회적 기회를 부여받는 것이 기회균등의 원칙이다. 장애인도 비장애인과 마찬가지로 일상생활을 하는 데 필요한 모든 사회적 수단과 서비스를 이용할 수 있어야 하며, 동일한 기회를 제공하는 데 제약이 되는 조건을 개선하거나 제거하여야 한다.

5) 사회참여의 원칙

장애인은 신체적 · 정신적 장애로 인하여 사회참여에서 소외되거나 배제될 가능성이 높다. 장애인이 사회참여에서 소외되거나 배제되는 것은 사회통합이라는 장애인복지의 기본이념을 저해하는 것이 된다. 장애인의 사회참여를 통하여 장애인복지가 궁극적으로 추구하는 목적을 달성할 수가 있다.

6) 사회적 가치화의 원칙

장애인은 장애를 가지고 있다는 이유만으로 사회로부터 평가 절하되고 잠재된 능력을 인정받지 못하는 경우가 많다. 장애인도 사회적 역할을 하며 살 수 있는 사회의 구성원이라는 인식을 가져야 하고, 사회적 권리를 가진 존재임을 인식해야 한다.

2. 실천관점

장애인복지 실천에 대한 관점은 장애인을 바라보는 시각에서 출발한다. 관점이란 그 사회의 가치 · 신념 · 구조의 결과라고 정의할 수 있다. 장애인을 어떻게 바라보느냐의 관점은 장애인복지 실천에 매우 중대한 영향을 미쳐왔다. 장애인에 대한 관점은 시대적으로 변화를 거듭하였다. 과거 개인적 모델은 장애인에 대한 부정적 시각을 가지고 장애인을 의존적 존재로 인식하여 치료와 보호의 대상으로 보았다면, 현대에 와서 사회적 모델은 장애인을 자립과 자기결정권을 가진 주체적인 대상으로 보는 것이다. 그렇더라도 과거의 관점이 현대적 관점으로 완전히 변화된 것이 아니라 특정 영역에서는 과거의 관점을 적용하기도 하며 과거의 관점과 현대적 관점을 복합적으로 적용하기도 한다. 마찬가지로 장애인복지서비스 실천관점도 과거의 관점과 현대적 관점을 통합적으로 활용하는 영역이 있다.

1) 의료재활 관점

최근까지 장애인을 바라보는 가장 대표적인 관점이었다. 장애문제의 원인을 장애 자체라고 보는 시각이다. 의료재활 관점의 핵심은 장애가 장애인 개인에게서 비롯된 것이므로 변화의 대상은 장애인이며 장애문제를 해결하기 위해서 신체적 손상의 회복이나 치료가 대표적인 해결책이라고 본다. 장애를 해석하는 데 있어서 개인적 모델의 대표적인 관점이다.

의료재활 관점이 추구하는 목표는 최대한의 신체적 기능수행(Activities of Daily Living: ADL) 획득이나 취업을 통한 직업활동과 사회생활의 안정이다. 따라서 의료적 처치, 물리치료, 보조기구 활용, 직업 교육·훈련을 주요한 서비스 실천방식으로 이용하며 의사, 물리치료사 등의 전문가 집단이 개입하여 클라이언트로 규정된 장애인을 치료하거나 보호하고 교육·훈련하는 방식을 취한다. 장애인이 가지고 있는 심리적 손상과 사회적 장애에 대한 관심이 부족하였으나 1950년대 이후 탈시설화 반향과 함께 이러한 관점이 상당히 교정되었다.

2) 심리재활 관점

심리재활 관점은, 신체적 손상이라는 장애 자체가 장애 문제의 원인이라고 보는 기존의 의료재활 관점이 아니라, 장애로 인하여 발생하는 심리적 손상이 문제라는 것에 관심을 둔다. 정신분석이론 가운데 역동심리학이 가장 큰 영향력을 미쳤는데, 역동심리학은 장애인의 동기에 특히 주목하였다. 즉, 장애에 대하여 부정적인 의미를 부여하기 때문에 장애인이 동기 부족으로 장애 및 장애로 인하여 파생되는 문제를 극복하지 못한다고 강조하였다.

이 때문에 심리재활 관점은 장애인의 심리적 문제에 접근하며 장애인의 동기수준을 증대시키는 것이 주요 목표이다. 따라서 장애 문제해결 방식이나 개입도 장애인의 심리적 문제에 초점을 두며, 장애인의 동기 수준을 증가시키기 위하여 임상적 접근이나 임상적 활동을 중심으로 개입이 이루어진다. 심리재활 관점이 가장 크게 비판받는 이유는 장애 발생 원인이 장애인의 동기 결여가 아니라 현실적으로 장애인의 동기를 차단하거나 동기를 억압하는 장벽들이 문제라는 것을 파악하지 못한 데 있다.

3) 기능주의 관점

기능주의 관점은 장애인의 행동과 역할에 초점을 두는 관점으로 역할이론이 이론적 배경이다. 사회학적 측면에서 장애를 이해하고자 시도한 관점으로 장애를 질병으로 인식하고 이를 병리적 현상과 관련된 행동으로 설명한다. 기능주의 관점에 의하면 장애 문제는 사회학적 측면과 병리학적 측면 두 가지 차원이 결합된 상호의존적인 사회현상이라는 것이다.

기능주의 관점에 의하면, 장애인은 병자 역할(sick role)을 담당하는 사람이며, 장애는 사회적 일탈이나 부적응의 문제로 이해한다. 즉, 장애를 가진 사람은 병자이므로 사회에서 일탈된 상태에 처해 있으면서 사회적으로 부적응하는 사람이 된다. 따라서 장애인은 해당 질병이나 장애에서 회복될 때까지 의사 등 전문가 집단에 의존하게 되며, 특정한 사회적 책임으로부터 면제되고 사회적 역할 수행에 대한 기대에서 제외된다. 기능주의 관점의 가장 큰 문제점은 장애를 회복 불가능한 상태로 바라보기 때문에 그 결과 장애인의 의존성 가중과 자존감 저하를 야기하며 장애인을 나태, 부적응, 가치하락, 하급시민으로 바라보는 것이다.

4) 심리사회적 관점

심리사회적 관점의 핵심은 장애인 개인의 내적 측면과 외부사회 환경과의 상호작용 측면을 동시에 접근하는 것으로 기존의 관점에서 한층 발전한 것이다. 즉, 장애로 인하여 발생하는 대부분의 문제는 장애인 개인의 심리적 및 정신적 측면에 속한 것이라기보다 장애인이 속한 외부사회 환경과의 부적절한 상호작용에서 기인한다고 보는 시각이다. 기본적 개념은 장애를 생리적 및 신체적인 객관적 상태가 아닌 건강, 질병, 장애 등에 대한 사회가 부과하는 규범적 기준에 따른 사회적 판단으로 본다. 따라서 장애 문제의 원인을 심리적 무능력보다 장애인의 욕구에 대한 사회적 무관심 때문에 발생한다고 해석한다.

장애에 대한 부정적인 시각을 부여하는 것도 사회이며 장애인의 사회통합이 어려운 것도 장애인 개인의 심리적 무능력이 아니라 장애에 대한 비합리적인 사회적 태도나 인식이라는 것이다. 따라서 장애에 대한 개입 방식도 장애인의 개인적인 관점과 사회 환경과의 상호작용 측면을 동시에 접근하게 된다. 즉, 자아존중감 등의 내면적 상태 외에 내면적 적응 정도를 결정짓는 요인인 물리적 조건이나 대인환경에 초점을 두게 된다. 따라서 비합리적인 사회적 태도나 인식을 개선하려고 노력하는 방식을 취하게 된다.

5) 사회학적 관점

사회학적 관점의 기본적 개념은 장애인의 사회참여와 사회통합을 방해하는 요인이 장애인 개인의 심리적 부적응 외에 장애인이 속한 외부사회 환경의 부적절한 사회적 편견, 차별, 배제와 같은 사회적 요인이라고 지적하고 있다. 특히 사회학적 관점의 핵심은 장애인의 신체적 손상에 대해 비장애인의 해석을 배격하는 것이다. 사회적 측면에서 발생된 사회적 장애요인에 대한 장애인들의 주체적 시각을 배려하며 장애인의 주체성을 배제하는 것을 비평하는 시각이다. 사회학적 관점은 장애인복지 실천에 있어서 장애운동을 중심으로 하여 옹호와 자조의 개념이 중요하게 활용된다. 사회학적 관점에서 볼 때 대표적인 개입방식으로는 장애인운동, 권리회복과 차별철폐, 장애단체

결성, 사회운동, 자립생활 모델, 인권모델(human rights model) 등이 있다.

3. 실천모델

장애인복지 실천은 장애개념의 발전과 실천관점의 변화에 따라 시대적으로 변화하여 왔다. 우선 장애개념이 개인적 모델에서 사회적 모델로 변화함에 따라 개인적 비극이론이 아니라 사회적 억압이론을 이론적 바탕으로 하면서 장애를 의존과 치료의 대상으로 바라보지 않고 자기결정과 권리라는 인식으로 변화하여 왔다. 또한 의료재활 관점에서 시작하여 최근의 사회학적 관점으로 실천관점이 변화해 오는 동안 장애인복지 실천도 치료와 보호에 초점을 두는 일차적 단계에서 사회통합이라는 장애인복지의 궁극적 목표에 부합하는 통합적 실천으로 옮아 간 것을 알 수 있다.

실천모델의 변화를 간단하게 살펴보면, 첫 번째 단계는 장애인의 치료와 보호를 목표로 하는 보호서비스 제공 단계였다. 장애에 대한 사회적 책임을 인정하고 일정한 수준 이상의 치료와 보호에 초점을 두었다. 따라서 장애인을 의존적 존재로 보고 의사와 같은 전문가들이 개입하였으며, 의료치료, 처치, 시설보호가 주된 실천방식이었다.

두 번째 단계는 장애인의 기능회복과 직업안정을 목표로 하는 재활서비스 제공 단계였다. 장애인의 훈련과 교육에 중점을 두었으며 따라서 장애인의 기능적 및 직업적 재활을 위한 교육, 훈련, 실습이 주된 실천방식이었다.

세 번째 단계는 기능회복과 직업재활만으로 장애인의 사회통합이 이루어질 수 없는 한계점에 주목하면서 장애인의 지역사회에서의 통합된 생활을 목표로 하는 통합적 서비스 접근으로 발전되었다. 주된 서비스 실천방식은 사회에 내재해 있는 물리적 · 심리적 및 사회적 장애요소들을 제거하여 지역사회에 독립적으로 생활할 수 있도록 재정적 · 전문적 · 복지적 서비스를 강조하는 것이다.

장애 개념의 재정립과 실천관점의 변화와 더불어 현장에서 적용할 수 있는 장애인복지서비스 실천모델로는 강점기반 모델, 임파워먼트 모델, 사례관리 모델, 자립생활 모델이 있다.

1) 강점기반 모델

강점기반 실천(strength-based practice) 혹은 강점기반 접근(strength-based approach)은 장애인들이 가지고 있는 자기결정권과 강점을 강조하는 장애인복지 실천방식이다. 정신질환자에 대한 심리분석 방식을 배격하면서 사례관리, 교육, 지역사회개발을 실천방식으로 적용하기 시작하였다. 강점기반 모델의 핵심은 장애인의 강점과 자원을 확대하는 것에 초점을 둔다. 이는 모든 사람은 누구나 독특한 강점과 자원을 가지고 있다는 믿음에서 출발하며 비난이나 판단을 배격하고 긍정적인 관점을 지향한다.

강점기반 모델의 핵심적 실천은 장애인이 가지고 있는 자질과 특성을 바탕으로 강점을 구축해 나가는 방식이다. 강점기반 실천은 개개인의 기술, 흥미, 지원체계에 초점을 두며, 장애인 개인의 삶의 질, 고용, 건강 등의 결과를 목표로 삼는다. 강점기반 모델은 미래의 결과와 문제나 위기에 봉착했을 때 사람들이 드러내는 강점과 미래의 결과에 초점을 둔다. 강점, 잠재능력, 재능, 자질 등을 발굴하여 사회적 적응력을 강화하려는 것이다. 장애인의 병리보다는 강점을, 수동적 수혜보다는 선택적 결정을 강조하며, 잠재능력을 제한하지 않는다. 그 결과 장애인은 역경으로부터 무언가를 얻어 낼 수 있는 존재로 보기 때문에, 장애인의 자기결정을 존중하며, 목표를 성취하고자 계획을 수립하고 실행해 나가도록 지원한다.

강점기반 모델에서는 병리학적 관점에서 장애인을 보호가 필요한 문제가 있는 사람이나 결손과 결핍의 대상으로 바라보지 않는다. 한 사회의 시민이자 능력과 강점을 가진 구성원으로 보는 관점을 고수한다. 따라서 강점기반 모델의 실천목표는 장애인의 역량발전이며 이를 위하여 개인적 환경적 자원을 결합시키는 것이다. 문제해결도 개인문제보다는 환경적 문제에 초점을 두게 되며, 장애인의 강점과 역량 외에 지역사회, 사회구조, 제도적 영향력을 강조하게 된다.

장애인복지 전문가는 장애인을 의존성 있는 환자로 보지 않고 전문가적 분석과 개입을 지양한다. 오히려 장애인과의 상호작용에 대한 믿음을 바탕으로 하기 때문에, 장애인이 스스로의 능력을 강화하고 잠재능력을 발굴할 수 있도록 자연적인 지원 연결망을 구성해 주는 도움의 역할을 수행하여야 하며,

〈표 10-1〉 의료재활 모델과 강점중심 모델의 비교

요인	의료재활 모델	강점중심 모델
가치 기반	• 전문적 기술에 의존하는 문제해결 • 처방된 조치에 순응 • 통찰력이 부족한 환자와 건강에 관한 지식	• 성장, 치료, 학습에 대한 잠재능력 • 인지능력 • 자기결정 • 개인과 환경의 강점 • 개성과 독특성
초점	• 개인 문제의 본질 결정과 치료 처방을 위한 전문가적 분석	• 개인적 목표를 성취할 수 있도록 상황 조성 • 개인적 및 환경적 자원 결합
문제 해결	• 전문가 지향의 사정과 서비스 전달	• 소비자와 환경에 의한 결정 • 지역사회 자원의 우선 사용 • 소비자 권위와 지위 부여
사회적 환경	• 환자–사회적 환경의 지원체계	• 소비자–사회적 환경의 자조체계
사례 관리 관계	• 클라이언트는 수동적인 수혜자 • 전문가 접촉은 사정, 계획, 평가만으로 한정 • 공급자 중심의 의사결정과 개입	• 클라이언트는 선택과 결정을 하는 소비자 • 클라이언트와 친화관계와 신뢰감 형성 • 사례관리자는 지도, 지원, 격려 담당 • 자발적 지원자에게 지원역할을 이전
사례 관리 과업	• 결손 극복을 위한 기술 습득 • 순응 여부 감시 • 확인된 문제에 대한 의학적 관리	• 명확한 강점과 자원 규명 • 자연적인 지원 연결망 발굴과 구축 • 인간관계 발전 • 일상생활 내에 서비스 제공

출처: 최윤영, 이경준, 2010, p. 70.

〈표 10-2〉 강점 평가하기 12단계

단계별 평가하기
1. 장애인 스스로가 자신의 경험에 전문가라는 사실을 이해시킨다.
2. 장애인을 궁극적으로 신뢰할 만한 사람이라고 믿는다.
3. 장애인을 함께 일할 수 있는 사람임을 발견한다.
4. 문제와 장애에 대한 평가에서 개인적 및 환경적 강점에 대한 평가로 넘어간다.
5. 강점을 개인적, 대인관계, 사회정치 수준 등 다차원적으로 평가한다.
6. 개개 장애인의 독특성을 발견한다.
7. 평가를 작성하고 강점을 정의할 때 장애인이 쓰는 언어를 사용한다.
8. 사례관리자와 대상자 사이의 공조활동을 평가한다.
9. 평가에 대하여 상호 간 동의에 도달하여야 하며, 개방하고 공유한다.
10. 비난을 피한다. 비난은 강점이 아닌 문제에 초점을 두게 하며 진행과정을 지연시킨다.
11. 효과분석을 지양한다. 효과분석은 비난을 낳게 된다.
12. 평가한다. 진단하지 않는다.

출처: Teater, 2010, p. 45.

장애인을 지도, 지원, 격려하는 사례관리를 실천하게 된다. 서비스 실천방식은 미시적 단계에서는 장애인과 개인 중심의 협력관계를, 중간단계에서는 지역사회와의 접근을, 거시적 단계에서는 사회구조 또는 제도적 접근을 수행하게 된다.

강점기반 실천모델을 수행하기 위하여 클라이언트의 강점을 평가하는 12단계는 〈표 10-2〉와 같이 적용할 수 있다.

2) 임파워먼트 모델

힘(power)이란 상대방을 어느 정도 통제할 수 있는가 하는 능력으로 측정될 수 있다. 임파워먼트 모델(empowerment model of disability)은 장애인에게 '힘을 부여하여' 장애인의 능력을 향상시킴으로써 삶에 대한 통제력을 획득할 수 있도록 하는 실천모델이다. 이 모델의 핵심적 실천은 장애인이 스스로 자신에게 필요한 서비스를 결정하도록 하는 것이며, 서비스 제공자는 자문가로서의 역할과 지도자로서의 역할을 수행하게 된다. 즉, 장애인들에게 장애인 스스로가 자신의 삶을 이끌도록 대인관계 또는 사회적, 정치적, 문화적, 경제적 능력을 증대시키는 것이 목표이다. 대표적인 임파워먼트 모델의 대표적인 실천방식이 동료상담(peer counselling)이다.

임파워먼트 접근의 특성은 다음과 같다. 첫째, 장애에 대한 해석과 문제 해결을 위한 요인 분석에 생태체계학적 관점을 활용한다. 둘째, 장애인의 결함보다는 강점을, 위약보다는 긍정을 지향한다. 셋째, 문제 확인에 그치지 않고 문제해결을 추구한다. 넷째, 전문가 처방에 따른 치료 서비스보다는 장애인 당사자의 능력 향상을 추구하려는 상담, 활동 서비스를 사용한다. 다섯째, 전문가의 전문적 능력보다는 대상자의 변화과정에 관심을 둔다. 따라서 전문가와 장애인은 협력적 동반자 관계를 유지한다. 여섯째, 환경적 지지체계에 관심을 둔다. 잠재적 자원을 보유하고 있는 환경을 활성화하고, 대상자 자신을 환경 자원으로 보도록 한다.

임파워먼트 모델의 접근과정은 세 가지로 구성되어 있다. 첫 번째는 전문가와 대상자 사이에 상호 신뢰를 구축하는 협력적 관계 형성 단계이다. 함께 준비하기, 동반자관계 형성하기, 해결 문제 규명하기, 강점 확인하기, 방향 정하기 등을 수행한다. 두 번째는 문제해결에 필요한 자원 발굴방법 모색 단계이다. 자원체계 조사하기, 자원의 능력 분석하기, 해결책 고안하기 등을 수행한다. 세 번째는 기존의 자원을 활성화하고 목적에 도달하기 위한 대안 개발 단계이다. 자원을 조직하고 확대하기, 기회 확장하기, 성공을 인식하기, 결과를 통합하기 등을 실행한다.

3) 사례관리 모델

사례관리(case management)란 여러 가지 다양하고 복합적 문제를 해결하고자 하거나 여러 가지 다양한 도움이 필요한 대상자에게 종합적인 서비스를 연계하는 실천방식이다. 사례관리 모델의 대상자는 전통적 개별사회사업에 비해 다양하고 복합적이며 지속적인 문제를 가지고 있어 문제해결이 어렵고 문제가 해결되어도 정상기능을 수행하기 어려운 노인, 장애인과 같은 사람을 대상으로 한다. 또한 문제의 속성도 빈곤, 장애 등 소득, 의료, 가족관계 등 복합적이며 다층적이다. 사례관리 모델의 핵심은 복합적인 욕구를 가진 장애인의 욕구충족과 사회적 기능향상을 도모하고자 사회자원과의 연결과 조정을 통하여 장애인을 보호하는 과정이라고 말할 수 있다.

사례관리의 목적은 다섯 가지로 정리될 수 있는데, 클라이언트에게 제공되는 보호의 계속성, 서비스 체계 내의 접근 용이성과 책임성 증진, 클라이언트에 대해 가장 적합하고 개별적인 서비스 제공, 효과적 자원의 개발과 분배, 그리고 체계 내에서 서비스 전달의 효율성 향상이다. 따라서 사례관리 모델의 궁극적인 목적은 장애인의 개별적 사회적응 능력의 향상이 아니라 장애인의 사회통합이다.

서비스 내용도 소득, 의료, 주거, 교육 등 여러 가지 다양하고 통합적인 서비스로 구성되도록 하고, 이를 위하여 지역사회자원을 동원하거나 지역사회 체계를 활용하게 된다. 개인의 참여와 문제해결 의지를 강조하는 개별사회사업과 달리 공적 차원과 사회적 차원에서 보다 더 제도적이며 정책적인 기반을 선결 조건으로 요구한다. 사례관리의 과정은 사례발견과 계약, 자원 사정과 장애 요인 사정, 서비스 계획, 서비스 이행, 모니터링과 평가로 진행되며 평가가 끝난 후 재사정과 모니터링을 다시 수행한다. 사례관리를 담당하는 전문가는 사례관리자이다. 사례관리자는 이행자, 교육자, 안내자, 협조자, 진행자, 정보전문가로서 직접적인 서비스 제공의 역할을 하며 동시에 조정자, 옹호자, 중계자, 연결자로서 간접적인 서비스 제공의 역할을 담당하게 된다.

〈표 10-3〉 개별사회사업과 사례관리의 비교

	개별사회사업	사례관리
개념	• 개인의 성격발달과 사회적응을 도모하기 위한 전문가의 개별적 · 공식적 문제해결과정	• 사회자원과의 연결과 조정을 통한 장애인의 복합적 욕구충족과 보호과정
대상	• 특정 문제를 가진 개인 • 아동, 청소년, 가족, 여성 등 • 문제해결이 가능하고 문제 해결 후 정상적 기능수행이 가능한 대상	• 만성적 질병을 가진 의존적 대상 • 노인, 장애인 등 다양하고 복합적이며 지속적 문제를 가진 대상 • 문제해결 후에도 정상적 기능수행이 어려운 대상
문제	• 단일 문제(예: 사회부적응, 음주, 흡연, 비행, 가족해체 등)	• 복합적 문제(예: 빈곤, 장애 등 지속적 어려움)
목적	• 성격의 발달과 개발 • 사회적응 능력 향상	• 보호의 연속성, 비용효과성, 접근성, 책임성 • 사회적 기능의 향상
과정	• 초기접수 → 문제사정 → 개입목표수립 → 개입 → 목표달성 후 종결 → 사후관리	• 대상자 발견 → 문제사정 → 개입목표수립 → 개입 → 모니터링, 재사정, 새로운 문제 또는 욕구 발견 → 개입전략 수정, 개입, 모니터링 계속
선결조건	• 대상자의 참여와 문제해결 의지	• 공적 차원: 각종 법률과 제도, 정책적 기반 • 사회적 차원: 사회통합을 위한 사회적 성숙 • 대상자, 연계체계, 지역사회체계 등의 사정
원칙	• 개별화, 의도적인 감정표현, 통제된 정서적 관여, 수용, 비심판적 태도, 대상자의 자기결정, 비밀보장	• 성장과 변화에 대한 신념, 장점과 잠재력의 강조, 대상자의 자기결정, 책임성과 보호의 연속성, 서비스 제공의 포괄성, 지역사회자원개발과 동원, 권리와 비밀보장
전문가 역할	• 특정 전문가의 개입 • 상담자 또는 치료자 역할	• 사례관리자 • 집단적 접근(team approach) • 조정자, 대변인, 옹호자, 중개인 역할

출처: 정무성 외, 2017, pp. 118-119.

4) 자립생활 모델

자립생활 모델은 새로이 도입된 자립생활 패러다임을 기반으로 하는 장애인복지 실천모델이다. 이 모델의 핵심은 장애인이 소비자로서 자신의 삶을 관리하는 자립생활을 강조한다는 점이다. 사례관리 모델이 전문적 실천에 기반하고 있는 반면, 자립생활 모델은 장애에 대한 사회적 장애에 초점을 두는 사회적 모델과 맥을 같이하여 장애인의 외부환경에 초점을 둔다. 장애인을 비장애인에 비해 기회가 박탈된 사람으로 인식하며, 사회적 억압이 이들을 가로막는 가장 큰 장애로 인식하는 모델이다.

자립생활 모델의 특징은 전통적인 접근법인 재활 모델과 비교하여 보면 여러 가지 항목에서 확연하게 다르다. 자립생활 모델은 사회적 억압이론을 바탕으로 사회적 억압이 장애의 본질적인 문제라고 정의한다. 장애를 정의하는 데 있어서 장애를 가진 사람의 사회적, 환경적 결핍을 가장 먼저 찾는다. 문제의 위치도 장애인 개인에게 있는 것이 아니라 사회, 환경, 재활과정에 있다고 보는 것이다. 즉, 장애인의 가장 큰 문제는 능력부족이 아니라 기회의 부족이라고 바라본다.

장애인을 자기결정권을 가진 소비자로서 인식하며, 장애인이 경험한 자신만의 체험을 존중한다. 또한 장애인 자신이 스스로의 삶을 통제하고 결정할 수 있는 사람이라는 신념을 가진다. 장애인을 바라보는 시각도 긍정적이며, 장애인을 개별적이 아니라 집단적 정체성을 가진 대상으로 인정하게 된다.

자립생활 모델은 사회적 장애를 제거하는 것을 문제해결의 지름길로 보고, 장애인의 자립생활을 성취하는 것을 목표로 삼는다. 장애인의 전반적인 자립생활이라는 목적을 성취하기 위해서는, 서비스 수요자에게 지역사회 정보 제공과 접근권 확보, 활동보조 서비스 제공, 동료상담 제공, 적절한 지역사회 거주공간 제공, 개별적이고 정치적인 옹호방법 교육 등의 다섯 가지 수단적 목표에 초점을 둔다.

문제의 해결도 전문가적 개입을 지향하는 재활 모델에 비해, 사회적 행동이나 조치가 요구되며 따라서 동료상담, 옹호, 자조 등의 실천방식을 활용하게 된다. 이를 위한 기반으로서 정치적 사회적인 변화가 선제적으로 요구된다. 전문가 개입도 장애인과 동료관계를 유지하며 공조, 협업하는 역할을 하게 된다. 이 모든 과정으로부터 얻을 수 있는 결과는 장애인의 자립생활이다.

〈표 10-4〉 재활 모델과 자립생활 모델 비교

항목	재활 모델(rehabilitation model)	자립생활 모델(IL model)
문제의 정의	신체적 손상, 직업기술의 부족	사회적 억압, 외부에의 도움
문제의 위치	개인	환경, 과정
문제의 해결	전문적 개입	동료상담, 옹호, 자조, 소비자 주권, 사회적 장애 제거
사회적 역할	환자, 클라이언트	소비자
조정자	전문가	소비자 자신
접근방법 특성	개인적 비극이론, 개인적 문제, 재활치료, 의료적 접근, 전문가에 의한 조정 · 관리 · 통제, 전문가의 지식 요구	사회적 억압이론, 정상화이론, 통합, 사회적 문제, 사회적 행동과 조치, 자조, 개인 · 집단적 책임, 장애 경험 요구
기타 특성	개인의 정체성, 편견, 태도, 보호, 통제, 개인의 적응 요구	집단적 정체성, 차별, 긍정적 확인 행동, 권리, 선택, 정치 사회적 변화
나타나는 결과	최대한의 ADL, 유급 취업	자립생활
장애연구 변수	개인변수: 습관, 인성유형, 내적 외적 스트레스 대처방안, 자아상, 창의성, 개인의 심리적 기질 유기적 변수: 연령, 장애의 정도, 합병증, 선천적 이상, 능력, 인내심	환경변수: 낙인과 가치관, 가족 및 대인적 지지, 재정적 안정, 시설 접근성, 사회경제적 지위, 이동수단, 이용 가능성, 법률, 문화, 인종의 영향력
중요시하는 변수	자기관리, 이동, 취업, 치료, 개입, 개별환자, 장애인 개인적 특성	생활여건 조성, 소비자 주권, 야외 이동, 활동, 사회제도, 정책, 환경적 특성

출처: 오혜경, 2001.

생각해 봅시다

1. 장애인복지 실천원칙이 무엇인지 사례를 들어 이야기해 봅시다.
2. 장애인복지 실천관점이 시대적으로 어떻게 변화하여 왔는지 설명해 봅시다.
3. 장애인복지 실천현장에서 적용할 수 있는 실천모델은 무엇이 있습니까? 어떤 상황에서 어떤 실천모델이 적합한지 논의해 봅시다.

제3부

장애인복지 서비스

제11장

생애주기별 서비스

1. 생애주기

1) 개념과 중요성

모든 사람은 태어나서 죽을 때까지 공통된 변화를 경험하면서 일련의 삶의 궤적을 따른다. 생애주기(life cycle)란 개인의 출생에서 사망에 이르는 삶의 전 과정 가운데, 특정한 사건, 즉 생애사(event)에 따라 특정 구간으로 쪼개는 것을 말한다. 생애를 쪼갤 수 있는 대표적인 사건으로는 출생, 입학, 진학, 취업, 결혼, 자녀출산, 은퇴, 사망이 있다. 생애사를 근거로 생애주기를 구분하는데, 일반적으로 영유아기, 아동기, 청소년기, 청년기, 장년기, 노년기로 구분하게 된다. 그리고 이러한 생애주기는 모든 사람의 일생에서 반복되면서 다음 세대로 접속된다.

생애주기는 단순히 개인의 문제가 아니라 문화와 정책의 형태로 사회에 깊이 내재되고 조직화되어 있기 때문에, 생애주기에 대한 이해는 사회제도와 정책의 변화를 가져올 수 있으며, 문화적 편견과 오류를 시정하려는 집합적 노력의 근거를 제공한다. 따라서 생애주기에 적합한 교육, 노동, 복지, 수거 등에 대한 사회제도 및 정책 수립과 문화적 인식개선이나 변화를 모색할 수 있도록 도와준다.

생애주기는 특히 생애주기별 발달과업의 중요성을 지적할 수 있다. 주기별 특정한 발달과제와 욕구가 있어 이를 충족시키지 못하면 다음의 생애주기로 발달하는 데 장애를 발생할 수 있다. 이때 특정 연령단계의 과업수행에 문제가 있을 때 장애가 유발할 수 있다는 것이다. 따라서 장애를 이해하고 장애인복지를 실천함에 있어서 생애주기의 개념과 의의에 대한 이해가 중요함을 알 수 있다.

2) 장애와 생애주기

생애주기 관점을 장애에 접목하는 것은 생애주기라는 맥락에서 장애인을 더욱 잘 이해할 수 있기 때문이다. 인간은 생애주기별 특정한 발달과제와 욕구를 가지고 있는데, 장애인 또한 생애주기에 따라 비장애인과 동일한 발달과제와 욕구를 가질 뿐만 아니라 장애 특성에 따른 특별한 발달과제와 욕구를 가질 수 있다. 따라서 장애인복지 실천 차원에서 생애주기 개념의 도입이 필요하다.

예를 들어, 학령기 장애아동은 교육과 사회성 발달이 중요한 과업이 되며, 장애청소년은 이성관계의 형성, 장래 진로계획 수립의 과업이 충족되어야 한다. 성인기 장애인에게는 직업재활과 경제적 독립의 과업이 있으며, 노년기 장애인에게는 의료재활이 최우선순위에 드는 과업이 될 수 있다. 따라서 생애주기에 맞게 장애아동의 정상적인 성장발달을 지지해 주고 장애아동 개개인의 특성에 맞는 교육을 제공하며, 성인기 장애인의 직업재활과 경제적 안정을 도모하며, 장애 노인의 안정되고 보다 건강한 생활을 마련함으로써 정상화와 사회통합의 가치를 실천할 수 있다. 이를 위하여 생애주기에 따른 장애인의 복지서비스 욕구를 살펴보고 이를 충족시키기 위한 서비스를 제공하여야 할 것이다.

학령기 이전의 장애아동이 있는 가족은 장애를 조기 발견하고 장애 정도와 진전을 최소화할 수 있도록 해야 하며, 학령기 장애아동은 특수교육, 방과후 프로그램 활동을 통하여 학습능력을 신장시키고, 사회화 과정에 중점을 두어야 할 필요성이 있다. 청소년기 장애아동은 직업훈련, 취업정보 등에 관한 욕구를 충족시켜 주어야 하며, 성인기 장애인은 취업을 알선하고 현재의 고용상태 안정성을 보장해 주어야 한다. 노령기 장애인에게는 생계보장과 의료혜택에 관한 서비스를 확대하여야 할 것이다.

2. 생애주기별 장애인 특성과 욕구

1) 영유아기 장애아동

(1) 장애영아

장애영유아는 0세부터 6세까지의 장애를 가진 아동이다. 인간발달단계를 살펴보면 영유아기는 성장 변화의 가능성이 가장 큰 시기임을 알 수 있다. 그러나 장애영유아는 장애로 인해 일반 아동들에 비해 신체적, 정서적, 인지적 발달에서 특성을 달리하고 있다.

장애영아는 0세부터 3세까지이다. 이 시기에 발생하는 장애는 아동 일생의 삶을 결정하게 된다. 장애를 인식하는 인지능력을 갖기도 전에 장애가 발생하므로, 부모의 인식과 양육태도가 장애아동의 성장 발달에 결정적인 역할을 한다.

영아기 때 일반적으로 아동은 하나의 독립된 존재로 신체적인 측면, 인지적 측면, 정서적 측면에서 급속한 성장 발달을 경험하게 된다. 장애영아는 부모로부터 더 많은 보호를 요구하게 되고 부모는 따라서 낮은 기대감을 갖게 된다. 특별한 보호와 의료적 접근을 경험한 영아는 자신이 일반 아동과 다른 존재임을 인식하게 되고, 성장하면서 장애를 자연스럽게 받아들인다. 따라서 부모가 가진 장애에 대한 인지도와 허용도, 그리고 양육태도는 장애영아의 장애 인식과 성장발달에 매우 중요한 영향을 미칠 수 있다. 장애아 부모의 양육경험에 대한 연구에 의하면 장애아 부모는 장애아동에 대한 지나친 과보호나 학대·유기와 같은 극단적인 태도를 보이기도 한다(김용득 외, 2007; Dyson, 1993).

이 시기 복지서비스 목표는 아동의 신체적 및 인지적 통제력의 획득이다. 특히 영아기의 대표적인 과업은 신뢰감 형성과 자율성 획득이라고 할 수 있다. 장애를 가진 사람들의 특징 가운데 하나는 인간관계를 확립하려는 기술의 부족이다. 이는 생애 초기단계에서 경험하게 되는 신뢰감 형성과 관련이 깊다. 따라서 장애영아를 양육하는 부모의 신뢰감 형성이 성장 후 사람들과의 신뢰관계의 질을 향상시키는 데 매우 중요한 부분이다(오혜경, 정소영, 2003a).

(2) 장애유아

장애유아는 4세부터 학령 전까지의 장애아동을 말한다. 유아기 때 아동은 일반적으로 급속한 언어발달을 나타내며, 사고범위가 넓어질 뿐만 아니라, 이해능력은 급속도로 증가한다. 관계의 범위가 부모, 가족, 친구, 타인에게로 확대되며, 부모 외에 또래와의 상호작용이 활발해지면서 사회성이 크게 발달하게 된다.

그러나 장애를 가진 유아는 언어발달이 늦을 수 있다. 지적장애유아는 언어기술에 정체를 경험하게 되고, 청각장애유아는 언어이해력이 청각보다는 시각으로 발달하게 된다. 따라서 유아의 장애 유형을 고려하여 언어발달 그 자체보다 타인과의 상호작용을 위한 최소한의 의사소통 방법을 터득하는 것이 무엇보다 필요하다. 따라서 이 시기는 언어장애아와 지적장애아의 조기교육의 필요성이 무엇보다 강조된다.

이 시기 장애유아는 관계의 범위가 확대되면서 정체성을 획득하게 되며, 또한 놀이과정을 통해 자발성과 적극성이 발달할 수 있다. 그러나 장애유아는 장애 때문에 관계나 활동범위에 제약을 받아 기회가 줄어들며 사회적으로 놀이도 제한된다. 그 결과 정체성을 획득하거나 자신감과 주도성을 상실하고 죄책감을 경험하게 된다(오혜경, 정소영, 2003a).

영유아기 장애아동의 욕구특성은 장애 유형에 따라 조금씩 차이가 있으며, 장애아동이 있는 가족의 욕구도 장애 유형에 따라 차이가 있음을 알 수 있다. 장애 유형을 불문하고 장애영유아가 있는 가족의 공통적인 욕구로는 장애아동 양육부담과 스트레스에 따른 경제적, 심리적, 신체적, 관계적 문제를 해결할 수 있는 지원서비스이다.

〈표 11-1〉 영유아기 장애 유형에 따른 욕구특성

장애 유형	장애아동의 욕구	장애아동 가족의 욕구	
		유형별 욕구	공통욕구
지적장애	언어치료, 조기교육		양육부담과 스트레스 (경제적, 심리적, 신체적, 관계적) 양육부담 경감 지원 장애아동 형제자매
발달장애	언어치료, 조기교육 심리교육	아동과의 직접적 대화 행동통제	
뇌병변장애	물리치료, 작업치료 언어치료	부모상담 부모교육	
지체장애	물리치료, 작업치료 사회성 개발, 소질개발	부모교육	
언어장애	언어치료 심리적 접근	심리적 욕구 (스트레스, 자책감 등)	
청각장애	언어치료 심리적 불안정 해결	부모와 아동 간의 교감	
미진단	언어치료 조기교육		

출처: 오혜경, 정소영, 2003a, p. 136.

2) 학령기 장애아동

학령기는 일반적으로 7~12세 사이의 아동을 말하며, 우리나라 학제에 따르면 초등학교에 재학하는 시기이다. 학령기는 학교라는 교육기관에서 본격적인 교육이 시작되는 시기로서, 기술과 지식을 습득하여 문제해결 기술과 능력이 발달되는 시기이기도 하다. 이러한 변화는 장애아동에게 새로운 교육적 기회가 주어진다는 의미일 뿐만 아니라, 동시에 장애아동에게 적지 않은 학교적응 스트레스로 작용할 수도 있다.

따라서 교육적 환경이 매우 중요한 역할을 하게 된다. 이를 위하여 근본적으로 평등한 교육기회의 제공이 수반되어야 한다. 평등한 교육기회를 실천하기 위해서는 장애아동의 장애 유형과 정도에 적합한 특수교육을 제공하여야 하는데, 통합교육, 분리교육, 개별교육, 대안학교 방식이 있을 수 있다.

장애아동은 학령기에 생활환경의 확장과 더불어 새로운 조직생활을 경험하게 되고, 가족을 벗어나 친구와 교사를 통한 새로운 사회관계망을 형성하게 된다. 아울러 새로운 또래관계 속에 장애의 자기 개념이 형성되는 시기로 정체성이 발달하는 시기이기도 하다. 장애아동은 이때 자칫 부정적 의미의 대상이 되기 쉽고, 그 결과 친구와 상호교류가 감소하며 활동의 감소가 일어나 고립될 가능성이 크며, 이는 자칫 학교폭력이나 왕따의 희생이 될 가능성도 있을 수 있다. 따라서 장애아동이 또래들과 지내며 의미 있는 접촉을 할 수 있는 기회를 제공하는 것이 매우 중요하며, 지지적 환경제공이 필요하다(오혜경, 정소영, 2003b).

3) 청소년기 장애아동

청소년기는 일반적으로 13~18세 사이의 아동을 말하며, 우리나라 학제에서는 보통 중·고등학교에 재학하는 연령대이다. 2차 성징이 발달하는 시기로서 이성관계가 확장되는 시기이다. 이 시기의 가장 큰 발달과제와 욕구는

〈표 11-2〉 장애 유형과 아동 연령대별 가족욕구

구분	학령기	청소년기
지체장애	• 접근성(통학버스 운행) • 방학 중 재활프로그램 운영 • 초등교육과 중고등교육의 연계 • 통합교육을 위한 시설설비 확보	• 대학교육 기회확대(특례입학 확대) • 성교육의 구체화와 체계성 • 장래 상담과 지도 • 편의시설 개선
시각장애	• 교재 및 부교재 점자화 • 다양한 교재 · 교구 제공 • 지역별 특수학교 배치	• 장애 특성에 맞는 직종 재배치 • 침술교육의 법적 보장 • 교내 행사를 통한 일반아동과의 만남의 기회 제공 • 다양한 여가프로그램 실시
청각장애 · 언어장애	• 학습지도 보조인력 배치 • 구화와 수화 사용의 불편함 • 정확한 청력검사와 보조기 적합성	• 과외비 지출 부담 • 전문적인 직업교육 • 다양한 캠프활동 • 현재 활동 중인 선배와의 교류
지적장애	• 현장학습 기회 확대와 생활기능 교육 • 운동프로그램 개발 • 방학 중 교육프로그램	• 지역내 재활시설 제공 • 직업교육이 곤란할 경우 적합한 교육 제시

출처: 오혜경, 심진례, 2003, p. 153.

상급학교의 진학과 취업을 위한 준비작업이다.

4) 성인기 장애인

성인기는 19~65세 사이이다.[1] 장애인이 성인기가 되면 독립하는 경우와 독립하지 않는 경우로 나눌 수 있다. 독립은 다시 경제적 및 사회적으로 독립하여 혼자 사는 경우와 결혼을 하는 경우로 구분할 수 있다. 독립이 어려운

1) 학자들에 따라 성인기를 19~60세로 정하기도 한다(강영실, 2008; 정무성 외, 2012).

경우 부모와 같이 살거나 시설보호로 나눌 수 있다. 대부분의 성인기 장애인은 경제적 사회적으로 독립하여 혼자 사는 경우보다 집에 거주하거나 시설에 보호되는 경우가 많다. 따라서 장애의 정도에 맞게 사회적 역할을 부여하고, 제도적 지원을 제공하면서 지역사회에 거주하도록 하여 사회통합과 자립생활이라는 장애인복지 기본이념을 실천하여야 할 것이다.

이 시기 자립생활을 획득하기 위하여 교육과 직업기회의 제공과 대중교통, 과학기술, 정보에 대한 접근성이 관건이다. 이러한 지원이 부족하면 지속적인 의존상태에 머무르게 되어 주체성 있는 삶을 영위할 수 없다. 성인기의 대표적인 발달과업은 대인관계의 성숙, 사회적응 기술, 직업적 기능, 성적 적응 등이다(정무성 외, 2012).

이 시기에 장애를 입는 것을 중도장애라 하는데, 이미 자신의 정체성과 개성을 가지고 있는 상태에 장애를 입게 되면, 여러 가지 생활의 측면에 많은 영향을 미치게 된다. 직업이나 사회생활이 어려워져서 경제적 난관을 경험하게 되고, 대인관계나 가족관계에 나쁜 영향을 미치기도 한다. 중도장애인에게는 의료적 재활뿐만 아니라 직업재활이 가장 필요하며, 따라서 직업훈련 및 직업알선 서비스가 이루어져야 할 것이다.

5) 노년기

일반적으로 노년기는 65세 이상 시기이다. 노년기 장애인은 장애노인 혹은 노인장애인으로 부른다. 노년기 장애인은 신체적 노화와 기능의 쇠퇴로 인하여 일상생활을 영위하는 데 어려움을 경험하는 시기이다. 주로 만성질환과 같은 노인성 장애 유형의 비율이 높다. 따라서 치료와 요양보호의 필요성이 가장 큰 시기이기도 하다. 노년기 장애인은 장애인 문화에 동의하지 않는 특성이 있으며 스스로 장애인으로 불리는 것을 좋아하지 않는다. 반면, 오랜 기간 동안 장애를 가지고 있던 노인은 사회체계에서 필요한 자원과 도움을 구하는 데 익숙해져 있어 이 시기에 장애를 입은 사람보다 장애에 더 잘 대처할 수 있다. 따라서 노년기 장애인에게는 의료재활 서비스와 심리 · 정서적 지지환경을 마련해 주어야 한다.

3. 생애주기별 지원서비스

생애주기별 서비스는 삶의 전 과정을 통해 접근한다는 거시적 관점에서 접근하는 데 의의가 있다. 생애가 단절적인 것이 아니고 연속성이 있다는 관점에서 출발한다. 따라서 생애주기별 장애인 복지서비스는 장애인의 발달특성을 고려하여 공통적 서비스와 주기별로 특화된 서비스로 구분해야 할 것이다. 동시에 생애주기별 서비스의 연계를 원활히 해야 한다.

생애주기별 서비스는 수요자의 요구와 필요에 기반해야 한다. 즉, 장애인의 선택권을 존중하고 생존과 자립에 기여하여야 한다. 따라서 임파워먼트나 권익옹호 차원과는 별개이다. 생애주기별 서비스 제공은 일차적으로 관련된 사람이나 환경을 대상으로 하며 보다 더 대상 범위를 넓혀 나간다. 즉, 가족에서 학교, 직장 혹은 시설, 사회 전반으로 옮겨 간다.

1) 장애영유아

장애영유아에 대해 적절한 개입은 다음 단계인 학령기나 청소년기 장애아동에 대한 개입에 비해 상대적으로 더 높은 효과를 거둘 수 있으며, 예방의 효과까지 기대할 수 있다. 따라서 장애영유아의 통합적 발달을 도모하고 부모의 양육부담을 경감할 수 있도록 복지서비스 목표를 수립하고 적절한 지원을 제공하여야 할 것이다.

장애영유아를 대상으로 제공할 수 있는 서비스는 직접적인 서비스와 간접적인 서비스로 구분할 수 있다. 직접적인 서비스는 진단과 치료, 교육, 재활 프로그램을 말하는데, 아동상담, 장애진단, 교육재활(조기교육), 사회심리재

〈표 11-3〉 장애영유아와 가족지원서비스

서비스	직접적 서비스	간접적 서비스
장애 영유아	장애진단, 아동상담, 교육재활(조기교육, 교구 및 장난감), 의료재활(언어치료, 물리치료, 작업치료), 사회심리재활치료(심리, 놀이, 음악, 미술 치료), 사회성훈련	특수보육, 특수교육 지원 법제도
가족	가족상담, 주간보호, 부모교육 형제자매 지원, 지지모임	무상보육, 무상교육, 장애아동부양수당, 장애아동수당, 의료비 지원, 교육비 지원, 이용료 감면 등

출처: 오혜경, 정소영, 2003a.

활, 사회성 훈련이 있고, 간접적인 서비스는 특수보육과 특수교육을 지원하는 관련 법제도이다.

2) 학령기 장애아동

일반학교에서는 특수교육과 연계하여 방과후 프로그램을 통하여 학교수업과 다른 복지서비스를 병행하도록 지원하는 것이 필요하다. 또한 장애아동의 특기나 적성 등을 파악하고, 지지적인 환경 제공과 장애에 대한 부정적인 이미지를 극복하기 위해 접촉 기회를 제공하는 것이 중요하다. 학령기 장애 아동을 지원하는 프로그램으로는 잠재력개발 프로그램, 사회통합훈련, 방과후 교실, 형제자매 우애 다지기, 계절학교, 예체능교육 등이 있을 수 있다.

〈표 11-4〉 학령기 장애아동과 가족지원서비스

서비스	장애아동	가족
직접적 서비스	아동상담, 방과후 프로그램, 사회적응 · 일상생활훈련, 사회통합 프로그램, 자기주장 훈련, 사회기술훈련, 대인관계능력 향상훈련, 계절학교, 현장학습, 개별학습지도, 레크리에이션, 특기적성지도, 체육활동, 개별특수교육 프로그램	가족상담, 양육상담, 주간보호 부모교육, 가족기능강화 프로그램, 가족관계 증진사업, 부모여가 프로그램 형제자매 지원 프로그램 지지모임, 자조집단, 쉼터 제공 등
간접적 서비스	특수교육 지원 법제도	무상교육 장애아동부양수당, 장애아동수당 의료비 지원, 교육비 지원 이용료 감면 등

출처: 오혜경, 정소영, 2003b, p. 154.

3) 청소년기 장애아동

장애청소년에게 가장 중요한 것은 교육재활이다. 장애 특성에 따른 적절한 교육은 졸업 후 취업과 고용에 가장 핵심적인 재활의 요소가 될 뿐만 아니라, 이후 사회참여와 사회통합이라는 장애인복지의 궁극적인 목표를 성취할 수 있게끔 한다. 특히 장애 청소년의 교육은 학교적응이 비장애 청소년에 비해 심각하여 장애 친화적 학교환경이 갖추어져 있지 않을 경우 학업을 중단하거나 상급학교로의 진학을 포기하는 사례가 많다. 따라서 장애 청소년에게 가장 필요한 지원은 특수교육이다. 대상학생의 진단 · 평가, 선정 · 배치, 교과과정 개발 등을 통하여 장애청소년의 교육기회 확대 및 질적 제고를 기할 수 있다. 장애 청소년 가족에게 경제적 지원, 교육비 지원 등도 병행되어야 할 것이다.

4) 성인기

성인기 장애인에게 가장 중요한 서비스는 직업재활이다. 일차적으로 필요한 서비스는 재활계획을 수립하는 일이다. 이어서 장애 및 가족관련 상담서비스, 생활적응훈련 프로그램, 각종 직업재활 프로그램 등을 직접적으로 제공할 수 있다. 성인기 장애인을 위해 권익옹호 프로그램, 가정환경에 대한 원조, 자조네트워크 형성 등은 직접적인 서비스는 아니지만 성인기 장애인의 복지수준을 높이고 삶의 질을 향상시키는 데 기여할 수 있는 간접적 서비스가 된다.

〈표 11-5〉 성인기 장애인 서비스

직접적 접근		간접적 접근	
클리이언드 서비스	지역사회 서비스	클라이언트 서비스	지역사회 서비스
• 장애사정 및 재활계획 수립 • 장애 및 가족관련 상담 • 생활적응훈련 프로그램 • 각종 직업재활 프로그램 • 장애 유형 재활프로그램	• 장애예방 자료제작 및 보급	• 권익옹호 프로그램 • 가정환경에 대한 원조 • 자조네트워크 형성 지원 • 이용 가능한 자원개발과 연결 • 각종 상황에 대한 자문	• 장애예방 조치를 위한 입법 및 조례 제정 • 관련 조사 연구활동

출처: 정무성 외, 2012, p. 229.

5) 노년기

노년기 장애인에 대한 서비스 제공은 장애 노인과 노인 장애인이라는 노년과 장애의 중첩된 현상을 이해하면서 시작하여야 한다. 일차적인 서비스 영역은 건강이다. 우선 신체기능이 쇠약한 노인 장애인들에게는 독립적인 생활이 가능할 수 있도록 지역사회보호체계를 확립하여야 한다. 이들에게 가장 필요한 것은 의료재활서비스와 요양보호서비스이다. 의료치료에 대한 지원이 필요할 뿐만 아니라, 의료기구나 보장구 등의 지원을 통하여 일상생활을 영위하는 데 불편함이 없도록 해야 한다.

둘째, 심리적 지지체계를 확립하는 환경이 필요하다. 노령에 따르는 고독, 불안, 소외에 대한 복지적 관심을 가져야 하며, 이를 해결할 수 있도록 정서적 지지체계를 마련하여야 한다. 지역사회 여가프로그램을 제공하는 것도 방법이 된다. 아울러 지역사회 생활에 대한 주거복지에 대해서도 관심을 가져야 할 것이다.

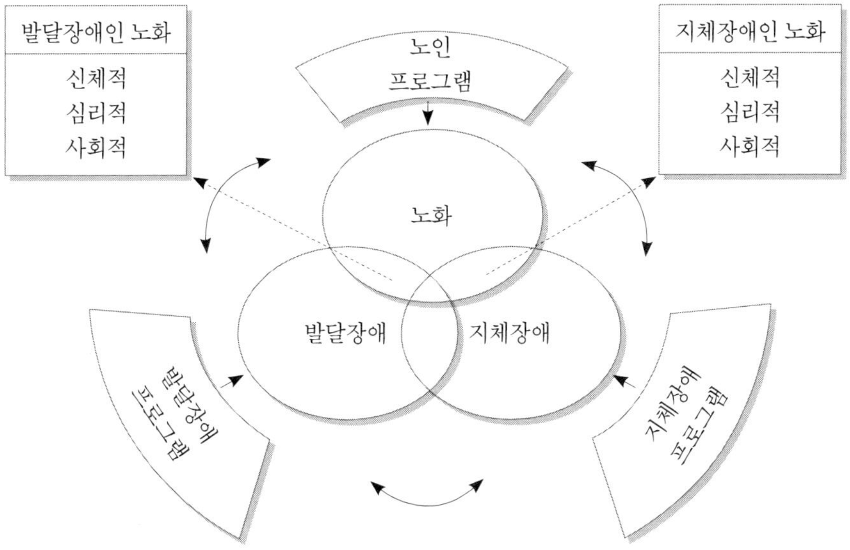

그림 11-1 장애노인 서비스 모형

출처: 정무성 외, 2017, p. 229.

생각해 봅시다

1. 장애인복지를 실천함에 있어서 생애주기를 접목하는 의의와 필요성이 무엇인지 논의해 봅시다.
2. 생애주기별 장애인의 복지욕구를 구체적으로 짚어 봅시다.
3. 노년기 장애인에게 필요한 복지서비스가 다른 생애주기에 있는 장애인에게 필요한 복지서비스와의 차이가 무엇인지 비교해 봅시다.

제12장

소득보장서비스

1. 소득보장서비스의 개념

생존권이란 '건강하고 문화적인 최소한의 인간적인 생활을 할 권리'를 말한다. 생존권을 직접적으로 보장해 줄 수 있는 것은 결국 기본적인 생계유지를 위해 소득보장을 해 주는 것이다. 특히 장애인은 장애로 인하여, 근로능력 상실로 인하여 일상생활 및 사회생활이 어렵고 또한 추가비용이 발생할 수밖에 없기 때문에 생존권에 있어 더 큰 위험에 직면하게 된다. 우리나라에서는 장애인의 기본적인 생계보장을 위해 소득보장서비스를 지원하고 있다. 소득보장 방법으로는 노동시장을 통한 1차적 소득보장과 소득재분배를 통한 2차적 소득보장이 있다. 1차적 소득보장은 고용보장서비스에서 다루도록 하고, 여기에서는 소득재분배를 통한 소득보장서비스를 살펴본다.

2. 소득보장제도

장애인의 소득보장서비스는 장애인의 소득을 일정수준 이상으로 유지시켜 주어 생활안정을 지원하는 소득보장제도로 사회보장제도 중 하나이다. 현재 우리나라의 일반적인 장애인 소득보장제도는 생계유지 및 생활안정을 위하여 지원되는 직접적 소득보장과 간접적 소득보장으로 구분해 볼 수 있다.

1) 직접적 소득보장

직접적 소득보장은 직접적으로 현금급여를 제공함으로써 자립이 곤란한 장애인과 그 가족들에게 제공되는 생계비 지원 및 생계보조수당 등이다. 장애인에 대한 직접적인 소득보장제도는 소득보전급여와 장애로 인해 추가적으로 발생하는 추가비용급여로 구분된다. 소득보전급여는 장애인이 장애로 인하여 근로활동 및 소득활동 능력에 심각한 손상을 입고 노동을 할 수 없어 소득이 단절되는 상황에 있는 장애인과 그 가족이 기본적인 생활을 영위할 수 있도록 하기 위한 각종 급여를 의미한다. 추가비용급여는 장애인이 무상 또는 비용의 일부 부담을 요하는 각종 서비스를 제공받고도 충족되지 않은 욕구를 충족하고자 추가적으로 지출하는 비용을 보전함으로써 비장애인과 동등한 수준의 삶의 질을 영위할 수 있도록 하기 위한 각종 급여를 의미한다. 소득보전급여는 다층적 안전망의 위계적(hierarchical) 구조로서의 특징을 가지며, 추가비용급여는 비위계적 구조의 특징을 지닌다.

장애인에 대한 소득보전급여는 크게 세부분으로 분류한다. 첫째, 가입자의 기여에 기반한 사회보험(contributory social insurance) 방식으로 1차 안전망에 해당하는 국민연금의 장애연금과 산재보상보험의 장해급여이다. 둘째, 장애 정도와 연령, 소득 및 자산이 일정 수준 이하의 장애인에게 급여를 지급하는 범주형 공공부조(categorical public assistance) 방식으로 2차 안전망에 해당하는 장애인연금(기초급여)이다. 셋째, 중위소득을 기준으로 개별급여에 따라 소득이나 자산이 일정 수준 이하의 수급권자에게 급여를 지급하는 일반형 공공부조(general public assistance) 방식으로 3차 안전망에 해당하는 국민기초생활보장제도 생계급여이다(이승기, 윤상용, 서동명, 2016).

추가비용급여는 성인 장애인에 대한 추가비용보전의 급여로 장애인연금(부가급여)과 장애수당이, 아동 장애인에 대한 추가비용보전의 급여로 장애아동수당 등이 있으며, 모든 급여가 자산조사에 기반한 공공부조방식으로 운영되고 있다.

(1) 사회보험

① 국민연금의 장애연금

우리나라의 공적연금은 공무원연금(1960), 군인연금(1963), 사립학교교직원연금(1973), 국민연금(1988) 등이 있다. 국민연금은 1차 안전망에 해당하는 사회보험방식으로 기여식 연금이며, 국내에 거주하는 18세 이상 60세 미만의 우리나라 전 국민이 강제적으로 가입해야 한다. 급여의 종류에는 노령연금, 장애연금, 유족연금, 반환일시금 및 사망일시금으로 구분한다.

국민연금의 장애연금은 국민연금 가입자가 가입 중에 장애를 입은 경우(「국민연금법」상 장애 등급 1~4급 해당)에 받는 연금이다. 수급권자에게는 가입 중에 발생한 질병 및 부상으로 신체상 · 정신상의 장애가 있고, 일정 요건을 모두 충족하는 경우에 장애 결정 기준일로부터 그 장애가 계속되는 기간 동안 소득 감소부분을 보전함으로써 장애인 자신과 가족의 생활보장을 위해 장애정도에 따라 일정한 급여를 지급한다.

상자 12-1 **국민연금법 개정 2016. 5. 29.**

〈일정 요건〉

- 해당 질병 또는 부상의 초진일 당시 연령이 18세(18세 전에 가입한 경우에는 가입자가 된 날) 이상이고 노령연금의 지급 연령 미만일 것
- 해당 질병 또는 부상의 초진일 당시 연금보험료를 낸 기간이 가입대상기간의 3분의 1 이상일 것
- 해당 질병 또는 부상의 초진일 5년 전부터 초진일까지의 기간 중 연금보험료를 낸 기간이 3년 이상일 것(가입대상 기간 중 체납기간이 3년 이상인 경우는 제외)
- 해당 질병 또는 부상의 초진일 당시 가입기간이 10년 이상일 것

〈장애결정 기준일〉

- 초진일부터 1년 6개월이 지나기 전에 완치일이 있는 경우: 완치일
- 초진일부터 1년 6개월이 지날 때까지 완치일이 없는 경우: 초진일부터 1년 6개월이 되는 날의 다음 날
- 초진일부터 1년 6개월이 되는 날의 다음 날에 장애연금의 지급 대상이 되지 아니하였으나, 그 후 그 질병이나 부상이 악화된 경우: 장애연금의 지급을 청구한 날과 완치일 중 빠른 날
- 장애연금의 수급권이 소멸된 사람이 장애연금 수급권을 취득할 당시의 질병이나 부상이 악화된 경우: 청구일과 완치일 중 빠른 날

출처: 법제처 국가법령정보센터(www.law.go.kr).

지급급여는 장애연금과 장애일시보상금의 두 종류가 있다. 장애연금은 장애등급 1~3급에 해당하는 장애를 입은 경우에 지급하는데, 장애 정도에 따라 기본연금액의 100%(1급), 80%(2급), 60%(3급)에 부양가족연금액을 합산한 금액을 지급한다. 장애일시보상금은 장애 등급 4급에 해당하는 경미한 장애를 입은 경우에 기본연금액의 225%를 일시금으로 지급한다. 국민연금의 장애연금을 지급받기 위해서는 국민연금공단의 장애 심사를 받아 장애 등급에 해당하여야 한다. 또한 국민연금의 장애연금은 산재보험의 장해급여와 병급(중복급여의 조정)이 가능하므로 병급 시에는 장애연금의 2분의 1에 해당

하는 금액(산재보험금 100%, 국민연금 50% 지급)을 지급한다.

국민연금의 장애연금은 수급 시기가 장애 원인 발생일로부터 일정 기간이 경과해야 하고, 국민연금을 납입한 사람만 대상으로 급여를 지급하기 때문에 18세 이전에 장애를 입거나 선천적인 장애를 갖고 있는 경우는 수급대상에 제외된다는 문제점을 안고 있다. 따라서 국민연금을 납입하지 못한 소득이 없는 장애인은 혜택을 받을 수가 없기 때문에 국민연금 대신 무기여식 장애인연금(2010)을 도입한 것이다.

② 산업재해보상보험의 장해급여

산재보험은 1964년에 우리나라의 사회보험 중 가장 먼저 시행되었으며, 산업현장에서 활동하는 근로자의 제반 재해에 대한 보험으로 사업주의 위험부담을 경감시키고 산재근로자와 그 가족의 생활을 보장하기 위한 제도이다. 산업재해를 당한 근로자가 지급받을 수 있는 급여는 요양급여, 휴업급여, 장해급여, 간병급여, 유족급여, 상병보상급여, 장의비, 특별급여가 있다.

산재보험의 장해급여는 근로자가 업무상의 사유로 부상을 당하거나 질병에 걸려 치유 후에도 신체 등에 장해가 있는 경우에 그 근로자에게 일정액을 지급하는 급여이다. 장해급여는 산업재해보상보험법상의 장해 등급(1~14급)에 따라 장해보상연금 또는 장해보상일시금을 수급권자의 선택에 따라 차별적으로 지급한다. 근로능력을 상당히 상실한 장해 등급(1~3급)의 근로자에게는 장해보상연금을 지급하고, 장해 4~7급은 일시금과 연금 중 선택할 수 있으며, 장해 8~14급은 장해보상일시금으로만 지급된다. 산재보험 제도가 일상생활의 기능상실을 대상으로 한 것보다는 기본적으로 산업재해에 의한 근로능력 상실을 대상으로 한 것이기 때문에 장해 등급의 판정은 근로자의 근로능력에 맞게 합리적으로 조정될 수 있어야 할 것이다. 일례로, 손가락의 장애는 생활상에서는 큰 장해로 볼 수 없을지 모르나, 타이피스트에게는 노동능력 전부의 상실을 의미하기 때문이다.

(2) 공공부조

① 국민기초생활보장

국민기초생활보장제도는 우리나라의 대표적 공공부제도로 2000년 10월 1일부터 시행(1999. 9. 7. 제정)되었고, 세모녀 사건을 계기로 절대적 빈곤 관점에서 상대적 빈곤 관점으로 변경되면서 맞춤형 급여체계로 개편되었다(2015. 7. 1. 시행). 개편의 핵심 내용은 최저생계비 이하 가구에 통합적으로 지급하던 기초생활보장급여를 생계, 의료, 주거, 교육 등 급여별 특성에 따라 선정기준을 다층화하고, 급여수준과 부양의무자 기준을 완화한 것이다. 이는 국민기초생활 급여지원대상의 확대와 일할수록 유리한 급여체계를 마련함으로써 탈수급 유인을 촉진하고 빈곤예방기능을 강화하기 위한 것이다.

이에 따라 선정기준은 최저생계비에서 중위소득으로 변경되었다. 급여별로 소득인정액(소득평가액과 재산의 소득환산액을 합한 금액)이 기준 중위소득의 일정비율 이하인 수급권자로서 생계급여는 30%(2015년 28%~2017년 30% 차츰 인상), 의료급여는 40%, 주거급여는 43%, 교육급여는 50%이다. 또한 부양의무자 기준은 부양의무자가 없거나 있어도 부양능력이 없거나 부양을 받을 수 없는 사람이며, 교육급여는 부양의무자 부양능력 판정기준을 적용하지 않는다. 한편, 선정기준은 장애인의 특성을 감안하지 않는다는 점에서 모순점을 안고 있다. 장애로 인하여 의료비, 보호·간병비, 교통비, 통신비, 장애인보조기구구입·유지비 등의 추가로 드는 지출비용이 중위소득이나 소득평가액에 반영되지 않아 장애인 가구는 상대적으로 수급자 선정에 불리한 위치에 놓인다. 말하자면, 차상위 계층 장애인 가구의 경우, 장애로 인한 추가생계비로 인하여 실질소득이 국민기초생활보장제도 수급자보다 낮음에도 불구하고 수급자로 선정되지 못하고 장애인 개인과 그 가족에게 장애로 인한 추가지출비용의 부담이 전가되고 있다. 또한 장애로 인하여 편의시설이 확보되어 있는 주거시설이 필요함에 따라 주택면적과 주거시설 비용이 비장애인보다 많이 드는 것이 사실이다.

그럼에도 국민기초생활보장제도는 소득이 없는 장애인들의 생활안정에 크게 기여할 수 있다. 2017년 장애인 실태조사에 의하면, 조사대상 장애인 중 15.0%가 국민기초생활보장 생계급여 수급자로, 16.2%가 의료급여 수급자로, 14.4%가 주급급여 수급자로, 1.4%가 교육급여 수급자로 나타났다. 특히 교육급여의 수급 비율이 상대적으로 낮은 이유는 장애인 중 노년층이 많은 인구학적 특성에 기인한 것이다. 즉, 국민기초생활 생계급여 장애인 가구(387,051명)는 우리나라 전체 가구(1,032,996명) 대비 38%로 이는 3배가 넘는 수치로 국민기초생활보장제도에 대한 장애인 가구의 소득 의존성을 볼 수 있다.

② 장애인연금

장애인연금은 장애로 인하여 생활이 어려운 중증장애인에게 생활안정을 위하여 지원하는 무기여(無寄與)식 연금으로 중증장애인의 근로능력 상실 또는 현저한 감소로 인하여 줄어드는 소득과 장애로 인한 추가비용을 보전하기 위하여 지급하는 매월 일정액의 연금을 의미한다. 2014년도 장애인 실태조사에 의하면, 장애인 가구의 월평균 소득액은 223만 5천 원으로 전국 월 평균 가구소득액(2014년 6월 기준 415만 2천 원)의 53.8%에 불과하였으며, 장애인 가구의 월 평균 지출액은 170만 6천 원으로 전국 월 평균 가구 지출액(2014년 6월 기준 324만 9천 원)의 52.5%에 해당하였다. 장애로 인한 월 평균 추가지출비용은 2014년 현재 164,200원으로 2011년의 160,700원에 비해 2.2% 증가하였다. 추가지출비용으로는 의료비가 40.2%로 가장 크고, 교통비 15.6%, 장애인보조기구 구입·유지비 11.5%, 부모사후 및 노후대비 10.2%(2011년 3.4%에 비해 급증), 보호·간병인비 8.3%, 통신비 6.0%, 재활기관 이용 2.6%, 보육·교육비 2.5%의 순으로 나타났다.

이처럼 비장애인가구에 비해 소득은 절반 수준에 불과한데 장애로 인한 추가비용까지 지출하고 있는 상황은 장애인이 비장애인에 비해 경제적으로 열악한 상태에 처하게 하여 빈곤 가능성을 높인다. 특히 소득 수준이 낮고 근로무능력 중증장애인은 국민연금 등 공적소득 보장제도의 사각지대에 놓인 경우가

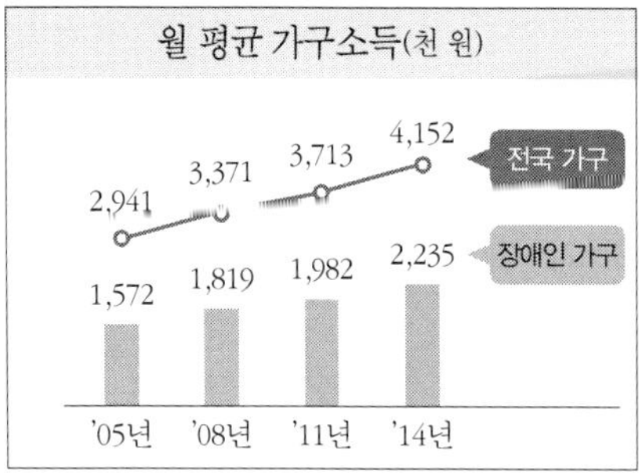

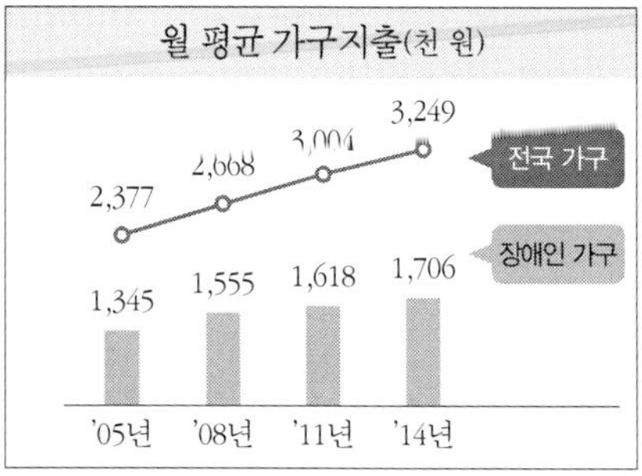

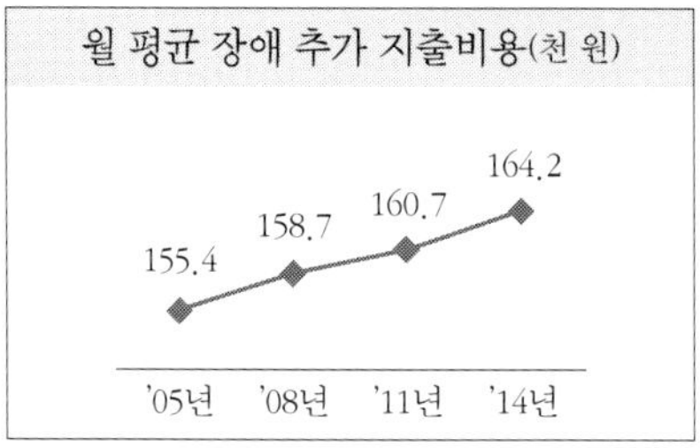

그림 12-1 장애인 가구 및 전체 가구의 월 평균 가구소득과 가구지출, 장애인의 월 평균 장애로 인한 추가 지출비용

출처: 2017 장애인 실태조사.

많으므로, 중증장애인에 대한 사회보장 사각지대를 해소하고 사회통합을 강화하려는 목적으로 장애인연금제도가 등장하였다(「장애인연금법」 2010. 4. 12. 제정, 2010. 7. 1. 시행). 이에 종전의 장애수당 수급자 중 중증장애인은 장애인연금 수급자로, 경증장애인은 장애수당 수급자로 장애 정도에 따라 분리되었다.

장애인연금의 급여대상은 만 18세 이상의 등록 중증장애인(1급, 2급 및 3급 중복장애) 중 본인과 배우자의 소득인정액이 선정기준액 이하인 장애인이다. 장애인연금의 선정기준액은 2010년 단독가구 50만 원, 부부가구 80만 원이었으나 점차 인상하여 2018년 기준 단독가구인 경우 121만 원, 부부가구인 경우 193만 6천 원이다.

장애인연금의 급여는 기초급여와 부가급여로 구분되는데, 기초급여는 소득보전의 성격을, 부가급여는 장애로 인한 추가지출비용 보전의 성격을 띠고 있다. 18세 이상 64세 이하의 중증장애인에게는 장애인연금의 기초급여를, 65세 이상의 중증장애인에게는 기초연금을 지급한다. 즉, 기초연금 수급자에게는 기초급여를 지급하지 아니한다. 그 이유는 장애인연금의 기초급여와 기초연금은 소득보전이라는 성격이 동일하기 때문에 중복 지원은 하지 않기 때문이다. 기초급여액은 전년도 전국소비자물가변동률을 반영하여 매년 4월부터 다음해 3월까지 적용한다. 단독가구와 부부가구의 생활비 차이를 감안, 부부가 모두 기초급여를 받는 경우 각각의 기초급여액에 20%를 감액하여 지급[부부감액 시 250,000원－(250,000원×20%)≒200,000원(1인 기준), 즉 400,000원]한다. 부가급여는 기초생활수급자, 차상위계층, 차상위초과자에 대해 차등 지급한다. 지급일은 기초급여와 부가급여를 합산한 금액을 매월 20일에 장애인연금 수급자 계좌로 입금한다. 연금신청은 연중 수시로 주소지 관할 읍·면·동 주민센터에 방문하거나 복지로(http://online.bokjiro.go.kr)에 온라인 신청 가능하다.

〈표 12-1〉 장애인연금 월별 급여액

구분	계	기초급여	부가급여	
		18~64세	18~64세	65세 이상
기초생활보장 수급자	330,000원	250,000원*	80,000원	330,000원**
차상위계층	70,000~320,000원	250,000원	70,000원	70,000원
차상위초과계층	40,000~270,000원	250,000원	20,000원	40,000원

* 최고 206,050원(2017년 4월~2018년 3월), 209,960원(2018년 4~8월), 250,000원(2018년 9월~2019년 3월)

** 65세 이상 국민기초생활보장 수급자는 기초연금 수령액이 생계급여에서 차감됨에 따른 전체수급액 감소분을 장애인연금 부가급여에서 보전하여 지급함.

출처: 보건복지부, 2018c.

장애인연금의 지원 절차는 장애인 또는 보호자(대리인)가 주민센터나 인터넷으로 장애인연금을 신청하면 시·군·구에서 조사하여 지원여부를 결정한 후 지급한다.

1. **초기상담 및 서비스 신청**
   읍 · 면 · 동 주민센터나 인터넷(복지로 온라인 신청)으로 장애인연금을 신청
2. **대상자 통합조사 및 확정**
   시 · 군 · 구청에서 조사하고 지원 여부를 결정
3. **장애인연금 입금**
   시 · 군 · 구청에서 장애인연금을 지급

그림 12-2 장애인연금의 지원 절차

출처: 보건복지부(www.mw.go.kr).

③ 장애수당 및 장애아동수당

장애수당은 「장애인복지법」에 의거하여 장애로 인한 추가적 비용을 보전하게 하기 위한 생계보조수당의 성격을 띤 공공부조제도이다. 장애수당은 국민기초생활보장법에 의한 수급자 및 차상위계층(기준 중위소득 50% 이하, 부양의무자 기준은 미적용)의 18세 이상 등록 장애인 중 장애 등급이 3~6급인 자에게만 경증 장애수당을 월 4만 원(보장시설 수급자는 월 2만 원)을 지급한다.

〈표 12-2〉 장애수당 유형별 비교

구분	생계, 의료급여 수급자	시설 수급자 (생계, 의료)	주거, 교육, 차상위 수급자
성격	의무지급(별도의 신청 불필요)		재량지출(신청주의)
급여액	월 4만 원	월 2만 원	월 4만 원
관련보장	장애인복지	장애인복지	차상위장애인
관련서비스	장애수당(생계, 의료)	장애수당(시설)	장애수당 (주거, 교육, 차상위)

출처: 보건복지부, 2018c.

장애아동수당은 장애아동에게 보호자의 경제적 생활수준 및 장애아동의 장애 정도를 고려하여 장애로 인한 추가적 비용을 보전하게 하기 위한 제도로 2002년부터 지급해 오고 있다. 지급대상은 18세 미만의 등록한 장애아동

〈표 12-3〉 장애아동수당 비교

구분	생계, 의료급여 수급자	주거, 교육급여 수급자	차상위계층	시설 수급자 (생계, 의료)
중증장애인	월 20만 원	월 15만 원	월 15만 원	월 7만 원
경증장애인	월 10만 원	월 10만 원	월 10만 원	월 2만 원

출처: 보건복지부, 2018c.

(「초 · 중등 교육법」에 따라 고등학교와 특수학교 또는 각종학교에 재학 중인 20세 이하 포함)에게 지급한다. 지급금액은 장애 정도에 따라 월 20만 원에서 월 2만 원을 차등 지급할 수 있다.

보호수당은 장애인을 보호하기 위해 보호자가 추가로 드는 비용을 보전하는 보호자수당이다. 즉, 보호자가 장애인을 보호하기 위해 돌봄 활동에만 전념하고 소득 활동이나 개인적인 시간을 포기하여 발생하는 기회비용에 대해 추가적 비용을 보전하게 하기 위한 수당이다. 「장애인복지법」 제50조 제2항에서는 "국가와 지방자치단체는 장애인을 보호하는 보호자에게 그의 경제적 수준과 장애인의 장애 정도를 고려하여 장애로 인한 추가적 비용을 보전하게 하기 위하여 보호수당을 지급할 수 있다."라고 제시하고 있으나 현재 시행되지 못하고 있다. 보호수당이 사회적으로 적절한 수준에서 지급되면 돌봄자를 고용함으로써 보호자는 부양과 보호의 부담에서 벗어나 소득 활동을 포함한 다른 활동을 할 수 있는 기회가 생기며, 장애인은 스스로에게 필요한 서비스를 요구할 수 있어 의존감에서 탈피할 수 있다. 이처럼 보호수당은 장애인의 자립생활과 밀접하게 연관되어 있다. 영국, 아일랜드, 덴마크 등과 같이 우리나라도 보호수당을 도입하여 돌봄자를 고용할 수 있는 정도의 금액으로 현실화할 필요가 있다. 물론 2007년 5월부터 시행하고 있는 장애인 활동보조인사업의 보장범위를 고려하여 결정되어야 할 것이다.

이상으로, 현재 장애인연금(기초급여)이 장애인의 기본적인 생활을 위한 소득보장을 해 주지 못하고 있고, 부가급여(장애인연금), 장애수당 및 장애아동수당은 그 대상자를 저소득층에 국한하여 지원하고 있다. 그러므로 장애인연금과 장애수당 등은 장애로 인해 발생하는 소득기회의 감소와 추가비용의 보충이라는 일반적 성격에 비추어 장애인 모두에게 보편적으로 확대해 나가되, 소득재분배를 고려하여 소득상한선을 점차적으로 높여 나가야 할 것이다.

2) 간접적 소득보장

간접적 소득보장은 직접적으로 현금급여를 제공하지는 않지만, 장애인이 서비스를 제공받는 데 소요되는 경비를 감면하는 성격의 의료비, 보육료 등과 같은 현물급여와 각종 세제혜택과 요금감면(할인) 등을 통해 장애인의 경제적 부담을 경감시켜 주는 것이다. 이는 결국 장애인의 지출비용을 줄임으로써 소득보장을 수월하게 하는 방식이다.

(1) 장애아 보육료 지원과 여성장애인 교육 지원

장애아 보육료 지원 사업은 어린이집 이용 장애아동에 대한 보육료 지원을 통해 부모의 자녀양육 부담경감 및 원활한 경제활동을 지원하기 위해 실시하고 있다. 지원대상은 장애인복지카드(등록증) 소지한 0~12세 장애아동으로서 장애소견이 있는 진단서(만 5세 이하만 해당) 또는 특수교육대상자 진단·평가 결과 통지서(만 3~8세까지만 해당)를 제출하는 아동이다. 지원 단가는 가구소득수준과 무관하게 연령과 운영시간에 따라 지원한다. 종일반의 경우 월 44만 9천 원, 방과후의 경우 월 22만 5천 원, 만 3~5세 누리장애아보육의 경우 월 44만 9천 원으로 읍·면·동에 신청하면 된다. 그러나 아이돌봄서비스, 만 0~5세 보육료, 방과후 보육료, 가정양육수당, 만 3~5세 누리과정 지원사업과 중복해서 받을 수 없다.

여성장애인 교육 지원 사업은 장애와 여성이라는 이중 제약으로 교육기회를 갖지 못한 여성 장애인들에게 교육서비스를 제공하여, 여성장애인의 역량강화를 통한 사회참여 기회 확대 및 삶의 질 개선에 기여하고자 하는 목적으

〈표 12-4〉 장애아 보육료 지원

사업명	지원대상	지원내용	비고
장애아 보육료	• 만 0~만 12세 장애아동 –장애인복지카드(등록증) 소지자 –장애 소견이 있는 의사진단서 제출자(만 5세 이하만 해당) –특수교육대상자 진단 · 평가 결과 통지서 제출자(만 3~만 8세까지만 해당)	• 지원단가 –종일반: 44만 9천 원/월 –방과후: 22만 5천 원/월 –만 3~5세 누리장애아보육: 44만 9천 원/월 ※가구소득수준과 무관	읍 · 면 · 동에 신청
여성장애인 교육지원	•「장애인복지법」 제32조(장애인등록)에 의한 등록 여성장애인	• 여성장애인에 대한 교육지원 –기초학습, 인문, 사회 및 체험, 보건 및 가족 등	제공기관에 신청

출처: 2018년 장애인복지 사업안내.

로 실시하고 있다. 지원대상은 장애인복지법 제32조(장애인등록)에 의한 등록 여성장애인에게 역량강화교육, 상담사례관리, 자조모임 지원 등의 서비스를 제공하고 있다. 즉, 여성장애인에 대한 기초학습, 인문, 사회 및 체험, 보건 및 가족 등의 교육을 지원한다.

(2) 장애인 자립자금 대여

장애인 자립자금 대여사업은「장애인복지법」에 근거하여 저소득 장애인에게 생업 및 출퇴근용 자동차 구입, 기술훈련, 보조기기 구입 등에 필요한 자금을 장기 저리로 대여하여 장애인의 생업기반 조성 및 직업생활 이동 편의를 제공하여 자립을 유도하고 있다. 대여대상은 소득인정액이 기준중위소득 50% 초과 100% 이하 가구의 성년 등록장애인으로 금융기관의 여신규정상 결격사유가 없는 자이다. 대여한도액은 무보증 대출, 보증대출, 담보대출 등 대출 종류에 따라 대출 금액이 다르며, 이율은 고정금리 연 3.0%로 5년 거치 5년 상환의 조건으로 대여한다. 신청은 읍 · 면 · 동에서 가능하다.

〈표 12-5〉 장애인 자립자금 대여 조건

한도액	이율	융자기간
• 무보증대출: 가구당 1,200만 원 이하 [단, 자동차(생업용, 출퇴근용) 구입자금의 경우 특수설비 부착시 1,500만 원 이내] • 보증대출: 가구당 2,000만 원 이하 • 담보대출: 담보 범위 내(5,000만 원 이하)	고정금리 연 3.0%	5년 거치, 5년 상환

출처: 2018년 장애인복지 사업안내.

다만, 중위소득 50% 이하의 장애인의 경우는 미소금융재단의 장애인대출 상품을 이용할 수 있으며 대여조건은 동일하다.

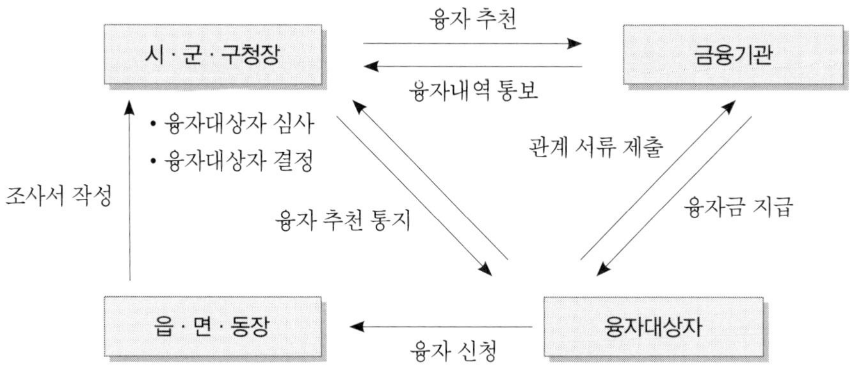

그림 12-3 장애인 자립자금 대여 절차

출처: 보건복지부(www.mw.go.kr).

(3) 공공요금 및 세금 감면

장애로 인한 소득 경감과 추가비용 부담을 완화하기 위하여 정부에서는 공공요금 및 각종 세금 감면을 실시해 오고 있다. 즉, 등록 장애인을 대상으로 상속세, 소득세, 자동차세 등의 세금을 감면하고 있으며, 장애인의 각종 공공 시설물의 이용과 일상생활에 필요한 전기요금 등과 같은 공공요금, 장애인의 정보 접근권을 높이기 위한 통신요금 등을 할인하고 있다.

〈표 12-6〉 장애인의 세금 및 공공요금 감면과 혜택

구분	주요 사업명
세금 감면	• 승용자동차에 대한 개별소비세 면제 • 승용자동차 LPG 연료 사용 허용 • 장애인용 차량에 대한 취득세(종전 등록세 포함) 자동차세 면제 • 차량 구입 시 지역개발공채 구입 면제 • 소득세 공제 • 장애인 의료비 공제 • 장애인 특수교육비 소득공제 • 장애인 보험료 공제 • 상속세 상속 공제 • 증여세 과세가액 불산입 • 장애인 보장구 부가가치세 영세율 적용 • 장애인용 수입물품 관세 감면 • 특허출원료 또는 기술 평가청구료 등의 감면
공공요금 감면	• 차량 구입 시 도시 철도채권 구입 면제 • 고궁, 능원, 국 · 공립박물관 및 미술관, 국 · 공립공원, 국 · 공립공연장, 공공체육시설 요금 감면 • 공영주차장 주차요금 감면 • 철도 · 도시철도 요금 감면 • 유선통신 요금 감면 • 이동통신 요금 감면 • 시 · 청각 장애인 TV 수신료 면제 • 항공요금 할인 • 연안여객선 여객운임 할인 • 고속도로 통행료 50% 할인 • 전기요금 할인 • 도시가스 요금 할인 • 장애인 자동차 검사수수료 할인 ※ 공공요금(전기요금, 통신요금, TV수신료) 감면 · 할인 서비스 신청시 읍 · 면 · 동에서 행복e음을 통하여 One-Stop 처리

출처: 2018년 장애인복지 사업안내.

// 생각해 봅시다 //

1. 직접적 소득보장과 간접적 소득보장의 차이에 대해 이야기해 봅시다.
2. 장애인연금과 국민연금의 장애연금, 산재보험의 장해급여에 대해 비교해 봅시다.
3. 장애인수당과 장애인연금의 차이에 대해 확인해 봅시다.

제13장

고용보장서비스

1. 고용보장서비스의 개념

장애인에 대한 취업의 기회 부여는 장애인의 빈곤을 해소할 수 있는 수단이 되며, 장애인 개인의 존엄을 높이고 장애인의 사회참여를 통해 장애인과 그 가족의 기능을 회복시켜 사회구성원으로서의 역할을 담당하게 한다. 그러므로 장애인의 고용은 노동시장을 통한 장애인에게 가장 근본적인 1차적 소득보장 방법이라 할 수 있다.

장애인의 고용보장서비스는 장애인에게 생활안정을 위해 일자리를 제공하여 소득이 있는 직업을 갖게 함으로써 비장애인과 동등하게 사회활동에 참여할 기회를 제공하는 서비스이다. 그리고 근로능력이 취약한 장애인에게는 직업훈련을 통한 사회적 재활을 도모하는 역할을 담당하는 서비스이다. 이러한 장애인의 고용보장서비스는 고용보장제도와 장애인 고용서비스 사업은 직업재활서비스로 구분할 수 있다.

2. 고용보장제도

우리나라는 현재 장애인이 취업하기가 쉽지 않다. 1990년 「장애인고용촉진 등에 관한 법률」이 제정됨에 따라 노동부 산하에 장애인고용과가 설치되고 한국장애인고용촉진공단이 설립되었다. 이 법에 근거하여 1991년부터 300인 이상 사업장에 의무고용제가 실시되었고, 장애인단체의 요구에 따라 장애인의 직업재활 중심으로 2000년 1월 「장애인고용촉진 및 직업재활법」으로 개정되어 현재 시행되고 있다. 그러나 2017년 실시한 장애인 실태조사에 의하면, 장애인의 경제활동참가율은 38.9%로 전체인구의 61.3%에 비해 현저히 낮은 것으로 나타났다. 특히 실업률은 5.1%로 전체인구 실업률 3.4%에 비해 약 2배 정도로 높게 나타나 장애인의 고용에 대한 현실적 어려움을 보여 주고 있다. 이처럼 장애인의 고용촉진을 위해서는 통합된 노동시장 환경에서 장애인의 노동권을 보장하여 접근해 볼 수 있다. 장애인 노동권 보장의 접근 방법 중 하나는 경쟁노동시장에서 장애인의 고용을 확대하는 것이고, 다른 하나는 보호된 노동시장을 형성하여 접근하는 것이다.

1) 경쟁노동시장에서의 접근

일반 경쟁노동시장에서의 장애인 고용확대 전략으로는 고용할당제, 장애인차별금지, 고용평등프로그램 등 세 가지로 구분할 수 있다. 고용할당제는 유럽 대부분의 국가에서 채택하고 있으며, 장애인차별금지는 영미권 국가에서 주로 채택하고 있고, 고용평등프로그램은 최근 유럽연합(EU)을 중심으로 시행되고 있는 전략이다.

(1) 고용할당

장애인의 고용할당은 우리나라에서 현재 의무고용제도로 시행하고 있다.

고용할당은 장애인의 의무고용으로 사업주의 사회연대책임 이념에 기초를 두고 실시되는 제도이다. 고용할당은 일반적으로 고용이 어려운 장애인의 고용 기회를 넓히기 위해 사업주(국가, 지방자치단체, 상시근로자 50명 이상의 공공기관 및 민간기업 등)에게 의무적으로 일정 비율 이상 장애인을 고용하도록 법적 의무를 부과하는 의무고용제도이다. 국가 및 지방자치단체의 경우 소속 공무원 정원의 3% 이상을 의무적으로 고용해야 하며, 공공기관 및 지방공기업도 해당된다. 또한 상시 근로자 50명 이상을 고용하는 사업주의 경우 2010년 이후 2.3%, 2012년 이후 2.5%, 2014년 이후 2.7%, 2017년 이후 2.9%, 2019년 이후 3.1%로 단계적으로 확대 적용받게 된다. 이를 이행하지 않을 경우 미고용 인원에 대하여 장애인 고용부담금을 납부하여야 한다.[1] 우리나라는 2017년 기준으로 2.9% 고용을 의무화하고 있으나 지켜지지 못하고 있는 현실이다.

〈표 13-1〉 부문별 장애인 의무고용률

(단위: %)

<table>
<tr><th colspan="2">연도
적용대상</th><th>2008</th><th>2009</th><th>2010~
2011</th><th>2012~
2013</th><th>2014~
2016</th><th>2017~
2018</th><th>2019~
2020</th></tr>
<tr><td rowspan="2">국가 및
자치단체</td><td>공무원</td><td>2.0</td><td colspan="4">3.0</td><td>3.2</td><td>3.4</td></tr>
<tr><td>근로자</td><td colspan="2">미적용</td><td>2.3</td><td>2.5</td><td>2.7</td><td>2.9</td><td>3.1</td></tr>
<tr><td rowspan="3">공공기관</td><td>공기업</td><td colspan="2" rowspan="5">2.0</td><td rowspan="2">3.0</td><td rowspan="2">3.0</td><td rowspan="3">3.0</td><td rowspan="3">3.2</td><td rowspan="3">3.4</td></tr>
<tr><td>준정부기관</td></tr>
<tr><td>기타공공기관</td><td rowspan="3">2.3</td><td rowspan="3">2.5</td></tr>
<tr><td colspan="2">민간기관</td><td>2.7</td><td>2.9</td><td>3.1</td></tr>
<tr><td colspan="2">지방공기업</td><td>3.0</td><td>3.2</td><td>3.4</td></tr>
</table>

출처: 법제처 국가법령정보센터(www.law.go.kr).
고용노동부 공식 블로그(blog.naver.com/molab_suda).

1) 2004. 1. 1. 이전에는 상시 근로자(임금지급의 기초일수가 매월 16일 이상인 자) 300명 이상을 고용하는 사업주는 장애인 의무고용률이 1991년 1%, 1992년 1.6%, 1993년 이후 2%로 점차 상향 조정되었다(제8장 장애인 관련법의 「장애인고용법」 참조).

고용할당제의 장점은 다음과 같다(유동철, 2017). 첫째, 장애인을 위한 사회의 집합적 사회연대 책임을 인정한다는 것이다. 장애인은 고용에서 상당한 불이익을 받고 있으므로 불이익을 전체 사회가 집합적으로 나누어 분담해야 한다는 사회성의 원리가 매우 강하게 나타나고 있다. 둘째, 사업주의 장애인 고용 노력을 구체적으로 파악할 수 있다는 것이다. 고용할당제하에서는 기업별로 장애인 고용률이 보고되므로 사업주를 비롯해 전체 사회가 기업들의 노력을 구체적으로 알 수 있다는 것이다. 셋째, 고용부담금을 통해 형성된 기금을 장애인 고용촉진 사업에 활용할 수 있다는 것이다. 우리나라 장애인 고용 예산의 대부분이 장애인고용촉진 및 직업재활기금임으로 긍정적 효과를 충분히 기대할 수 있다.

고용할당제의 단점은 다음과 같다. 첫째, 사업주들은 부담금을 많은 세금 중의 하나로 인식할 수 있다는 것이다. 장애인에 대한 집합적 책임이라는 원칙은 잊혀지고 부담금에 대한 저항만 생성될 수 있다는 점이다. 대기업(한국 30대 기업의 장애인 고용률 2% 내외)일수록 장애인 고용률이 하락하고 고용부담금 납부로 의무를 대체하는 경향이 크다는 점을 알 수 있다. 둘째, 사업주가 의무고용률을 지키고 나면 유능한 장애인 구직자를 취직시키지 않아도 아무런 제재 조치를 취할 수 없다는 것이다. 즉, 개인에 대한 적절한 기회 부여가 어렵다는 것이다. 셋째, 고용할당제는 장애인을 고용하지 않고 고용부담금으로 대체할 수 있기 때문에 장애인 고용의 실질적인 증대에는 한계가 있다. 특히 우리나라는 국가 및 지자체의 경우 고용부담금 적용에서 제외되므로 정부부문에 대한 강제력이 없다는 근본적인 한계가 있다(유동철, 2017).

(2) 장애인차별금지

장애인차별금지 제도는 장애인 개인의 노동권 보장이라는 개별적 접근 원칙에서 접근한 제도이다. 미국, 영국, 호주, 캐나다, 홍콩, 필리핀 등 자유주의적 성향이 강한 나라들에서 이 제도를 채택하고 있다. 독일은 의무고용과 차별금지를 동시에 채택하고 있다. 이러한 국가들이 채택하고 있는 장애인

차별금지의 핵심 내용은 장애인 고용에 관한 것으로, 자격 있는 장애인에 대한 차별을 금지하고 차별이 발견되었을 시에는 조정, 권고 등의 조치를 취한다는 점이다. 일부 국가에서는 형벌을 부고하거나 징벌적 손해배상을 통해 금전적 부담을 지우기도 한다.

차별은 거부 및 배제 등의 직접적인 차별 이외에도 장애인이 일할 수 있는 정당한 편의를 제공하지 않는 것도 차별로 볼 수 있다. 예를 들어, 작업용 책상의 높이 조절이 필요하다고 요구하는 장애인의 요청을 거절하는 경우에도 차별이 된다는 것이다.

장애인차별금지의 장점은 다음과 같다. 첫째, 구체적인 상황에서 장애인이 받는 불이익을 직접적으로 구제할 수 있다. 차별에 직면한 장애인은 권리구제기구에 직접 진정할 수 있고, 이를 통해 직접적이고 신속한 구제를 받을 있다. 둘째, 자신에게 필요한 정당한 편의제공을 요구할 수 있다. 장애인이 업무수행을 하다 보면 비장애인과는 다른 지원이 필요한 경우가 있다. 이 경우 장애인 노동자는 자신에게 필요한 적절한 요구를 할 수 있으며, 이를 통해 실질적인 노동권을 보장받을 수 있다.

장애인차별금지의 한계는 다음과 같다. 첫째, 이 제도가 장애인의 고용을 증진시키는 데는 크게 효과가 없다는 것이다. 이는 채용 시에 장애인에 비해 더 나은 능력을 지닌 비장애인을 채용하는 것이 합법적이기 때문일 것으로 추측할 수 있다. 둘째, 적절한 자격을 갖춘 장애인만 대상이 되므로 중증장애인은 배제될 가능성이 높아진다는 것이다. 차별은 자격이 있는 장애인에 대해 불리한 처우를 하는 것이므로 중증장애인은 차별금지의 효과에서 배제될 가능성이 높다. 셋째, 차별에 관해 소송이 제기될 경우 장애인의 심리적, 경제적 부담이 증가할 수 있다는 것이다. 이를 위해 다양한 지원제도가 마련되고 있다고는 하지만 부담 자체가 없어지지는 않기 때문이다. 또한 진정이나 소송이 제기되어도 장애인의 승소율이 그리 높지 않다는 것도 부담으로 작용한다. 넷째, 장애인 고용 효과를 측정하기가 어렵다는 것이다. 차별금지제도만 시행하는 경우 장애인 고용에 대한 보고 의무가 없기 때문에 장애인이 얼

마나 고용되어 있는지 확인하기가 어렵다(유동철, 2017).

(3) 고용평등

가장 근본적인 정책 접근은 바로 '고용평등' 접근일 것이다. 고용평등 접근은 고용 장벽이 장애인이 아니라 고용 조직에게 있다고 가정한다. 이 접근은 개별 장애인에 대한 방법이 아니라 고용조직 자체에 대한 포괄적 접근법이기 때문에 「장애인차별금지법」과 같은 개별적 권리 입법을 보완하는 효과가 있다.

고용평등 접근은 공공부문이나 기업이 장애인의 고용현황 분석 및 고용평등 계획 수립, 고용평등계획의 이행, 고용평등 이행실적 제출을 하면, 정부는 고용평등계획 및 이행실적 적정성 평가, 평가결과 행정적, 재정적 인센티브 활용 등 일련의 과정으로 운영되는 것이다. 고용평등 프로그램은 사업주의 자발적 계획과 평가에 의해 유연하게 활용될 수 있다는 장점과 함께, 적극적인 시책을 사회적으로 강요하기 어렵다는 단점이 있다. 그러므로 독자적으로 시행하는 것보다는 보완적 조치로 활용한다면 그 가치가 높을 것이다.

우리나라에서는 여성계에서 2006년 3월 처음 공공기관을 중심으로 도입되었고 2008년 3월부터 민간기업 500인 이상으로 대상이 확대되었다. 고용평등제도를 시행하고 있는 대표적인 국가는 영국, 프랑스 등이다. 영국은 공공기관들이 장애인 직원, 장애인 서비스 이용자, 일반 장애인과 관련하여 의무를 완수할 방법을 담은 실천 계획과 함께 장애 관련 평등 계획을 발표한다. 3년 동안의 계획을 실천 계획에 담고 법안 협의 결과에 따라 공공기관들은 매년 실천 성과를 보고한다. 장애 관련 평등 계획은 인종, 성, 장애를 포괄하는 단일 평등 계획에 포함될 수 있다. 프랑스는 장애인 고용할당제와 고용평등제를 결합해서 시행하고 있다. 민간 사업주나 공공기관의 고용주가 장애인 고용 증진을 위해 1년 이상의 '협정' 프로그램을 시행하는 것이다. 협정은 프랑스에서 사업주와 노동자 조직 사이의 전통적인 합의 수단을 일컫는데, 당국은 협정에 동의해야 하며, 고용주는 장애인 고용 부담금 납부 의무를 면제받을 수 있다(유동철, 2017; 이승기 외, 2016).

2) 보호노동시장에서의 접근

현실적으로 장애인 취업은 비장애인에 비해 쉽지가 않다. 그 이유는 장애인은 가장 나중에 고용되고 가장 먼저 해고되는 집단이기 때문이다. 이와 같은 상황에서 장애인 고용을 확대하기 위해서는 보호된 일자리를 창출하는 방법을 생각해 볼 수 있다.

장애인을 보호하는 고용 접근방법은 유보고용, 보호고용, 지원고용 등 세 가지로 구분할 수 있다. 이 접근방법은 장애인에 대한 사회적 지원을 통해 일자리를 유지하게 한다는 특징이 있다.

(1) 유보고용

유보고용(reserved employment)은 장애인에게 특정 직종을 대규모로 할당하는 것이다. 시각장애인 안마업이 대표적이다. 일본에서는 몇 가지 직종에 대해 장애인을 70% 이상 고용하도록 의무화하고 있다. 스웨덴이나 스페인의 경우 전화교환원이나 복권판매업을 장애인 종사 직종으로 선정하여 장애인 고용을 활성화하고 있다. 스페인은 취업된 시각장애인 중 대부분이 복권판매업에 종사하고 있으며, 복권판매업으로 인해 장애인의 실업률이 전체 국민의 실업률보다 더 낮게 나타나기도 한다. 우리나라도 시각장애인 안마업 및 복권판매업을 장애인 종사 직종으로 선정하여 장애인 고용을 활성화하고 있다.

(2) 보호고용

보호고용(sheltered employment)이란 중증장애로 일반 경쟁노동시장에서 취업이 어려운 장애인을 위하여 특별한 환경이나 지원을 통해 고용을 유도하여 중증장애인 근로자의 직업적 욕구를 해소하는 고용서비스이다. 보호고용의 유형으로는 가장 보편적인 보호작업장 외에 최근 시설이 아닌 가정이나 사업체에서 또는 지역사회 작업현장에서의 고용형태로 변화하고 있는 추세이다.

그리고 「장애인복지법」(제58조 제1항 제3호 및 제2항)에 근거한 장애인 직업재활시설은 일반 작업환경에서는 일하기 어려운 장애인이 특별히 준비된 작업환경에서 직업훈련을 받거나 직업생활을 할 수 있도록 운영하되, 장애인 보호작업장과 장애인 근로사업장, 장애인 직업적응훈련시설로 구분된다.

① 장애인 보호작업장

보호작업장은 직업능력이 낮은 장애인에게 직업적응능력 및 직무기능 향상훈련 등 직업재활훈련 프로그램을 제공하고, 보호가 가능한 조건에서 근로의 기회를 제공하며, 이에 상응하는 노동의 대가로 임금을 지급한다. 또한 장애인 근로사업장이나 그 밖의 경쟁적인 고용시장으로 옮겨 갈 수 있도록 돕는 역할을 하는 시설(예: 장애인 직업재활시설 보호작업장 등)이다.

② 장애인 근로사업장

근로사업장은 직업능력은 있으나 이동 및 접근성이나 사회적 제약 등으로 취업이 어려운 장애인에게 근로의 기회를 제공하고, 최저임금 이상의 임금을 지급하며, 경쟁적인 고용시장으로 옮겨 갈 수 있도록 돕는 역할을 하는 시설(예: 장애인근로센터 등)이다.

③ 장애인 직업적응훈련시설

직업적응훈련시설은 작업능력이 극히 낮은 장애인에게 작업활동, 일상생활훈련 등을 제공하여 기초작업능력을 습득시키고, 작업평가 및 사회적응훈련 등을 실시하여 장애인 보호작업장 또는 장애인 근로사업장이나 그 밖의 경쟁적인 고용시장으로 옮겨 갈 수 있도록 돕는 역할을 하는 시설(예: 직업적응훈련시설 등)이다.

(3) 지원고용

지원고용은 일반 사업체에서 고용이 어려운 장애인을 대상으로 비장애인과 통합된 작업장에서 계속적인 지원서비스를 제공하여 고용을 안정되게 유지하도록 돕는 일반적인 유급노동의 고용형태이다. 비장애인과 격리된 작업현장에 장애인의 보호고용만으로는 장애인의 고용안정이 어렵고 사회통합을 저해한다는 한계에 부딪쳤다. 이에 장애인이 비장애인과 더불어 지역사회에 생활하면서 사회구성원으로서의 역할을 다할 수 있도록 등장한 것이 지원고용이다.[2)] 「장애인고용법」 제13조에는 중증장애인 중 사업주가 운영하는 사업장에서는 직무수행이 어려운 장애인이 직무를 수행할 수 있도록 지원고용을 실시하고 필요한 지원을 하여야 함을 규정하고 있다.

지원고용에 대한 지원 내용으로는 훈련생에 대한 훈련수당, 사업주에 대한 보조금, 사업장에 배치하는 직무지도원에 대한 직무수당 등이 있다. 지원고용의 절차는 지원고용 대상자의 직업진로계획, 직업개발(적합 직종의 비교분석)과 직무배치, 고용유지, 취업 후 사후지도 등의 순으로 이루어진다. 지원고용은 또한 직무배치과정에서 장애인에게 직무지도원(job coach)을 연결하여 교통시설 이용, 식사, 화장실 이용, 상담과 같은 지원서비스를 제공하게 된다. 이러한 측면에서 지원고용은 전통적인 직업재활 패러다임과 차이가 있다. 특히 자연적 지원(natural support)은 동료나 상사 등 작업 환경 내에 존재하는 일상적인 지원(직무지도원 등)을 고용장애인과 연계시킨다는 점이다.

3. 장애인 고용서비스 사업

우리나라의 장애인 고용서비스는 장애인의 노동권 보장을 통한 접근방법

2) 보호고용이 장애인을 분리하고 배제하여 사회통합에 걸림돌이 된다는 비판이 일어나면서 미국에서 1970년대에 새로운 혁신 모델로 등장한 것이 지원고용이다. 우리나라는 1990년대 초부터 소개되기 시작하여 2000년 「장애인고용촉진 및 직업재활법」(약칭 「장애인고용법」) 개정을 계기로 본격적으로 시행되었다.

을 시행하고 있다. 첫째, 경쟁노동시장에서 장애인의 고용을 확대하기 위해 고용노동부가 「장애인고용법」에 의거, 한국장애인고용공단과 고용센터인 전문기관을 활용하여 다양한 장애인 고용서비스를 수행하고 있다. 둘째, 보호노동시장에서 장애인의 고용을 촉진하기 위해 보건복지부가 「장애인복지법」과 「장애인차별금지법」「장애인고용법」에 의거, 장애인 고용사업을 수행하고 있다. 즉, 장애인일자리 사업, 중증장애인직업재활지원사업, 보호작업장과 근로사업장 같은 직업재활시설 운영 등의 장애인 고용사업을 실시하고 있다. 보건복지부의 전문기관으로는 한국장애인개발원, 직업재활시설, 장애인복지관이 있다. 한편, 교육부에서는 「장애인 등에 대한 특수교육법」에 근거하여, 교육과정으로서 직업지도, 전공과 운영 등을 수행하고 있는데, 특수학교와 특수교육 지원센터 등의 전문기관을 중심으로 지원하고 있다. 장애학생들은 교육이수를 통해 경쟁노동시장과 보호노동시장에서 고용활동을 수행하게 된다.

1) 고용노동부 고용서비스

국가 · 자치단체, 상시근로자 50인 이상 공공기관 및 민간기업 등의 장애인고용률은 1991년 0.43%에서 2017년 2.76%로 5배 이상 증가하였다. 지난 2006년 국가 및 지방자치단체의 장애인고용의무 적용직종 확대와 민간부문의 업종별 적용제외율이 폐지됨에 따라 장애인 고용률이 다소 감소 경향을 보였다. 그러나 2010년부터 중증장애인 2배수 산정제도(더블카운트)를 실시하면서 장애인고용률이 다소 상승 추세를 보이며 장애인 고용이 점차 개선되는 듯했으나, 2017년부터 법정 의무고용률이 대폭 상승됨에 따라 장애인고용률이 감소되는 현상을 보이고 있다. 이는 법정 의무고용률을 이행할 수 있도록 장애인의 고용촉진을 위한 노력들이 필요하다는 의미이기도 하다.

고용노동부 소관의 장애인 고용서비스를 총괄하고 있는 기관으로서 한국장애인고용공단은 직장 내 장애인 인식개선 교육, 교육훈련, 근로장애인과 사업주 지원 등의 다양한 고용서비스를 실시하고 있다.

〈표 13-2〉 고용노동부 · 한국장애인고용공단 장애인 고용서비스 현황(2018년 기준)

구분		사업내용
인식개선 교육	직장 내 장애인 인식개선 교육	• 직장 내 장애인 인식개선 교육 법제화로 장애인 고용촉진 및 고용안정을 지원함. 직장 내 인식개선 교육은 반드시 한국장애인고용공단 강사양성 과정 수료자 및 고용노동부 지정 장애인 인식개선 교육기관을 통해서 교육 실시. 단, 사업주 및 직원이 직접 실시하는 경우는 제외
교육훈련	직업능력 개발원	• 양성과정(양성훈련): 만 15세 이상 구직장애인에게 직업에 필요한 기초적 직무수행능력을 습득시키기 위해 실시. 장애인고용공단 산하 직업능력개발원(일산, 부산, 대구, 대전, 전남)에서 운영. 통합훈련 · 장애 유형별 특성화훈련 형태로 훈련분야별, 개인별 장애 특성 등을 고려한 개인능력별 교육 실시(1~24개월) • 맞춤과정(맞춤훈련): 만 15세 구직장애인 대상으로 기업의 실제 훈련수요에 맞게 학생을 모집, 직업능력개발원과 사업주 또는 사업주단체가 훈련직종 · 수준 · 방법 등에 관한 사항에 대하여 약정 체결하여 훈련 실시. 약정업체가 수료생을 우선 채용하는 훈련(12개월 이내) • 향상과정: 재직장애인에게 사업체에서 요구하는 기능직종(신기술)을 사이버훈련 및 오프라인 교육을 통한 훈련(3개월). 디지털능력개발원과 연계하여 운영 • 특별과정: 만 15세 이상 구직장애인 대상으로 정부공공부문 사이버교육(콘텐츠 제공), 직업훈련준비과정(1~3개월), 중증장애인직업훈련체험, 단기직무프로그램 운영
	공단지원 직업훈련기관	• 전국 34개 공공직업훈련기관, 공단 지원 28개 민간직업훈련기관의 장애인 훈련지원(훈련생에게 훈련준비금, 가계보조수당, 가족수당, 교통비, 식비, 훈련참여수당 지원) • 장애인의 개별적 직업능력개발훈련 지원(지원과정: 고용노동부 인정 훈련과정, 국가자격 · 면허취득과정, 공무원과정 등/훈련수강료 또는 학원비 최대 100만 원 이내 지원)

<table>
<tr><td></td><td>교육연수</td><td>
• 장애인고용실무자의 전문성 향상을 위하여 체계적인 연수프로그램 제공
• 2018년 교육연수과정
<table>
<tr><th colspan="4">교육연수과정</th></tr>
<tr><th colspan="2">구분</th><th>과정</th><th>내용</th></tr>
<tr><td rowspan="4">외부</td><td>사업체 임직원</td><td>장애인직업 생활상담원</td><td>직장내 장애인 상담업무를 수행할 장애인직업생활상담원 양성과정</td></tr>
<tr><td rowspan="3">장애인 고용 종사자</td><td>장애인고용 전문인력</td><td>장애인직업생활전문요원 양성을 위한 직무지도원, 근로지원인 양성과정</td></tr>
<tr><td>취업코칭 운영자 양성</td><td>장애인취업코칭프로그램을 운영하는 강사의 전문역량 향상과정</td></tr>
<tr><td>직업능력평가 도구활용</td><td>직업능력평가 서비스의 질적 향상 도모를 위하여 공단 개발 직업능력평가도구 활용교육</td></tr>
<tr><td colspan="3">내부직원</td><td>장애 유형별 이해과정 등 153개 과정</td></tr>
<tr><td colspan="2" rowspan="2">사이버과정</td><td>장애인인식 개선 (6개 과정)</td><td>고용평등인식개선교육 '공감', 함께 일하는 세상을 위한 하모니, 장애 및 에티켓, 장애인차별금지와 정당한 편의제공, 장애 함께 생각해 보기, 장애인과 함께하기 등 6개 과정</td></tr>
<tr><td>장애인고용 종사자과정 (36개 과정)</td><td>징애인직업생활상담원 자격과정, 장애인고용 이론, 실무과정 등 총 36개 과정</td></tr>
</table>
</td></tr>
<tr><td></td><td>KEAD 디지털 능력개발원</td><td>• 시 · 공간적 제약 없이 직업능력개발 훈련에 참여할 수 있는 사이버 직업훈련으로 공무원시험 준비과정, 공기업취업 준비과정, 교원임용 준비과정, 기능계열 · 인문사회계열 · 직무관리 과정 실시</td></tr>
<tr><td></td><td>서울맞춤 훈련센터</td><td>• 맞춤훈련 운영: 기업의 실제 수요를 반영하여 교과과정 설계부터 훈련생 선발, 맞춤훈련, 취업에 이르기까지 전 과정을 기업과 연계하여 진행하는 훈련과정임
• 다양한 취업역량강화 프로그램 운영: 교양사회성 · 신체능력향상 · 심리재활 프로그램 실시</td></tr>
<tr><td></td><td>서울발달장애인 훈련센터</td><td>• 양성훈련(특성화훈련): 고용환경과 유사한 실무중심의 교과편성, 발달장애인 특성을 고려한 직업능력개발훈련 실시
• 특별과정: 직업훈련준비프로그램(양성훈련 선발평가에서 탈락한 장애인들에게 일정 기간 훈련을 통하여 양성훈련 재진입 기회 제공), 가능성탐색프로그램(양성훈련 입학선발평가 대상자 및 탈락한 장애인들에게 직업적 가능성 탐색과 직업훈련에 필요한 기초수행능력 향상 기회 제공) 실시
• 직업체험실습실 운영: 기업이 참여한 직업체험실습실을 통하여 미래지향적 직업(예술, 쉬운 글 번역, 방송 등)을 체험할 수 있는 현장성 직업훈련 실시</td></tr>
</table>

	청각장애인 훈련센터	• 훈련과정: 중증 청각장애인의 특성을 고려한 직업능력개발훈련 및 취업 지원서비스 실시
	훈련센터 특전	• 훈련비용 전액 국비지원(중식 제공) • 훈련준비금(4만 원), 훈련참여수당(5만 원) 또는 가계보조수당(최대 16만 원, 해당자 한함) 지급 • 훈련교재 지급 • 취업알선 및 취업후 적응지도 실시
사업주 지원	장애인고용 사업주 지원	• 고용장려금, 장애인고용시설자금융자, 시설장비 무상지원, 고용관리비용 지원, 재택근무지원, 고령자고용환경개선자금융자, 장애인취업알선지원금
	표준사업장 지원	• 장애인표준사업장설립지원, 장애인표준사업장생산품
	포괄적 서비스	• 통합지원서비스, 더 편한일터 만들기, 장애물 없는 생활환경(Barrier Free) 인증제도
근로장애인 지원	장애인근로자 지원 비용	• 온라인구직, 직업능력평가, 온라인직업심리검사, 장애학생 취업지원(워크투게더센터) 사업, 중증장애인지원고용, 중증장애인 인턴제, 온라인 취업준비, 장애인 취업성공패키지, 보조공학기기지원, 근로지원인서비스 지원, 장애인직업영역개발

출처: 한국장애인고용공단(www.kead.or.kr).

이러한 다양한 사업 중 사업주 지원제도와 장애인 지원제도의 주요한 내용을 살펴보면 다음과 같다.

(1) 사업주 지원

① 고용장려금

고용장려금은 장애인의 고용(취업) 촉진을 높이기 위해 장애인을 고용하는 사업주에게 일정액의 지원금을 지원하는 제도이다. 즉, 의무고용률(2017년 기준 2.9%)을 초과하여 장애인을 고용하는 사업주에게 장애인 1인당 고용노동부장관이 고시하는 금액의 장애인 고용장려금을 지급한다. 고용장려금은 장애 정도, 고용기간(고용률)에 따라 30~80만 원의 지급단가와 월 임금액의 60%를 비교하여 낮은 단가를 적용한다.

〈표 13-3〉 고용장려금 지급단가

구분	경증 장애인		중증 장애인		비고
	남성	여성	남성	여성	
2019년 발생분까지	30만 원	40만 원	50만 원	60만 원	지급단가와 월 임금액의 60%를 비교하여 낮은 단가 적용
2020년 발생분부터	30만 원	45만 원	60만 원	80만 원	

※ 중증남성 지급단가는 '17년 발생분 40만 원 적용
※ '17년 발생분까지 경증장애인 연차별 감액(근속 3년 30%, 5년 이상 50% 감액)
※ '18년 발생분부터 경증장애인 감액 폐지 및 6급 장애인 만 4년 한시지원 폐지(계속 지급)

출처: 한국장애인고용공단(www.kead.or.kr).

② 장애인 고용 시설자금융자 및 시설장비 무상지원

장애인 고용 시설자금융자 지원은 장애인을 고용하여 사업을 운영하고 있거나 운영하려는 사업주를 대상으로 장애인 고용과 관련된 작업시설, 부대시설, 편의시설 등의 설치 · 구입 · 수리비용을 장기 저리로 융자하거나 장애인 고용을 촉진하는 제도이다.

시설장비 무상지원은 사업주에게 장애인 고용에 필요한 편의시설, 통근용 승합자동차 구입비용을 지원하여 장애인 근로자의 생산성 향상 및 고용안정을 도모하는 제도이다. 이는 장애인 근로자가 작업보조기기, 장비 등을 통해 작업환경에서 근로능력을 보완하거나 접근성을 높이기 위해 편의시설 등의 기초 환경을 개선할 수 있다.

〈표 13-4〉 장애인 고용 시설 장비 융자지원 및 무상지원

<table>
<tr><th>구분</th><th>지원내용</th><th>지원범위</th><th>지원한도</th><th>융자기간,
대출금리</th></tr>
<tr><td rowspan="3">시설자금</td><td>• 작업시설
–작업장, 작업설비, 작업정비</td><td rowspan="3">시설투자비
전액</td><td rowspan="3">사업주당 15억 원
이내
(장애인 1명당
1억 원, 고용의무
인원의 25%
중증장애인 고용)</td><td rowspan="3">3년 거치
5년 균등
분할상환,
연 1%</td></tr>
<tr><td>• 부대시설
–장애인 고용에 따른 기숙사, 식당, 휴게실, 의무실 및 물리치료실 등</td></tr>
<tr><td>• 편의시설
–「장애인등편의법 시행령」
제4조에 의한 시설</td></tr>
<tr><td rowspan="2">시설장비</td><td>• 편의시설의 설치 · 구입 · 수리비용</td><td>소요비용이 1천만 원
–이하: 전액 지원
–초과: 1천만 원+
1천만 원 초과금액
의 2/3(만 원 이하
절사) 지원</td><td rowspan="2">사업주당
3억 원 이내
(장애인 1명당
1천만 원
(중증 1천 5백만
원), 2년간 고용)</td><td rowspan="2">무상지원은
사후관리기
간(2년) 동안
지원금을 담
보하는 이행
보증보험증
권 의무 제출</td></tr>
<tr><td>• 통근용 승합차 구입비용</td><td>4천만 원 내</td></tr>
</table>

※ 시설장비 중 장애인용 작업장비 · 공구는 보조공학기기지원 사업으로 통합, 운영됨.
출처: 한국장애인고용공단(www.kead.or.kr).

③ 고용관리 비용지원

고용관리 비용지원은 중증장애인 근로자의 적정한 고용관리를 위해 자격을 갖춘 작업지도원을 사업장에 위촉 · 배치하는 데 소요되는 비용을 사업주에게 지원하는 제도이다. 다만, 국가 또는 지방자치단체가 설치한 장애인 관련시설이나 사회복지법인, 기타 비영리법인이 설치한 장애인복지시설(법인 포함)은 지원 대상에서 제외된다.

〈표 13-5〉 장애인 고용관리 비용 지급기준

구분	지급요건	지급액
작업지도 비용	사업주가 중증장애인 근로자를 사업장당 상시 1명 이상 5명까지 수급자격 인정신청일 이전 90일 이내 새로이 고용하고, 당해 사업장에 배치된 작업지도원으로 하여금 장애인 1명당 월 12시간 이상 작업지도를 실시한 경우에 해당 사업주에게 지급. 단, 작업지도원 1명당 관리대상 장애인은 5명을 초과할 수 없음	대상장애인 1명당 월 14만 원 (단, 최저임금 미만은 1/2)

출처: 한국장애인고용공단(www.kead.or.kr).

고용관리비용 수급자격을 인정받은 사업주는 인정받은 날이 속하는 달의 다음달부터 6개월 단위로 최대 3년까지 매월 최소 14만 원에서 최고 70만 원까지 지원받을 수 있다.

〈표 13-6〉 작업지도원의 자격기준

구분	자격기준
작업 지도원	•「장애인고용법」 제75조의 규정에 따른 장애인직업생활상담원 등 전문요원 양성과정을 이수한자 및 「사회복지사업법」 제11조에 따른 사회복지사 자격증서 소지자 • 재활, 교육, 심리, 의료, 기술, 사회사업분야 및 중증장애인근로자의 작업과 관련된 분야의 전문학사 학위 이상 소지자 • 고등학교 졸업이상의 학력이 있는 자로서 「장애인복지법」에 의한 장애인 복지시설 기타 장애인과 관련된 기관 · 단체에서 장애인 관련 업무에 2년 이상 종사한 자 • 작업지도대상 장애인근로자가 수행할 업무에 1년 이상 종사한 자

출처: 한국장애인고용공단(www.kead.or.kr).

④ 장애인 취업알선 지원금

장애인 취업알선 지원금은 무료직업소개사업을 수행하는 사업주가 장애인을 사업장에 취업 알선하여 일정 기간 이상 상시근로하게 한 경우 사업주에

〈표 13-7〉 장애인 취업알선 지원금의 지급기준

구분	지급조건	지급액
중증장애인	1. 취업알선한 장애인이 고용된 사업장에서 1월 이상 상시근로하고 최저임금(단, 최저임금적용제외인가를 받은 경우를 포함. 이하 '최저임금'이라 함) 이상을 지급받은 경우	10만 원
	2. 제1호에 해당하는 장애인이 고용된 사업장에서 3월 이상 상시근로하고 최저임금 이상을 지급받은 경우	20만 원 (추가 지원)
중증장애인 외의 장애인	1. 취업알선한 장애인이 고용된 사업장에서 1월 이상 상시근로하고 최저임금 이상을 지급받은 경우	10만 원
	2. 제1호에 해당하는 장애인이 고용된 사업장에서 3월 이상 상시근로하고 최저임금 이상을 지급받은 경우	10만 원 (추가 지원)

출처: 한국장애인고용공단(www.kead.or.kr).

게 지원하는 사업이다. 지원대상은 「직업안정법」 제18조에 의한 무료직업소개사업 신고를 필한 기관의 사업주이다. 장애인 취업알선 지원금을 지급받은 자가 1년 이내에 동일 장애인을 재차 취업알선한 후 장애인 취업알선 지원금을 지급신청하는 경우나 현장평가 등 기금지원 사업을 통해 취업된 경우 사업비를 지원받은 장애인 직업재활실시기관인 경우(중복지원 제한) 제한된다.

⑤ 통합지원서비스

통합지원서비스는 장애인의 신규고용촉진 및 고용유지를 유도하고자 사업체의 장애인고용환경을 체계적이고 종합적으로 분석하여 그 결과에 따라 장애인고용을 할 수 있도록 사업체별 지원계획을 수립하여 지속적으로 관리·지원하는 서비스이다. 2009년부터 시행하고 있는 제도이며, 신청대상은 고용의무사업체로 지원내용은 진단을 통해 사업장의 장애인 고용환경에 대한 체계적·종합적인 분석, 사업장에 꼭 필요한 장애인 채용에 대한 지원, 장애인고용과 연계된 다양한 정부지원 혜택 지원, 장애인고용을 통해 생산성을 더욱 개선할 수 있는 방안을 제시하고 있다.

⑥ 장애인표준사업장설립지원

장애인표준사업장 설립지원제도는 경쟁노동시장에서 직업활동이 곤란한 중증장애인의 안정된 일자리 창출과 사회통합 기반을 조성하고 장애인 중심의 작업환경 기준을 제시하여 중증장애인 친화적(물리적, 정서적) 환경을 조성하기 위해 지원하는 제도이다. 장애인표준사업장은 장애인 10명 이상, 상시근로자 중 장애인을 30% 이상(상시근로자 수에 따라 중증장애인 고용의무 차등 적용)을 고용하여야 하며, 편의시설을 갖추고, 장애인근로자에게 최저임금 이상의 급여를 지급하는 사업장을 의미한다. 신청자격은 장애인표준사업장을 설립·운영하거나 설립하려는 사업주와 장애인을 최소 10명 이상 신규(추가)로 고용하고자 하는 사업주가 해당한다. 지원내용은 지원금 용도가 작업시설, 부대시설, 편의시설의 설치·구입·수리·개선 소요 비용(임차보증금 및 토지구입비는 제외)과 장애인 출퇴근 편의를 위한 승합자동차 구입비용(단, 장애인근로자수가 최소 20명 이상인 사업주)인 경우이다. 지원한도 및 조건은 지원금 용도에 해당하는 실제투자금액과 공단이 산정한 금액 중 적은 금액의 4분의 3에 해당하는 금액을 지원한다. 신규 장애인 고용인원에 따라 최고 10억원까지 지원 가능하다. 단, 장애인 고용의무 이행기간에 대한 이행보증보험증권 또는 부동산근저당을 공단에 제공해야 한다.

(2) 장애인 지원

① 보조공학기기 지원

장애인의 보조공학기기 지원 사업은 장애인의 고용촉진과 직업생활 안정을 도모하기 위해 직업생활에 필요한 각종 보조공학기기를 고용유지조건이나 무상으로 지원하는 서비스이다. 지원대상은 장애인을 고용한 사업주 또는 고용하려는 사업주, 국가 및 지방자치단체의 장(공무원이 아닌 장애인근로자 대상), 지원신청 당시 근로자를 고용하고 있지 않거나 4명 이하의 근로자를 고용하고 있는 장애인 사업주이다. 또한 장애인 근로자(출퇴근을 위한 자동차 개

〈표 13-8〉 장애인 보조공학기기 지원기준과 품목

<table>
<tr><th>구분</th><th colspan="3">지급한도</th><th>지원방식</th></tr>
<tr><td rowspan="3">보조공학기기</td><td>고용유지
조건지원</td><td colspan="2">장애인 1인당 1,000만 원
(중증 1,500만 원) 한도 지원</td><td>취득가액 및 잔존가액
100만 원 이상인 기기
(500만 원 이상 3년, 100만 원 이상 500만 원 미만 2년 사용 후 사업장에 귀속)</td></tr>
<tr><td>무상지원</td><td colspan="2">장애인 1인당 300만 원
(중증 500만 원) 한도 시원</td><td>지원 기준가액 100만 원 미만인 기기(1년 사용 후 사업장에 귀속)</td></tr>
<tr><td>한시지원</td><td colspan="3">지원고용, 직업훈련 등의 훈련 장애인의 직업적응력을 높이기 위하여 훈련기간 동안 지원</td></tr>
<tr><td rowspan="2">자동차 개조 및
차량용
보조공학기기</td><td rowspan="2">고용유지
조건지원</td><td>장애인근로자
신청</td><td colspan="2">장애인 1인당 1,500만 원 한도 지원
(장애인근로자는 고용유지조건 담보를 위한 이행보증보험증권 제출)</td></tr>
<tr><td>사업주 신청</td><td colspan="2">장애인 1인당 1,000만 원(중증 1,500만 원) 한도 지원</td></tr>
<tr><td>구분</td><td colspan="4">지원품목</td></tr>
<tr><td>정보접근 제품</td><td colspan="4">점자정보 단말기, 점자프린터, 확대독서기, 특수 키보드 및 마우스 등</td></tr>
<tr><td>작업기구 제품</td><td colspan="4">높낮이조절 테이블, 특수작업의자, 작업물 운송운반 장치 등</td></tr>
<tr><td>의사소통 제품</td><td colspan="4">신호장치, 화상전화기, 소리증폭장치, 음성메모기 등</td></tr>
<tr><td>사무보조 제품</td><td colspan="4">지지대, 필기보조도구, 원고홀더, 수화기홀더 등</td></tr>
<tr><td>맞춤보조공학
기기</td><td colspan="4">장애인의 장애 특성 및 업무 환경에서 적합한 보조공학기기를 개조 및 제작하여 지원</td></tr>
<tr><td>자동차 개조 및
차량용 보조
공학기기</td><td colspan="4">장애인 근로자의 출·퇴근을 위한 자가 차량개조 및 운전보조장치</td></tr>
</table>

출처: 한국장애인고용공단(www.kead.or.kr).

조 및 차량용 보조공학기기 포함)도 지원대상이다. 지원신청은 사업장 또는 훈련기관 소재지의 한국장애인고용공단에 방문, 우편, 인터넷으로 신청한다.

② 근로지원인 지원

근로지원인 지원 사업은 직장생활에서 중증장애인이 수행하는 직무 중 핵심업무를 제외한 부수적인 업무(서류대독, 컴퓨터활용, 전화받기 등)를 근로지원인의 도움을 받아 처리할 수 있도록 지원하는 서비스이다. 지원대상은 장애 정도가 상대적으로 더 심한 중증장애인 근로자와 여성 중증장애인 근로자, 중소기업에 고용된 중증장애인 근로자가 해당된다. 제공기간은 1년간이며, 계속 희망할 경우 다시 신청한다. 지원시간은 주 40시간, 1일 최대 8시간 이내로 근로지원인 서비스를 이용하는 중증장애인 근로자는 시간당 300원의 본인부담금을 사업수행기관(비영리법인 · 단체)에 납부해야 한다. 서비스 신청은 장애인 근로자가 소재지인 한국장애인고용공단에 신청한다.

③ 중증장애인 지원고용(훈련수당)

중증장애인 지원고용은 중증장애인 채용을 희망하는 사업체에 중증장애인을 우선 배치하여 담당할 업무에 대하여 훈련하는 방식으로 중증장애인의 취업을 지원하는 서비스이다. 지원대상은 훈련생으로서 구직등록한 15세 이상의 중증장애인, 본인 또는 보호자의 취업의사가 있고 지원고용 과정을 통해 취업하는 데 동의하는 사람, 사업주로서 4대보험(국민건강보험, 국민연금, 고용보험, 산재보험) 가입업체가 대상이다.

지원고용대상은 중증장애인 중 직업상담 및 직업능력평가 결과 독립적인 직무수행을 위해 심리적, 기능적 적응향상이 필요한 것으로 판단된 자와 사업체로서 작업장 환경이 현장훈련을 실시할 수 있는 여건, 「근로기준법」「산업안전보건법」 등 노동관계 법령에서 규정하는 산업안전보건 등의 작업조건이 정비되어 있는 사업체로 4대보험에 가입한 중견대기업을 중심으로 하여 사전 직무분석을 통해 사업체로 선정된 곳이다. 훈련기간은 사전훈련인 경우 6일 이내, 현장훈련의 경우 3주~최대 7주이다. 훈련과정은 대상자 선정 및 평가 → 훈련실시사업체 개발 및 직무분석 → 직무배치 → 사전훈련 → 현장훈련 → 취업 후 적응지도를 한다. 신청방법은 한국장애인고용공단을 방

〈표 13-9〉 중증장애인 지원고용

구분	지급내용
훈련생	• 훈련준비금: 4만 원(6일 이상 출석 시 1회 지급) • 훈련일비: 1일 1만 7천 원(현장훈련 출석일수 + 사전훈련 출석일수) × 17,000원) • 숙박비: 1박 1만 원 • 훈련기간: 3~7주 • 훈련시간: 1일 4~8시간 • 훈련장소: 구인사업체 현장 • 주요 훈련내용: 작업내용, 기술습득, 직장내 대인관계, 직장예정 등 훈련, 직무지도원을 배치(직무지도원 1인당 훈련생 5명 이내)
사업주	• 사업주 훈련보조금: 1명당 1일 19,340원
	• 직무지도원 수당: 1일 외부 5만 원, 사업체근로자: 1일 25,000원
수당 지급기준	• 지각과 조퇴를 합산하여 3회당 결석 1일로 처리함 • 결석 시 당일의 수당은 지급하지 않음 • 수당은 훈련생 계좌로 직접 입금함

출처: 한국장애인고용공단(www.kead.or.kr),
복지로(www.bokjiro.go.kr).

문하거나 우편으로 신청한다.

④ 온라인 구인구직

장애인 고용포털 'Work Together'는 장애인, 사업주, 공단 직원과 장애인 고용문제에 관심을 가지고 있는 장애인 가족과 비장애인들까지 장애인고용과 관련된 모든 요구(need)를 원스톱으로 처리할 수 있는 장애인 고용 서비스이다. 개인서비스와 기업서비스로 구분된다. 개인서비스는 구직을 희망하는 장애인이 이용할 수 있으며, 구직 등록과정에서 온라인회원, 상담회원을 선택하여 등록할 수 있다. 온라인회원은 공단의 지원 없이 자율적인 의사결정과 다양한 서비스(맞춤정보검색, 온라인입사지원 등)를 활용하여 온라인 구직활동을 하게 되며, 상담회원은 공단이나 수행기관 등에 상담을 신청하여 오프라인상의 보다 섬세하고 강화된 취업지원 서비스(직업평가, 취업알선, 지원고용, 적응훈련 등)를 받게 된다. 기업서비스는 장애인을 채용하고자 하는 기업에서 이용할 수 있고, 개인서비스와 마찬가지로 구인등록의 온라인회원과 상담회원 중 선택하여 서비스를 제공받을 수 있다.

2) 보건복지부 고용서비스

보건복지부에서 현재 수행하고 있는 장애인의 고용서비스는 장애인 생산품 판매시설운영 지원, 중증장애인 직업재활지원사업 수행기관운영 지원, 장애인 직업재활시설운영, 장애인 자립자금대여, 장애인 일자리 지원 등이 있다.

〈표 13-10〉 보건복지부 장애인 고용서비스 현황(2018년 기준)

주요 사업명	지원대상	지원내용	비고
장애인 생산품 판매시설 운영 지원	• 장애인직업재활시설 등에서 물품을 생산하는 장애인	• 장애인들이 생산한 물품의 판로 확보로 장애인 취업 확대 및 소득 보장 • 설치지역: 시 · 도당 1개소(17개 지역)	인근 장애인 생산품 판매 시설에 의뢰 문의: 한국장애인 직업재활시설협회 ☎ 02-921-5053
중증장애인 직업재활 지원사업 수행기관 운영 지원	• 등록장애인	• 장애인이 취업을 통하여 안정된 생활을 할 수 있도록 직업상담, 직업평가, 직업 적응훈련, 취업알선, 지원고용, 취업 후 지도 등 취업과 관련된 종합적인 서비스 제공	사업 수행기관(장애인복지관, 단체, 직업재활시설 등) 내방, 전화 등으로 이용 신청
장애인 직업재활 시설 운영	• 등록장애인	• 일반사업장 취업이 어려운 저소득 중증 장애인에게 자신의 능력과 적성에 맞는 직업생활을 할 수 있도록 보호 고용 실시	시 · 군 · 구에 상담

장애인 자립 자금 대여	• 성년(만19세 이상) 등록 장애인 – 소득기준: 가구의 소득인정액이 기준 중위소득 50% 초과 100% 이하 – 금융기관의 여신규정상 결격사유가 없는 자 ※「국민기초생활보장법」상의 수급자 및 차상위 계층은 미소금융재단의 자금대여상품을 이용(자영업자 관련 대출자금, 장애인 자립자금 대출자금) • 대여목적: 생업자금, 생업용 자동차 구입비, 출퇴근용 자동차 구입비, 취업에 필요한 지도 및 기술훈련비 등 ※ 생활가계자금, 주택전세자금, 학자금 등의 용도로 융자 불가	• 대여한도 – 무보증대출: 가구당 1,200만 원 이내. 단, 자동차 구입자금의 경우 특수설비 부착시 1,500만 원 이내) * 요건: 재산세 2만 원 이상 또는 연간소득 600만 원 이상 – 보증대출: 가구당 2,000만 원 이내 * 요건: 재산세 2만 원 이상 또는 연간소득 800만 원 이상 –담보대출: 5,000만 원 이하 • 대여이자: 최고 3% • 상환방법: 5년 거치, 5년 분할 상환	읍 · 면 · 동에 신청

이러한 다양한 사업 중 장애인 일자리 지원 사업을 살펴보면 다음과 같다.

장애인 일자리 지원 사업은 「장애인복지법」 제21조(직업), 동법 시행령 제13조의2(장애인일자리사업 실시)에 근거하여 취업 취약계층 장애인에게 공공형 일자리를 제공하여 사회참여 확대와 소득보장을 도모하는 서비스이다. 지원대상은 만 18세 이상 등록 장애인 및 미취업 시각장애인 안마사이다. 다만, 복지일자리 특수교육–복지연계형의 경우 당해 기준 특수교육기관 고등학교 3학년 또는 전공과 재학생을 포함한다. 서비스의 종류로는 복지일자리(참여형, 특수교육–복지연계형), 일반형일자리(전일제, 시간제), 특화형일자리(시각장애인 안마사 파견사업, 발달장애인 요양보호사 보조일자리)로 구분되며, 사업기간은 12개월이다. 복지일자리의 경우, 참여형은 취업이 어려운 장애인에게 장애 유형별 다양한 일자리를 개발 · 보급하여 직업생활 및 사회참여 확대를 위한 직업경험을 지원하는 일자리이다. 그리고 특수교육–복지연계형은 복지일자리 사업과 특수교육, 중증장애인직업재활의 연계를 통하여 취업 사각지대에 있는 장애학생에게 맞춤형 직업경험을 지원하는 일자리이다. 일반형일자리는 미취업 장애인이 일반노동시장으로 진이를 위한 실무능력 습득을 지원하고 일정 기간 소득을 보장하는 일자리로, 전일제와 시간제로 구분된다. 특화형일자리의 경우, 시각장애인 안마사 파견사업은 안마사 자격을 지닌 미취업 시각장애인이 노인복지관, 경로당 등을 이용하는 어르신들

〈표 13-11〉 장애인 일자리 지원사업 내용

구분	내용	근로시간	급여
장애인 복지일자리 (참여형, 특수교육-복지 연계형)	공공기관, 복지관 등에 배치되어 공공형(주차단속, 환경도우미, 보육도우미, 도서관 사서 보조, 우편물 분류 등) 업무를 수행하는 일자리 • 참여형: 만 18세 이상 등록 장애인 • 특수교육-복지연계형: 당해 기준 특수교육기관 고등학교 3학년 또는 전공과 재학생	월 56시간 (주 14시간 이내)	월 보수 422천 원/ 월 운영비 18천 원
일반형 (전일제) 일자리	자치단체, 행정기관 등 공공기관에 배치되어 행정보조, 복지서비스 업무를 수행하는 일자리 • 지원대상: 만 18세 이상 등록 장애인	주 5일 40시간	월 보수 1,574천 원/ 월 사업주 보험료 157천 원
일반형 (시간제) 일자리	자치단체, 행정기관 등 공공기관에 배치되어 행정보조, 복지서비스 업무를 수행하는 일자리 • 지원대상: 만 18세 이상 등록 장애인	주 20시간	월 보수 787천 원/ 월 사업주 보험료 79천 원
특화형: 시각장애인 안마사파견사업	일정시설 여건을 갖춘 노인복지관, 경로당 등에 배치되어 안마서비스를 제공하는 일자리 • 지원대상: 만 18세 이상 등록 시각장애인 중 안마사 자격 인증을 받은 자	주 5일 25시간	월 보수 1,094천 원/ 월 운영비 116천 원
특화형: 발달장애인 요양보호사 보조일자리	요양보호사가 배치된 노인 복지시설 및 노인전문병원 등에 배치되어 노인요양 보호사가 수행하는 업무를 보조(식사지원, 실내외 보행 및 이동지원 등)하는 일자리 • 지원대상: 만 18세 이상 등록 발달장애인(지적 및 자폐성)	주 5일 25시간	월 보수 982천 원/ 월 운영비 128천 원

에게 양질의 안마서비스를 제공하는 일자리이다. 그리고 발달장애인 요양보호사 보조일자리는 발달장애인을 요양보호사의 전반적인 업무를 지원하는 일자리에 배치하여 직무 능력 습득 및 일자리 경험을 제공하는 일자리이다. 신청방법은 시 · 군 · 구 민간위탁기관으로 직접 방문하여 신청한다.

4. 직업재활서비스

1) 직업재활서비스의 개념

직업재활은 장애인이 직업을 갖고 안정된 고용을 확보하고 유지해 갈 수 있도록 하기 위한 원조, 즉 직업훈련 및 취업알선 등을 원조하는 재활과정이다. 국제노동기구(ILO)는 '직업재활을 직무지도와 훈련 그리고 취업 등과 같은 직업재활서비스를 포함하는 연속적이고 협력적인 재활과정의 일부로서, 장애인이 적절한 고용을 확보하고 유지할 수 있도록 서비스하는 과정'이라고 정의하고 있다.

직업재활서비스는 장애인으로 하여금 사회통합을 위한 최대 과제인 자립생활을 영위하게 하는 재활사업 중에서도 가장 핵심이 되는 서비스이다. 또한 직업재활서비스는 직업능력을 회복시키는 활동으로서 적절한 직업훈련, 직무지도, 취업알선, 사후지도를 하는 일련의 과정이다.

2) 직업재활서비스의 대상

직업재활서비스의 대상은 장애의 원인이나 특정 연령에 관계없이 모든 장애인에게 적용될 수 있다. 그러나 직업재활서비스는 심신의 결함이 있는 모든 장애인에게 필요한 것은 아니다. 장애 정도가 경미하여 특별한 계획을 세우지 않아도 비장애인과 같은 직업에 종사할 수 있는 사람은 직업재활의 대상이 아니라고 볼 수 있다. 따라서 심신의 결함이 직업을 갖는 데 장애가 될 수 있을지도 모르지만 장애인 개인의 특성과 장애 정도에 따라 직업을 가질 가능성이 있는 장애인을 직업재활의 대상자로 볼 수 있다.

3) 직업재활서비스의 내용

직업재활서비스는 장애인의 잔존하는 기능을 극대화하여 신체적 · 정신적 · 사회적 · 경제적인 자립을 할 수 있도록 원조하는 것으로 이러한 과정은 여러 분야 전문가들의 지도와 개입에 의하여 이루어진다. 직업재활서비스는 장애인의 직업적응을 돕기 위해 계획된 체계적인 서비스로 목표 지향적이고 개별화된 일련의 연속적 과정이다. 이러한 직업재활서비스는 여러 단계의 과정으로 구성되는데, 장애 정도나 유형에 따라 개별적으로 각 단계를 명확하게 구분하기가 어렵다. 일반적으로 직업재활서비스는 직업평가, 직업훈련, 취업알선, 사후지도로 구분하여 볼 수 있다.

(1) 직업평가

직업평가는 장애인이 어떤 직종에 어느 정도의 직업적인 능력이나 가능성이 있는지를 예측하는 것이다. 이는 직업재활 대상자의 직업능력을 평가하는 과정으로 장애인의 신체적 · 정신적 · 직업적 잠재력 및 직업 행동에 대한 평가를 통해 현실적인 목표를 설정해 주고 그에 따른 최적의 전문적인 서비스를 제공하도록 뒷받침해 준다. 이러한 관점에서 직업평가는 전체적인 직업재활서비스 전달과정에서 재활목표의 설정, 상담자료 제공 및 치료적 측면에서 중요한 의미를 갖는다.

직업평가의 목적은 재활의 목표를 달성하기 위한 실행계획을 수립하는 일차적 과정이다. 장애인은 직업평가 과정을 통해 자신의 직업적 장 · 단점과 직업 적성 및 흥미를 파악하여 자신에 대해 정확히 이해하고 현실적인 직업목표를 가지는 데 목적이 있다.

〈표 13-12〉 직업능력평가 내용

영역	주요평가내용	평가방법
면접조사평가	성장과정, 장애, 취업희망직종 등	면담
신체능력평가	기본체격조건, 근력, 보행, 작업자세 등	관찰, 측정 등
사회 · 심리기능평가	인지/학습, 적성, 흥미, 성격, 사회발달수준 등	심리검사, 관찰, 면담 등
작업기능평가	작업생산성, 작업태도 및 행동 등	검사도구, 현장배치 등
의료평가	분야별 전문의 진단	의료기관 의뢰

출처: 한국장애인고용공단(www.kead.or.kr).

즉, 직업평가는 취업을 희망하는 장애인에게 신체, 심리, 사회, 직업적 측면을 종합적으로 평가하여 합리적으로 직업을 찾을 수 있도록 지원하는 서비스이다. 필요한 경우 한국장애인고용공단 전국 지사를 통해 직업능력평가를 받을 수 있다.

(2) 직업훈련

직업훈련은 적합한 직종을 선택하기 위한 취업준비단계이다. 직업재활은 단순한 직업적 기능의 습득뿐만 아니라 직업인으로서 갖추어야 할 직업태도와 행동, 직업에 대한 이해력, 습관, 성공적으로 일을 할 수 있는 능력의 배양과 전인적 훈련을 필요로 한다. 장애인의 직업훈련은 직업적응훈련(직업전훈련)과 직업훈련으로 구분한다.

직업적응훈련은 직업인이 되기 위한 제반 자세, 태도, 의식 등에 중점을 두고 훈련하는 과정이다. 또한 장애인이 작업환경에 쉽게 적응하는 것을 목적으로 하는 직업적응훈련은, 장애인 개인의 능력과 필요에 따라 현장에서 적응할 수 있는 방법을 익히고 그들이 장차 지역사회에서 지원고용이나 일반고용을 하게 될 때 발생할 수 있는 많은 직업적인 문제점을 사전에 예방할 수 있는 기능을 수행하는 데 초점을 둔다. 이와 같이 현장에서의 훈련이 강조되는 직업적응훈련에는 대상자에 대한 사정, 프로그램 개발, 개발된 프로그램의 실시, 실시과정 및 결과에 대한 평가 등으로 그 과정을 구분하여 시행할 수 있다.

직업훈련은 특정한 직종의 구체적인 기술과 지식을 습득하는 과정이다. 직업훈련의 의의는 다음의 세 가지로 요약할 수 있다.

첫째, 장애인들을 경제적으로 자립시킴으로써 사회의 부담을 경감시키고 납세자로서 사회에 기여할 수 있도록 하는 생산적인 활동이다.

둘째, 개인의 직업능력을 개발하여 발전시켜 준다.

셋째, 직업훈련 자체가 치료과정이 될 수 있다.

직업훈련의 방법으로는 교육기관을 활용하는 방법, 특수직업 및 훈련기관을 활용하는 방법, 사업주에게 위탁훈련하는 방법이 있다. 일반교육기관을 활용하는 방법은 비장애인을 대상으로 하는 실업고등학교, 전문대학 및 대학교, 직업훈련원을 장애인이 이용하는 것이다. 이는 대부분의 경우 건물의 시설 개선 없이는 장애인의 활용에 어려움이 있다. 특수기관훈련은 장애인만을 위한 훈련기관을 만들어 장애인들을 훈련시키는 방법이며, 사업주 위탁훈련은 사업주에게 장애인을 위탁하여 작업현장에서 훈련을 받게 하는 것이다.

(3) 취업알선

취업알선은 장애인이 직업인으로서 갖추어야 할 직업능력을 구비하였을 때 그들이 적합한 직업을 가질 수 있도록 지원하는 일련의 과정이다.

장애인의 취업알선을 위하여 고려해야 할 사항은 다음과 같다.

첫째, 취업을 위한 준비가 잘 되어 있는가에 대한 사항이다. 장애인은 일반적으로 학력 및 사회경험이 부족하거나 전문적인 지식과 기술이 결여되어 일에 대한 적응능력의 문제로 취업과정에서 약간의 문제가 발생되기도 한다. 따라서 직업적응능력을 갖추기 위한 기초능력 교육이나 전문적인 훈련이 필요하다.

둘째, 장애인에 대한 인식에 관한 사항이다. 장애 정도나 장애 유형에 따라 취업 시 가장 큰 장벽은 장애인의 능력과 가치에 대한 사회적인 인식부족과 편견이다. 따라서 장애인에게 취업을 알선함에 있어서 주변 환경의 장애인에 대한 인식을 고려한다.

셋째, 고용환경에 관한 사항이다. 장애인은 취업이 되었다고 할지라도 작업환경, 교통편의 등에 대한 부적응으로 인해 취업의 한계를 느끼는 경우가 많고 중도 포기하는 경우도 있다. 따라서 고용환경에 대한 세심한 검토를 통해 장애인이 보다 효과적으로 적응할 수 있도록 배려해야 한다.

넷째, 장애인고용제도에 관한 사항이다. 장애인의 취업에 있어서 검토해야 할 사항 중 하나는 그 사회의 고용정책이다. 「장애인고용법」에서 규정하는 다양한 장애인고용제도에 대한 숙지를 통하여 장애인들이 보다 더 많은 취업지원을 받을 수 있도록 하는 것은 취업알선단계에서 가장 중요한 과업이다.

(4) 사후지도

사후지도(follow up service)는 장애인이 일정한 과정을 마치고 취업한 뒤에 발생하는 직업과 관련된 문제해결을 위한 도움을 주는 과정이다. 즉, 사후지도과정은 문제가 발생하기 전에 발생할 수 있는 여러 가지 상황을 해결하는 과정이 중요시된다. 일반적으로 장애인이 직업훈련을 마치고 고용현장으로 나가면 여러 가지 문제에 직면하게 된다. 장애인에 대한 고용주나 동료들의 편견, 장애에 대한 불안감, 열악한 작업환경 등의 문제들이 내재되어 있어 근무하는 데 지장을 초래할 경우가 생길 수 있다. 따라서 적절한 사후지도를 통하여 장애인의 지속적인 고용이 유지될 수 있도록 하는 것은 직업재활과정의 중요한 과제이다.

생각해 봅시다

1. 직업재활서비스의 과정을 확인해 봅시다.
2. 의무고용이 보호고용 및 지원고용에 비해 어떤 차이가 있는지 알아봅시다.
3. 일반사업장에서 장애인 고용을 위한 어떤 노력이 필요한지 논의해 봅시다.
4. 소득보장 방법으로는 노동시장을 통한 1차적 소득보장과 소득재분배를 통한 2차적 소득보장이 있습니다. 즉, 고용보장서비스와 소득보장서비스에 대한 차이점에 대해 논의해 봅시다.

제14장

의료보장서비스

1. 의료보장서비스의 개념

세계장애인권리협약 제25조(건강)는 "장애인이 장애를 이유로 차별 없이 달성할 수 있는 최고 수준의 건강을 향유할 권리가 있으며, 보건 관련 재활을 포함하여 성별을 고려한 보건서비스에 대한 장애인의 접근을 보장하는 모든 적절한 조치를 취한다."라고 명시하고 있다. 건강은 천부적인 인권의 하나로 건강권이라는 기본권에 해당된다. 우리나라에서는 장애인의 건강권과 관련하여 장애인에게 의료보장서비스를 실시하고 있다. 장애인의 의료보장서비스는 장애의 예방과 함께 장애 원인과 상관없이 장애가 발생하는 경우에 신속한 의료서비스의 제공으로 장애의 최소화, 신체기능 회복의 가능성을 극대화시켜 사회복귀 가능성을 높인다. 이러한 의료보장서비스는 의료재활서비스(장애로 인한 의료적 조치 및 각종 치료, 장애 예방 및 조기발견 · 조기치료 등)와 의료보장제도(의료비 부담 경감 및 재활보조기구 지원 등)로 구분할 수 있다.

장애인의 의료보장서비스는 국민건강보험과 의료급여 등의 의료보장제도를 통해 장애인에 대한 의료재활서비스를 지원하는 서비스이다.

2. 의료보장제도

장애인의 의료보장은 최근 질병과 사회적 요인을 연관시켜 사회가 공동으로 대처해야 한다는 필요성을 강조하고 있다. 이에 따라 장애인의 의료재활에 소요되는 의료비 부담(사회보장제도로서의 국민건강보험 및 장기요양보험, 공공부조제도로서의 의료급여, 저소득 장애인의 의료비 지원시책 등)을 경감시켜 주고, 장애인보조기구 무료교부사업 등의 의료보장서비스를 실시하고 있다.

1) 장애인 의료비 지원

우리나라는 의료비 부담이 과중한 장애인들에게 국민건강보험과 의료급여제도를 통해 의료서비스를 지원하고 있다. 국민건강보험은 장애인과 비장애인을 동일하게 적용하고 있으며, 의료급여 대상자는 국민기초생활보장 수급자로 선정된 장애인에 한해서만 혜택을 받고 있다. 이에 비해, 장애인 의료비 지원은 생활이 어려운 저소득 장애인에게 의료비 본인부담금을 지원하여 생활안정 및 의료보장을 도모하고 있다. 대상은 등록 장애인 중 「의료급여법」에 의한 의료급여 2종 수급권자와 국민건강보험의 차상위 본인부담 경감대상자 장애인(만성질환자 및 18세 미만 장애인)에 한하여 지원할 수 있다.

의료급여 대상자 중 1종은 입원 시 전액무료이나 외래진료(1차 의료기관 1,000원, 2차 의료기관 1,500원, 3차 의료기관 2,000원 본인부담) 시, 약국이용 시 약제비 500원 본인부담, PET 등은 입원 시 본인부담 없으나 외래시 5% 본인부담이 있다. 그러나 본인부담의 의료비를 지원하기 위해 월 6천 원의 건강생활유지비를 지원한다.

반면, 2종 의료급여 대상자는 1차 의료급여기관 진료 시 본인부담금 1,500원(원내 직접 조제)과 1,000원(원외) 중 750원을 지원받으며, 2차 의료급여기관 진료 시 만성질환자인 경우 본인부담금 전액무료이며, 만성질환자 외의 경우에도 의료급여비용총액의 15%에 해당하는 본인부담금 전액 무료이다. 그리고 3차 의료급여기관 진료 시에도 본인부담금 전액을 지원받고 있다. 입원 시에는 1 · 2 · 3차 의료급여기관에서 의료급여비용총액의 10%에 해당하는 본인부담금 전액을 지원받으나 본인부담 식대는 지원이 없다. 다만, 매 30일간 의료급여 본인부담금이 1종은 2만 원, 2종은 20만 원을 초과한 경우에 초과 금액의 50%를 보상한다.

〈표 14-1〉 의료비 지원 내용

<table>
<tr><th>구분</th><th colspan="2">의료급여기관</th><th>구분</th><th>본인부담금</th><th>장애인의료비 지원내용</th></tr>
<tr><td rowspan="7">외래</td><td colspan="2" rowspan="2">제1차 의료급여기관
(의원, 보건의료원)</td><td>원내 직접 조제</td><td>1,500원</td><td>750원</td></tr>
<tr><td>그 이외의 경우</td><td>1,000원</td><td>750원</td></tr>
<tr><td rowspan="4">제2차 의료급여기관</td><td rowspan="3">만성질환자
(제17조)</td><td>원내 직접 조제</td><td>1,500원</td><td>전액</td></tr>
<tr><td>그 이외의 경우</td><td>1,000원</td><td>전액</td></tr>
<tr><td>특수장비촬영
(CT, MRI, PET)</td><td>특수장비총액의 15%
(차상위 14%)</td><td>전액</td></tr>
<tr><td>만성질환자 외</td><td colspan="2">의료(요양)급여비용총액의 15%(차상위 14%)</td><td>전액</td></tr>
<tr><td colspan="2">제3차 의료급여기관</td><td colspan="2">의료급여비용총액의 15%(차상위 14%)</td><td>전액</td></tr>
<tr><td rowspan="2">입원</td><td colspan="2" rowspan="2">제1 · 2 · 3차
의료급여기관</td><td colspan="2">의료급여비용총액의 10%(차상위 14%)</td><td>전액</td></tr>
<tr><td colspan="2">본인부담 식대</td><td>없음</td></tr>
<tr><td rowspan="2">약국</td><td colspan="2" rowspan="2">약국에서 의약품을
조제하는 경우</td><td>처방조제</td><td>500원</td><td>없음</td></tr>
<tr><td>직접조제</td><td>900원</td><td>없음</td></tr>
</table>

※ 2015. 7월부터 장애인보장구 구입 본인부담금이 전액 국민건강보험(의료급여)으로 지원됨에 따라 장애인 의료비 지원 사업에서 장애인보장구 구입비는 지원하지 않음.

출처: 보건복지부, 2018b.

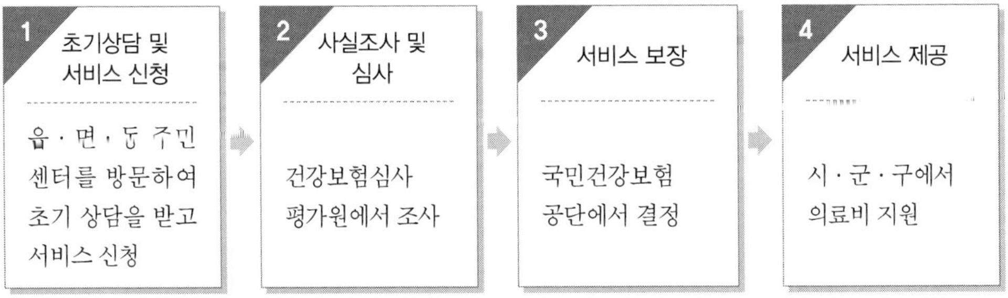

그림 14-1 장애인 의료비 서비스 이용 지원 절차

출처: 보건복지부(www.mw.go.kr).

장애인 의료비 이용 지원 절차는 의료비 지원대상자인 장애인이 읍·면·동 주민센터로 방문하여 신청한다. 의료급여기관에서는 해당 장애인이 의료비 지원대상자임을 확인하여 진료를 행하고, 국민건강보험공단은 건강보험심사평가원으로부터 통보받은 장애인 의료비 심사청구 대상자에 대하여 지원대상 여부(장애여부 및 의료급여 2종, 차상위 본인부담경감 대상자 여부 등)를 시·군·구를 통해 확인하여 지급 결정을 한다. 국민건강보험공단은 장애인 본인부담의 의료비를 각 시·군·구의 예탁금 범위 내(장애인복지예산에서 별도로 지원)에서 의료급여기관에 지급하고, 시·군·구에서 행복e음(사회보장정보원)을 통해 지급 사실을 확인한다.

2) 건강보험 지역가입자의 보험료 경감

건강보험 지역가입자의 보험료는 소득, 재산, 자동차 소유 여부, 성별·연령을 고려한 부과 표준소득 등급별 적용점수에 금액을 곱하여 부과한다. 그러나 장애인의 경우 자동차분 건강보험료, 생활수준 및 경제활동 참가율 등급별 점수산정 시 특례 적용, 산정된 보험료, 장기요양보험료의 경우 경감하며, 건강보험공단에 신청한다. 다만, 소득에 따라 보험료가 부과되는 직장가입자는 해당되지 않는다.

〈표 14-2〉 건강보험 지역가입자의 보험료 경감

주요 사업명		지원대상	지원내용	비고
건강보험 지역가입자의 보험료 경감	자동차분 건강 보험료 전액 면제	•「장애인복지법」 규정에 의해 등록한 장애인 소유 자동차	• 해당 사동차는 건강보험료 산정 시 제외	국민건강보험 공단지사에 확인
	생활수준 및 경제활동 참가율 등급별 점수 산정 시 특례적용	• 등록장애인	• 건강보험료 책정 시 지역가입자인 등록장애인에 한해 연령 · 성별에 상관없이 기본구간(1구간)을 적용	국민건강보험 공단지사에 신청
	산출 보험료 경감	• 지역가입자 중 등록장애인이 있는 세대로 소득이 360만 원 이하인 동시에 과표 재산이 1억 3천 5백만 원 이하	• 장애 등급 1~2급인 경우: 30% 감면 • 장애 등급 3~4급인 경우: 20% 감면 • 장애 등급 5~6급인 경우: 10% 감면	국민건강보험 공단지사에 신청
	장기요양 보험료 경감	• 등록장애인 1~2급	• 장기요양보험료의 30% 감면	국민건강보험 공단지사에 신청

출처: 보건복지부, 2018b.

3) 장애인 등록 진단서 발급비 및 검사비 지원

저소득 장애인의 경제적 부담을 덜어 주기 위하여「국민기초생활보장법」상의 생계급여 및 의료급여 수급자로서 신규 등록 장애인 및 재판정 시기가 도래한 장애인에게 진단서 발급 비용과 장애 심사를 받기 위한 검사비 일부를 지원한다.

진단서 발급비용 대상자는 생계 또는 의료급여 수급자로서 신규 장애인으로 등록하거나 기존 장애인이 새로운 장애를 추가하는 경우, 의무적 재판정 기간이 도래한 장애인이다. 진단비의 지원은 지적장애, 발달장애(자폐성), 정신장애의 경우 4만 원, 기타 일반장애의 경우 1만 5천 원이며, 장애판정을 위한 검사 비용은 본인부담을 원칙으로 한다. 장애 진단서 발급비용은 읍·면·동에 신청하면, 시·도 및 시·군·구에서 의료기관에 직접 지급한다.

장애검사비는 기존 등록 장애인 중 장애인연금, 장애수당, 활동 지원, 중증장애아동수당 신청으로 인한 서비스 재판정 및 의무 재판정 등으로 재진단을 받아야 하는 수급자 및 차상위 계층인 자, 행정청 직권으로 재진단을 받는 장애인에게 최대 10만 원 범위 내에서 지원한다. 생계급여 및 의료급여 수급자인 장애인은 검사비가 5만 원 이상 초과금액 중 10만 원까지 지원하고, 주거급여 및 교육급여 수급자와 차상위계층인 장애인은 검사비가 10만 원 이상 초과금액 중 10만 원까지 지원한다. 장애검사비는 읍·면·동에 신청한다.

4) 발달재활서비스

발달재활서비스는 「장애인복지법」상 등록된 만 18세 미만의 뇌병변, 지적, 자폐성, 언어, 청각, 시각 장애아동을 대상으로 하며, 소득기준은 전국가구 평균소득의 150% 이하인 자에게 지원한다. 다만, 등록이 안 된 만 6세 미만 아동은 의사진단서와 검사자료로 등록 기준이 대체 가능하다. 지원내용은

〈표 14-3〉 발달재활서비스 지원건강보험 지역가입자의 보험료 경감

소득기준 구분	지원금액	본인부담금
생계·의료급여 수급자	22만 원	면제
주거·교육급여 수급자	20만 원	2만 원
전국가구 평균소득 50% 이하	18만 원	4만 원
전국가구 평균소득 100% 이하	16만 원	6만 원
전국가구 평균소득 150% 이하	14만 원	8만 원

출처: 보건복지부. 2018b.

소득별로 매월 14~22만 원의 발달재활서비스 바우처를 차등 지원하며, 언어 · 청능, 미술 · 음악, 행동 · 놀이 · 심리, 감각 · 운동 등 발달재활서비스를 선택하여 이용하고, 읍 · 면 · 동에 신청한다.

5) 언어발달 지원

언어발달 지원은 장애부모가 양육하는 비장애 자녀의 언어발달을 도와 아동의 건강한 성장지원 및 장애가족의 역량을 강화하기 위한 바우처 사업이다. 지원대상은 만 12세 미만 비장애아동 중 한쪽 부모 및 조손가정의 한쪽 조부모가 시각 · 청각 · 언어 · 지적 · 뇌병변 · 자폐성 등록 장애인인 경우이다. 지원내용은 소득기준이 전국가구 평균소득 100% 이하인 자에게 소득별로 매월 16~22만 원의 언어재활 등 바우처를 차등 지원한다. 또한 언어발달 진단서비스, 언어 · 청능 등 언어재활서비스, 독서지도, 수화지도 등을 지원한다.

〈표 14-4〉 언어발달 지원건강보험 지역가입자의 보험료 경감

소득기준 구분	지원금액	본인부담금
기초생활수급자	22만 원	면제
차상위계층	20만 원	2만 원
전국가구 평균소득 50% 이하	18만 원	4만 원
전국가구 평균소득 100% 이하	16만 원	6만 원

출처: 보건복지부, 2018b.

6) 장애인 보조기구 교부사업

장애인 보조기구 교부사업의 목적은 생활이 어려운 저소득 장애인에게 장애인 보조기구를 교부함으로써 이들의 생활능력 향상 및 복지증진을 도모하는 것이다. 교부대상은 지체·뇌병변·시각·청각·심장·호흡·발달·언어 등록 장애인 중 국민기초생활보장법상 수급자 및 차상위계층(기준 중위소득 50% 이하)이다. 교부지원 우선순위는 장애 등급이 상위인 자,「국민기초생활보장법」상 수급자, 1가구에 2인 이상의 장애인이 거주하는 자, 재가장애인, 당해 사업으로 보조기구를 받은 자 중 더 오래된 자 순으로 보조기구를 지원받는다. 지원내용은 장애인 보조기구 28종 품목을 교부한다. 교부품목은 장애유형과 등급이 교부대상에 해당하는 장애인 중 해당 보조기구가 필요하다고 판단되는 장애인에게 교부한다. 또한 당해 연도 보조기구 신청 시 1인 1제품 지원이 원칙으로 지원받은 품목 및 지원 기준액에 상관없이 5만 원 이하의 교부품목 중에 1개 제품을 당해연도에 추가로 중복 지원 가능하다.

장애인 보조기구의 교부절차는 보조기구를 희망하는 자가 읍·면·동 주민센터에 보조기구를 신청하고, 읍·면·동장은 신청자의 장애 종류 및 등급 등 교부대상 여부를 검토한 후 접수된 신청서를 시·군·구에 제출한다. 시장·군수·구청장은 제출받은 신청서의 내용을 확인한 후 검진이 필요한 경우 의료기관에 장애인의 진단을 의뢰하고 그 진단 결과에 따르거나, 상담 및 평가를 장애인보조기기센터 또는 보조공학 관련기관에 의뢰하여 그 결과에 따라 교부를 결정한다. 보조기구 희망 장애인은 보조기구를 제조업자에게 의뢰하고, 제조업자는 그 의뢰서에 따라 보조기구를 제조하여 당해 장애인에게 교부하며, 보조기구 교부 비용을 의료기관의 확인서를 첨부하여 시·군·구에 제출한다. 그리고 제조한 장애인 보조기구를 시·군·구에서 검수하거나 의뢰가능기관(의료기관, 장애인보조기구센터, 보조공학 관련기관 등 장애인 보조기구를 검수할 수 있는 기관)에 검수하도록 하여 희망 교부 장애인에게 교부하고, 필요하다고 인정되는 경우 추가지원 계획을 수립하여 지원할 수 있다.

이에 따라 시장 · 군수 · 구청장은 장애인 보조기구 교부사업에 관한 사항에 대하여 홍보를 철저히 하여야 한다.

〈표 14-5〉 보조기구 지원 품목 및 교부 대상 장애 유형

장애 유형	지원품목(28종)	지원기준	내구연한
심장 장애인 (1~3급)	욕창예방용 방석 및 커버*	35만 원	3년
	외상용 욕창예방 보조기구**		
지체 · 뇌병변 장애인(1~3급) 8품목	음식 및 음료 섭취용 보조기구	5만 원	1년
	식사도구(칼 · 포크), 젓가락 및 빨대		
	머그컵, 유리컵, 컵 및 받침접시		
	접시 및 그릇		
	음식 보호대		
	기립훈련기	150만 원	3년
	이동변기	60만 원	5년
	환경조정장치	40만 원	3년
지체 · 뇌병변 장애(등급무관) 6품목	보행차	20만 원	5년
	좌석형 보행차		
	탁자형 보행차		
	목욕의자	60만 원	
	휴대용 경사로	30만 원	8년
	독립형 변기 팔 지지대 및 등지지대	25만 원	5년
지체 · 뇌병변 · 심장 · 호흡 장애 (1~3급)	미끄럼보드, 미끄럼매트 및 회전좌식	35만 원	4년
	휠체어용 탑승자 고정장치 및 기타 액세서리	10만 원	5년
지체 · 뇌병변 · 심장 · 호흡 장애 (등급무관)	장애인용 의복	15만 원	2년
뇌병변 · 발달 · 청각 · 언어 장애 (등급무관)	대화용 장치	60만 원	4년

청각장애(등급무관) 3품목	시각신호표시기	15만 원	2년
	진동시계	3만 원	
	헤드폰(청취증폭기)	12만 원	
시각장애(등급무관) 5품목	음성유도장치	2만 원	2년
	음성시계	2만 원	
	영상확대 비디오(독서확대기)	80만 원	
	문자판독기(광학문자판독기)	80만 원	
	녹음 및 재생장치	50만 원	3년

* 뇌병변장애는 2018. 7. 1.부터, 지체장애는 2015. 11. 1.부터 건강보험(의료급여) 장애인보장구 지원사업에서 지원
** 지체장애, 뇌병변장애는 2015. 11. 1.부터 건강보험(의료급여) 장애인보장구 지원사업에서 지원
출처: 보건복지부, 2018b.

그림 14-2 장애인 보조기구 서비스 이용 지원 절차

출처: 보건복지부(www.mw.go.kr).

7) 장애인 보장구 건강보험료(의료급여) 적용 지원

장애인 보장구는 장애인의 신체적 기능상의 장애를 경감 또는 완화시켜 주어 일상생활과 사회활동을 가능하게 하기 때문에 매우 중요하다고 할 수 있다. 따라서 장애인의 신체적 기능을 보완하고 일상생활과 사회활동에 불편을 덜어 주기 위해 보장구의 유형과 기준액, 내구연한을 고려하여 해당 등록 장애인에게 국민건강보험공단과 보장기관(시 · 군 · 구)이 부담하여 지원한다.

〈표 14-6〉 보장구 유형별 기준액 및 내구연한, 전문과목

분류	보장구 유형	기준액	내구연한	전문과목 (의사의 처방에 따라 구입)	
의지 · 보조기	[지체 · 뇌병변장애인용] • 팔의지 • 다리의지 • 팔보조기 • 척추보조기 • 골반보조기 • 다리보조기 • 교정용신발류(맞춤형) 19세 이상, 18세 이하	유형별로 상이 50,000원~ 2,270,000원	유형별로 상이	재활의학과, 정형외과, 신경외과, 신경과, 외과	
기타 보장구	• 수동휠체어	480,000원	5년	지체장애 뇌병변장애	재활의학과, 정형외과, 신경외과, 신경과, 외과
	• 전동휠체어	2,090,000원	6년	심장장애	재활의학과, 흉부외과, 내과(순환기분과)
	• 전동스쿠터	1,670,000원	6년	호흡기장애	재활의학과, 흉부외과, 결핵과, 내과(호흡기분과, 알레르기분과)
	• 지팡이	20,000원	2년	의사의 처방전 없이 구입 가능	
	• 목발	15,000원	2년		

	[시각장애인용]			
	• 흰지팡이	14,000원	0.5년	안과
	• 저시력보조안경	100,000원	5년	
	• 돋보기	100,000원	4년	
	• 망원경	100,000원	4년	
	• 콘택트렌즈	80,000원	3년	
	• 의안	620,000원	5년	
	[청각 · 언어장애인용]			
	• 보청기	1,310,000원	5년	이비인후과
	• 체외용인공후두	500,000원	5년	
	• 자세보조용구(앉기형)	유형별로 상이 170,000원~ 880,000원	3년	재활의학과, 정형외과
	• 욕창예방방석 • 욕창예방매트리스	250,000원 400,000원	3년	재활의학과, 정형외과, 신경외과, 신경과, 외과
	• 이동식전동 리프트 본체 베이스	1,700,000원 800,000원	5년	
	• 지지워커 전방 후방	50,000원 300,000원	3년	
소모품	전동휠체어, 전동스쿠터용 전지(2개 1세트)	160,000원	1.5년	의사의 처방전 없이 구입 가능

※ 2015년 7월부터 장애인보장구 구입 본인부담금이 전액 국민건강보험(의료급여)으로 지원됨에 따라 장애인 의료비 지원 사업에서 장애인보장구 구입비는 지원하지 않음.

출처: 보건복지부, 2018a.

의료급여 적용 보장구를 구입할 경우 기준금액, 고시금액, 구입금액 중 최저금액을 기준으로 지원하고, 건강보험급여 적용 보장구를 구입할 경우 품목의 기준액 범위 내에서 구매비용의 90%를 국민건강보험공단이 부담한다. 지체 · 뇌병변 장애인용 지팡이와 목발, 시각장애인용 흰지팡이는 의사의 처방전 없이 구입할 수 있으며, 수리는 1인당 연 2회 내에서 인정하고, 검진비와 적응훈련비를 지원하고 있다.

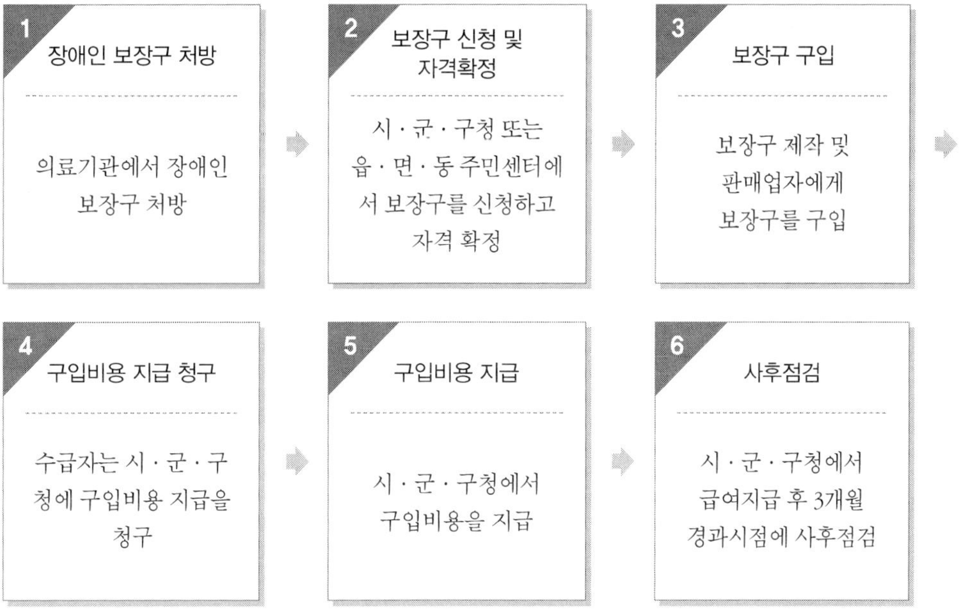

그림 14-3 장애인 보장구 서비스 이용(의료급여) 지원 절차

출처: 보건복지부(www.mw.go.kr).

의료급여수급자의 장애인 보장구 서비스 이용 지원 절차는 수급자가 거주지 내 의료급여기관에서 장애인 보장구 유형별 전문과목 전문의가 발급한 처방전을 발급받아 시 · 군 · 구 또는 읍 · 면 · 동 주민센터에 보장구 서비스 이용 신청을 하면, 시 · 군 · 구에서 수급자격여부를 판단하여 신청자에게 서면 통보한다. 수급자격이 적격하다고 통보받은 수급자는 보장구 제작 및 판매업자로부터 보장구를 구입한 후 의료급여기관에서 검수확인서를 발급받아 보장기관(시 · 군 · 구)에 보장구 구입비용의 지급을 청구한다. 보장구 급여비의 지급청구를 받은 보장기관장은 그 지급여부를 결정한 후 수급자에게 지체 없이 보장구 비용을 지급하고, 지급 후 3개월 경과시점에 가구방문을 실시하여 당해 보장구가 취지에 맞게 활용되고 있는지를 점검한다(특히 전동휠체어, 전동스쿠터).

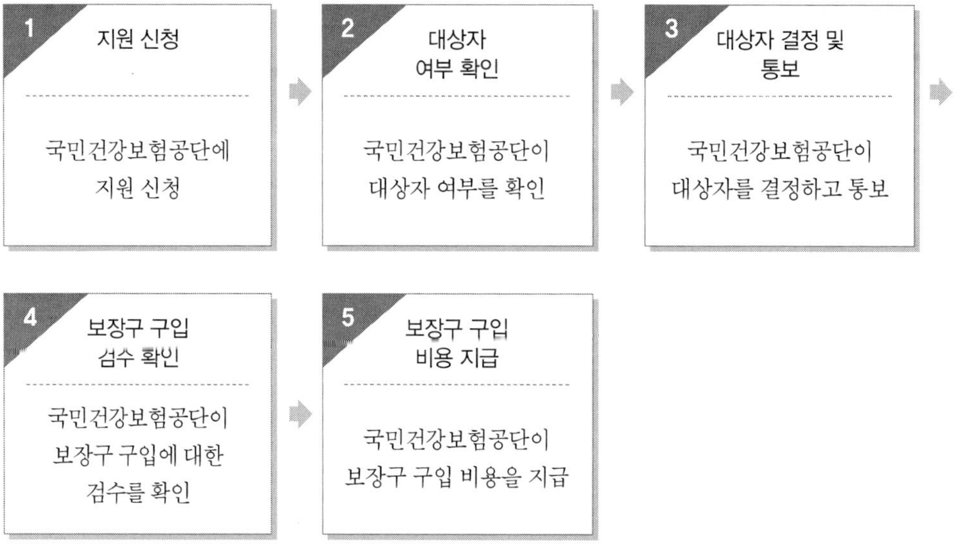

그림 14-4 장애인 보장구 서비스 이용(건강보험급여) 지원 절차

출처: 보건복지부(www.mw.go.kr).

건강보험급여가 적용되는 장애인 보장구 서비스 이용 신청 절차는 건강보험 가입자 중 등록 장애인이 장애인 보장구 유형별 전문과목 전문의로부터 발급받은 처방전과 함께 보장구 급여신청서를 공단에 제출하여 신청한다. 공단은 급여 여부를 결정하고 그 결과를 신청인에게 통보하며, 급여대상 장애인은 보장구 제조 · 판매업자에게 보장구를 구입하며, 전문과목 전문의에게 검수확인을 받아 공단에 보장구 구입비용 지급을 청구한다. 공단은 보장구 구입여부 등을 확인한 후 보장구 구입비용을 지급하고, 지급 후 보장구가 적정하게 사용되고 있는지 등을 확인한다.

장애인 보장구 구입에 대한 중복수급은 불가한다. 또한 구입 시 의료급여 및 건강보험급여는 보장구별 급여 기준액 범위 내에서 실 구입비를 기준으로 지원하며, 상한액을 초과하는 금액에 대하여는 의료급여수급권자 및 건강보험대상자인 장애인 본인이 전액을 부담하여야 하므로 보장구 구입에 대한 비용부담이 여전히 과제로 남아 있다.

8) 장애인 의료재활시설 이용

장애인 의료재활시설은 등록장애인을 대상으로 장애의 진단 및 치료, 보장구 제작 및 수리, 장애인 의료재활상담 등에 관한 지원을 목적으로 이용 가능하다. 의료급여수급권자 및 시·군·구청장의 무료진료 추천자는 무료로, 그 외의 자는 실비부담을 원칙으로 지원하고 있다. 의료재활시설 방문 시 의료급여증과 장애인등록증(복지카드)을 제시하여야 한다.

9) 여성장애인 출산비용 지원

여성장애인 출산비용 지원 사업은 비장애 여성에 비해 임신과 출산에 대한 비용이 추가 소요되는 여성장애인에게 출산비용을 지원하여 경제적 부담을 경감하고 모성권 보호에 기여한다. 지원대상은 등록 여성장애인 중 출산 및 유산, 사산(임신 기간 4개월 이상)한 자로 출산(유산, 사산 포함) 시 태아 1인 기준 1백만 원을 지원하고 국민기초생활보장의 해산급여와 중복지원이 가능하다. 신청은 읍·면·동에 방문하거나 인터넷으로 신청 가능하다.

3. 의료재활서비스

1) 의료재활서비스의 개념

의료재활은 장애인이 가장 필요로 하는 기본적인 재활서비스이다. 국제노동기구(ILO)에서는 의료재활을 '장애인이 자립하고 활동적인 생활을 영위할 수 있도록 개인의 기능적·심리적 능력을 발달시키는 의료적 방법'으로 규정하였다. 세계보건기구(WTO)에서는 '질병이나 사고에 대한 후유증, 만성질환, 노인질환 등 치료기간이 장기화되기 쉬운 환자의 잠재능력을 활용하여

자연치료를 적극적으로 촉진시키는 기술이며, 내 · 외과적 치료의 응용과 함께 물리적 · 심리적 수단을 보완하고 보충하는 의료적 조치'라고 정의하고 있다. 의료재활과 관련한 서비스는 재활의 여러 과정 중에서 가장 기초가 되는 출발점이 되며, 다른 부문의 재활을 이루기 위한 토대가 되거나 일상생활 및 사회생활을 영위하는 데 중심적 역할을 담당하는 서비스이다.

의료재활서비스는 발생한 장애를 최소한으로 줄이고, 장애인의 기능을 최대한 증대시켜 사회복귀를 목표로 한다. 이는 장애인에 대하여 의료적 조치, 물리치료, 작업치료, 언어치료, 재활보조기구의 처치와 훈련, 의료사회사업가에 의한 원조 등을 통해 장애를 최소화하고 기능을 최대한 회복시켜 사회에 복귀할 수 있도록 수행하는 서비스이다. 또한 의료재활서비스는 장애가 발생하기 이전에 장애를 예방하거나 장애가 발생했다 하더라도 조기에 발견하여 치료하고 추후까지 경과를 지켜보며 전 과정을 관리하는 서비스이다.

따라서 의료재활서비스는 이미 발생한 장애를 최소한으로 줄이고 장애인의 잔존기능을 최대한 향상시키기 위한 의료적 조치와 각종 치료와 함께 장애의 예방, 조기발견, 조기치료 및 추후관리까지 모든 과정을 포함한다.

2) 의료재활서비스의 대상 및 영역

의료재활서비스를 필요로 하는 사람은 심신에 장애가 있는 사람으로 만성질환이나 장애를 지니고 있는 사람들이다. 주요 대상자들은 호흡기계, 순환기계의 질병을 가진 사람들이며, 신체구조적인 면에서는 신경계, 근육 · 골격계 등의 질환이나 외상 후유증을 가진 사람들이다. 연령적 측면에서는 만성질환을 경험하기 쉬운 노인층이 대상이 되기 쉽다. 또한 의학의 발달로 인해 죽음에서는 벗어났으나 장애를 지니고 살 수 밖에 없는 사람들도 포함된다. 실제로 임상에서 다루는 대상의 재활영역은 다음과 같다.

- 호흡기계 질환 재활: 호흡기 질환 환자의 재활훈련
- 순환기계 질환 재활: 심장질환 등의 순환기 질환 환자의 재활훈련
- 신경계 질환 재활: 척추손상 및 척수질환, 뇌졸중(뇌경색, 뇌출혈 등), 외상성 뇌손상, 중추신경 및 말초신경병증, 중추 및 말초신경 손상, 뇌성마비 등 질환 환자의 재활훈련
- 근·골격계 질환 재활: 근육병과 근육질환, 골절, 관절, 탈구와 염좌, 결합조직질환, 스포츠 손상 및 통증 환자의 재활훈련
- 전달 환자의 재활: 절단 환자의 의지착용 및 보행훈련
- 정신건강분야 재활: 정신 및 심리평가, 약물 및 알코올 중독 환자, 뇌질환 후 정신장애 환자, 절단환자 및 만성통증환자의 정신건강에 대한 재활훈련
- 기타 재활: 언어장애 및 시각장애 환자의 재활, 암환자 재활, 화상 및 동상 환자의 재활, 기타 만성질환의 재활

3) 의료재활서비스 내용

(1) 방법

의료재활의 서비스 내용은 다음의 세 가지 방법으로 분류할 수 있다.

첫째, 장애인의 기본적인 기능장애의 개선을 위해 수술, 변형과 교정, 마비의 회복훈련 등이다. 둘째, 기본적인 기능장애의 회복에 한계가 있는 경우, 다른 기능의 훈련 등을 통해 통합적인 회복이나 능력 향상을 도모하며, 보장구 등을 활용하여 기능장애를 대체할 수 있는 방법이다. 셋째, 기능장애의 향상 후에도 지속적인 사후관리를 위해 장애인이 자립생활을 영위할 수 있도록 생활환경, 직장환경의 개선 등을 의료적 입장에서 자문하고 서비스하는 방법이다.

이러한 세 가지 방법을 중심으로 제공하는 의료재활서비스는 장애의 원인이 되는 병적 요소를 제거하기 위한 약물치료와 수술치료, 기능을 회복·향상시키기 위한 물리치료, 작업치료, 언어치료 등이 주로 실시된다. 한 사람의

〈표 14-7〉 기능 회복·향상을 위한 의료재활서비스

치료 방법	물리치료	작업치료	언어치료
정의 및 치료활동	손상된 기능을 회복시키기 위해 물리적 요인을 신체에 적용시켜 남아 있는 기능을 활용하여 신체적 재활을 이룰 수 있도록 재활을 유도하는 치료 및 활동	정신·신체에 질병·장애가 있는 사람에게 흥미롭고 목적 있는 작업이나 동작, 놀이를 통해 불완전한 신체기능을 회복시키고 일에 대한 동기를 부여하여 장애를 가지고도 최대한의 독립된 생활을 할 수 있도록 돕는 치료 및 활동(원예, 수예, 금속공예, 목공, 인쇄, 게임, 연극 등, 이러한 작업수행에는 목적의식과 신체적 운동, 정신적 활동성이 요구)	말·언어장애로 인하여 의사소통에 문제를 가진 자의 잠재되어 있는 언어능력을 최대한 개발하여 의사소통기술을 습득케 하여 일상생활에서 원만한 의사소통을 할 수 있도록 원조하는 치료
대상	성인의 경우 근육증, 절단, 관절염, 기타 산재, 교통사고, 약물 및 알코올 중독으로 인한 후천적 장애, 아동의 경우 출산 전·후 뇌손상으로 인한 뇌성마비, 발달장애, 근육증 등	뇌성마비, 척수손상, 소아마비, 뇌졸중, 상·하지마비, 관절염, 절단, 교통사고 후유증 등	증상에 따라 언어발달지체, 조음장애, 말더듬, 발성장애, 실어증, 언어장애 등
치료	의사의 처방에 따라 이루어짐	필요에 따라 소집단치료	개별치료와 집단치료가 병행
치료법	운동치료, 전기치료, 열치료, 수치료, 초음파치료 등	기능적 작업치료, 지지적 작업치료, 직업개발을 위한 작업치료, 가정생활을 위한 훈련 등	발성기관훈련, 조음기관훈련, 호흡훈련, 조음훈련, 낱말훈련, 문장훈련, 회화훈련 등
치료장소	재활병원, 종합병원, 장애인종합복지관, 종별복지관	재활병원, 재활의학과가 설치된 종합병원 등	재활병원, 재활의학과가 있는 종합병원 등
전문인력	물리치료사	작업치료사	언어치료사
	장애인의 욕구에 대응하여 재활전문의, 간호사, 사회복지사, 보장구기사 등의 인력이 협력하여 지원		

출처: 남연희 외, 2010; 유태완 외, 2018; 정무성 외, 2017 참고하여 정리함.

장애인을 치료하는 데는 여러 전문가의 협력 또는 지원을 필요로 하기 때문에 대부분의 경우 팀으로 서비스를 제공한다.

또한 장애인의 이러한 기능회복 · 향상훈련을 통해 사회복귀를 위한 사회적응훈련이 실시된다. 사회적응훈련은 지역사회 내에서 일상생활동작을 자립할 수 있도록 행하는 기초훈련으로, 보행훈련, 감각훈련, 커뮤니케이션훈련, 가사훈련 외에 교양훈련 등이 포함되어 있다.

성공적 의료재활을 위한 조건은 다음과 같다.

첫째, 의료인들의 팀워크가 좋고 치료기술이 최선의 것이어야 한다. 둘째, 환자의 투지와 생활의욕이 충만해야 한다. 셋째, 환자의 가족은 가장 가까운 사회이기 때문에 장애인을 잘 이해해 주고 격려해 주는 가족의 태도가 중요하다. 넷째, 장애인은 장기간에 걸친 치료와 생업의 중단으로 경제적 어려움이 크므로 이를 위해 국가의 경제적 도움이 필요하다. 다섯째, 국가나 사회는 장애인의 재활이 장애인 자신이나 가족뿐만 아니라 국가 · 사회의 발전을 위한 것이라는 정신도 함께 가지고 있어야 한다.

(2) 예방

질병이나 외상은 치료시기, 치료내용, 치료방법 등에 따라서 그 결과가 현저히 달라질 수 있으므로 발병 초기나 외상 직후부터 예상되는 장애에 대해 미리 적절한 조치를 취한다면 장애를 최소화할 수 있다. 반면, 이미 발생한 장애에 대하여 적절한 치료를 했다 하더라도 원상회복이 불가능한 경우가 있으며 장애를 남기게 되는 경우가 있다. 따라서 장애예방의 일차적 목표는 질병이나 외상이 발생하지 않도록 하는 것이다. 그러나 일단 질병이나 외상이 발생하게 되면 이로 인한 후유증으로 장애가 생기지 않도록 해야 하며, 장애가 발생하더라도 그 정도를 극소화시키는 것도 매우 중요한 장애예방 방법이다.

장애의 예방은, 첫째, 출산 전 태아시절에 임산부 관리를 통한 예방조치, 둘째, 출산 후 질병발생을 위한 예방접종 및 환경위생 개선과 산업재해, 교통사고 등 안전사고의 예방조치, 셋째, 질병이나 외상 후 2차적으로 발생할 수 있는 장애를 극소화시키려는 예방조치로 구분하는 것이 바람직하다.

- 선천적 장애의 예방: 선천적 장애의 예방이란 태아 시에 장애가 발생하는 것을 방지하는 것이다. 선천적 원인을 제거해 주는 활동으로는 유전상담, 주기적인 태아관리 등이 필요하다. 예를 들어, 임상소견, 초음파진단, 양수검사, 염색체검사의 임신기간 등이 임신 조기 3개월 내 감염예방, 약물복용금지, 심한 심적 충격 및 과로를 피하게 하고 임산부의 술, 흡연금지, 대사성 질환의 치료, 고령임산부의 특별관리, 조산방지 등이 필요하다.
- 질환 및 사고의 예방: 각종 질환 및 사고를 예방하기 위해서는 출산 즉시 특수질환에 대한 생화학검사, 주기적인 육아상담과 예방접종, 교통사고 방지 및 산업재해 안전대책, 조기진단 및 조기치료 등의 활용이 필요하다.
- 질병 및 사고의 예방: 장애의 발생을 줄이고, 장애의 정도를 경감시키기 위해서는 가능한 한 질병이나 손상 초기부터 전문적인 치료가 시행되어야 하며, 이를 위하여 의료전달체계가 잘 이루어져야 한다. 장애의 원인을 알고 그 발생을 예방하는 데에는 국민의 관심과 참여, 전문의료기관의 적극적인 지원이 있어야 한다. 이 때문에 교육과 홍보가 필요하며 국가적 차원에서의 지원이 필수적이다. 특히 의료재활의 중요성이 인정되고 전문의료서비스가 보다 적극적으로 광범위하게 제공되어야 한다.

생각해 봅시다

1. 의료재활 전문가들의 각 기능과 역할을 논의해 봅시다.
2. 성공적 의료재활을 위한 조건에는 무엇이 있는지 확인해 봅시다.
3. 장애인보장구지원과 장애인 보조기구 교부사업의 차이점에 대해 알아봅시다.

제15장

자립생활과 활동지원서비스

1. 자립생활과 활동지원서비스의 개념

우리는 흔히 자립생활을 스스로 움직이거나 일상생활을 다른 사람의 도움 없이 해내는 것으로 이해하는 경향이 많다. 그 결과 신체적인 손상이 있거나 정신적인 어려움으로 인해 다른 누군가의 지원을 받으며 살아가는 사람의 경우 자립생활이 불가능하다고 간주한다. 그러나 자립생활이란 신체적 또는 심리적 자립 그리고 모든 일을 혼자서 하는 능력을 의미하는 것이 아니라 자신의 삶을 스스로 결정하고 이끌어 나가는 방식을 훨씬 중시하는 것을 말한다. 즉, 일상의 다양한 활동과 삶을 장애인이 주도해 나가는 것이다. 자립생활은 모든 사람의 당연한 권리에 해당된다. 그러므로 여러 가지 이유로 자립이 어려운 사람에게는 신체적, 심리적, 정서적 지원이 제공되어야 한다.

활동지원서비스는 자립생활을 지원하기 위한 대표적인 대인서비스이다. 활동지원서비스는 장애인의 자립생활을 지원하기 위한 목적에서 생겨났으며 장애인을 위한 많은 서비스 가운데 가장 중요하며 필요하다고 할 수 있다. 따라서 활동보조인[1]이 장애인에게 의미 있는 지원을 하기 위해서는 먼저 자립생활의 의미와 중요성을 명확히 이해하는 것이 매우 중요하다. 그다음으로 활동지원서비스에 대해 살펴보겠다.

2. 자립생활

1) 자립생활의 개념

자립생활(independent living)은 다른 사람으로부터 필요한 지원을 받으면서 장애인 자신이 주도적으로 선택하고 결정하며 책임지면서 지역사회의 일원으로 살아가는 것이다. 자립생활에 대한 개념은 학자와 자립운동을 주관하는 단체 및 기관에 따라 다양하게 정의된다. 자립생활을 비교적 간단하고 명확하게 설명하는 대표적인 개념은 다음과 같다. 자립생활은 '장애인에게 필요한 도움과 지원을 다양한 지원체계를 통해 제공하는 것'이다. 이러한 지원을 통해 장애인은 자립생활을 준비할 수 있으며 진정한 의미에서 자립이 가능하다는 것이다. 데종은 사회적 지원과 당사자의 결정을 중시하고 있으며 무엇보다 자기결정을 가장 강조한다. 자기결정은 인간의 존엄성과 동일한 차원이며 장애인이 주도적으로 결정함으로써 존엄성이 보장된다고 주장하였다. 또한 자립생활의 개념이란 '자립생활에 필요한 의사결정, 심리적

1) '활동보조인'의 명칭을 '활동지원사'로 개정하였다(「장애인활동법」 2018. 12. 11. 일부 개정). 그 이유는 장애인의 자립생활을 지원하고 그 가족의 부담을 경감하는 데 중요한 역할을 담당하고 있음에도 불구하고 그 명칭으로 인하여 직업에 대한 자존감과 업무에 대한 적극성이 결여되고 있다는 지적이 제기되었고, 그에 따라 활동지원사에 대한 사회적 인식을 제고하고, 활동지원사의 직업적 자존감을 높임으로써 장애인에게 보다 나은 활동지원이 제공될 수 있도록 하기 위함이다.

인 지원, 신체적인 지원을 통해 장애인의 의존을 최소화하는 것'이다(Oliver, 1996). 올리버에 따르면, 살아가면서 발생하는 다양한 문제를 장애인이 결정하고 자립생활을 유지하는 데 필요한 기술을 배울 수 있어야 한다고 보았다. 필요한 지원을 적절하게 제공받는 이러한 과정을 통해, 결과적으로 장애인은 다른 사람에 대한 의존을 줄일 수 있다는 것이다.

미국의 자립생활조사연구소(Independent Living Research Utilization)는 자립생활이란 "타인에게 의존을 최소화하기 위해서는 장애인이 원하는 것에 기초하여 지원받아야 한다. 이러한 지원을 통해 장애인은 자신의 생활을 스스로 관리할 수 있게 된다. 일상생활의 관리에는 신변자립, 지역사회의 활동 참여, 사회적 역할의 수행, 자기결정 등이 포함된다. 이때 자립은 개인마다 다르게 적용되는 상대적 개념이다."고 강조하였다. 이 개념에서 주목할 것은 장애인의 자립생활에 필요한 지원수준은 모두에게 동일한 것이 아니라, 장애인 각자의 여건과 차이에 따라 상대적이라는 점이다.

요약하면, '자립생활이란 장애인이 자신에게 필요한 지원을 권리로서 제공받고, 자신의 생활을 스스로 선택하고 결정하며, 다른 사람들처럼 지역사회에서 자유롭게 생활하고 다양한 활동에 참여하는 것이다.'라고 정의할 수 있다.

2) 자립생활의 이념과 원칙

자립생활이 실현되기 위해서는 장애인뿐만 아니라 서비스 제공자 그리고 지역사회 구성원 모두가 다음의 자립생활 이념을 명확히 이해해야 할 것이다.

- 소비자 주권이다. 서비스를 제공받는 과정에서 전문가의 뜻이 아니라 소비자인 장애인의 선호와 욕구에 따라 서비스가 구성되어야 한다.
- 자기신뢰가 이루어져야 한다. 장애인들은 특히 권리와 혜택을 누릴 수 있는 자신들의 능력과 자원에 대한 믿음을 가져야 한다.

- 정치적 · 경제적 권리이다. 장애인은 지역사회의 다양한 정치 또는 경제활동에 자유롭게 참여하고 의사를 표현하며 영향력을 행사할 수 있는 권리가 있다.

또한 자립생활은 이념적 맥락에서 두 가지 중요한 원칙을 포함하고 있다. 먼저, 자립생활은 신체 능력이나 지적능력과 상관없이 모든 사람에게 적용되는 권리라는 점이다. 따라서 도움이 필요하지 않는 완전한 자립생활을 기대하기 어려운 최중증장애인도 당연히 포함된다. 최중증장애인의 경우 다양한 사회적 지원을 통해 이전의 상황에 비해 나아졌다면 이를 자립생활에 가까운 상대적 자립으로 중시된다. 다음으로, 자립생활은 사회의 협력 없이 저절로 만들어지는 것이 아니라 다양한 지원체계를 통해 가능하다는 것이다. 자립생활은 운동 이상의 장애 정책 개념, 서비스 내용, 서비스 체계, 장애인과 전문가의 역할 등 전반에 대해 새로운 방향성을 제시하고 있다.

지역사회에서 장애인의 자립생활을 실현하고 유지시키기 위해서는 실천적 맥락에서 다음의 8가지 원칙이 충족되어야 한다. 즉, 기본권뿐만 아니라 고용, 교육, 여가, 환경, 보육을 포함한 전반적인 영역에서 지원이 마련되어야 한다.

- 장애인도 시민으로서 권리와 책임에 동등하게 참여한다.
- 장애인도 평등한 고용기회를 가진다.
- 모든 장애인에게 주택, 이동, 공동시설에의 접근성을 보장한다.
- 장애인에게 취업과 직업유지에 필요한 지원서비스를 제공한다.
- 장애인에게 적절한 무상의 통합교육을 실시한다.
- 장애인에게 임신과 육아의 지원 및 입양의 권리를 보장한다.
- 장애인도 지역사회의 경제, 사회, 문화, 놀이 등에 완전하게 참여한다.
- 장애인도 지역사회에서 인간의 존엄성이 유지되는 방식으로 자립적인 삶을 보장한다.

이와 같은 자립생활의 원칙은 비장애인과 마찬가지로 장애인도 동등하게 존엄성을 보장받고, 지역사회에서 시민으로서 권리를 가지며, 이를 지속하기 어려운 경우에는 그에 상응하는 서비스가 적합하게 제공되는 것이다.

자립생활에 관한 오해 중의 하나는 다른 사람이나 사회의 지원 없이 장애인이 자신의 힘으로 모든 것을 해결하고 살아가야 한다고 여기는 것이다. 이는 자립생활의 의미나 중요성에 대한 이해의 부족으로 생겨난다. 따라서 장애인의 자립생활을 이해할 때 다음 사항을 반드시 염두에 두어야 한다.

- 자립은 외부의 도움이나 지원 없이 스스로 모든 일을 하는 것이 아니다.
- 자립은 동일한 개념이 아닌 개인의 상황이나 필요에 다를 수 있다. 즉, 상대적이다.
- 자립은 필요한 도움을 받으면서 장애인이 주도하는 적극적인 의미이다.

3) 인간중심계획과 개별서비스지원계획

장애인의 자립생활을 위해서 인간중심으로 지원한다는 것은 장애인이 바라는 것, 중요한 것, 원하는 방식으로 지원을 계획하는 것이다. 인간중심계획은 장애인의 꿈, 희망, 바람 등 개인의 필요에 맞추어 구체적인 지원방법을 계획하는 것이다. 인간중심계획을 실현하기 위해서 필요한 요소는 다음과 같다.

- 장애인의 삶과 관련하여 당사자와 가족이 1차적 권한을 가진다.
- 인간중심접근은 장애인의 존엄성을 존중해야 가능하다.
- 인간중심계획은 장애인이 바라는 미래의 모습을 확인하고, 장애인을 지원하는 사람은 이를 실현하도록 돕는 것이다.
- 서비스를 계획하는 과정에서 전문가의 역할은 기존과 다르게 변화되어야 한다. → 파트너, 촉진자, 컨설턴트 등의 역할이 중시된다.

- 장애인에 대해 재인식하는 기회를 가진다. → 장애인의 능력, 활동 등을 긍정적, 적극적으로 봐야 한다.
- 장애인의 미래를 위해서는 현재의 복지정책, 기관 관행, 지역사회와의 관계, 예산집행, 직원의 역할과 책임 등이 변화되어야 한다.

인간중심계획이 당사자의 삶, 비전, 미래에 초점을 둔 계획이라면, 개별서비스지원계획은 당사자의 욕구나 필요에 따라 실제한 맞춤형 서비스를 장애인에게 지원하는 구체적인 방법을 의미한다.

인간중심계획에 기초한 개별서비스지원계획은 서비스 이용자의 욕구와 열망을 우선적으로 고려하여 서비스의 제공방법을 모색하는 것이다.

따라서 인간중심계획을 보장하기 위해서는 기본적으로 장애인의 선호나 욕구를 중심으로 구체적이고 개별화된 서비스지원계획을 수립해야 한다. 예를 들면, 인간중심계획에서 드러난 장애인의 바람이 '자신이 좋아하는 음악을 언제든지 듣는 것'이라면, 개별서비스지원계획은 이를 효과적으로 수행하기 위해 직원, 기관, 기타 자원이 각각 어떤 역할을 수행할지에 관한 계획이 포함되어야 한다.

개별서비스지원계획에서 가장 중요한 것은 동일한 장애 유형과 동일한 정도의 장애를 가졌더라도 개인의 상황이나 필요에 따라 세부적인 지원방법은 달라져야 한다는 것이다.

인간중심계획이 개별서비스지원계획으로 적절하게 전환되기 위해서 계획 단계에서 다음과 같은 내용이 지속적으로 검토되어야 한다.

첫째, 장애인의 꿈, 관심, 좋아하는 것, 강점, 능력에 기초하여 지원과 서비스가 구체적으로 계획되어야 한다.

둘째, 삶의 방향을 계획할 때 장애인에게 중요한 사람들이 참여해야 하며, 장애인이 삶을 통제할 수 있는 기회를 가지고, 정보가 제공된 상태에서 결정해야 한다.

셋째, 장애인은 가능한 한 자신이 경험한 것들에 근거하여 의미 있는 선택을 해야 한다. 따라서 선택하기 이전에 이를 체험하는 기회가 충분하게 주어져야 한다.

넷째, 비장애인이 이용하는 지역사회 자원을 장애인도 자유롭게 활용할 수 있어야 한다.

다섯째, 지역사회의 활동에 참여하고, 친구를 사귀며, 지역사회에서 일하고, 지역사회의 일원으로 가치 있는 역할을 하도록 지원과 서비스가 이루어져야 한다.

여섯째, 장애인이 다양한 경험을 할 수 있도록 현재의 예산과 규정 내에서 서비스는 유연하게 제공되어야 한다.

일곱째, 세부적인 지원계획은 공동으로, 지속적으로, 책임감 있게 이루어져야 한다.

여덟째, 장애인에게 주어지는 활동, 지원, 서비스는 만족하는 수준이어야 한다. 만약 만족스럽지 못한다면 즉시 개선되어야 한다.

4) 적극적 지원과 자기결정

적극적 지원(Active Support)은 인간중심의 가치를 중시하므로 장애인의 바람과 관심사에 따라 서비스가 제공되는 것을 무엇보다 중시한다. 적극적 지원은 인간중심계획을 실현하는 데 필요한 수단과 방법을 동원하여 적극적으로 지원할 것을 강조하는 실천의 쟁점이자 지원하는 사람의 태도와 행동에 관한 개념이다. 그러므로 적극적 지원을 위해서는 기본적으로 장애인을 직접 지원하는 인력의 역할이 가장 중요하다. 장애인은 서비스 제공자의 적극적 지원을 통해 일상적인 활동을 보다 잘 수행할 수 있게 되기 때문이다. 일상생활을 유지하는 데 다른 사람의 지원이 필요한 장애인의 경우 타인의 간섭을 받기가 쉽다. 그러나 장애인을 지원하는 과정에서 간섭이나 개입을 하는 것은 결코 바람직하지 않으며, 무엇보다 다른 사람의 권리를 침해할 우려가 높아진다.

자기결정(self-determination)은 '삶과 관련된 모든 일을 다른 사람의 강요 없이 자신의 의지에 따라 선택하고 결정하는 것'이다. 스스로 결정하고 책임을 지는 과정은 인간의 발달단계에서도 중요시된다. 장애인이 일상생활과 관련된 다양한 문제를 스스로 결정함으로써 삶에 대한 통제력과 자신감이 생겨나며, 자립을 준비하고 진정한 의미의 지역사회 일원이 될 수 있다. 개인의 일상이 다른 사람이나 사회적 환경에 의해 통제된다면, 사회복지의 이념에서 중시되는 인간의 주체적 권리가 박탈될 수 있다. 다음의 내용은 자립생활과 활동지원서비스를 위해 장애인의 자기결정을 존중하기 위해 준수되어야 할 사항들이다.

- 장애인의 관심사와 욕구를 적극적으로 듣기
- 장애인에게 가장 편안한 지원방법을 질문하기
- 장애인의 의견을 지원과정에서 반영하기
- 장애인에게 중요한 사항을 당사자나 가족에게 물어보기
- 의사소통이 어려운 장애인의 표정, 몸짓, 행동 의미를 파악하기
- 장애인 스스로 선택하고 결정할 때까지 기다리기
- 장애인에게 강요하거나 권위적으로 대하지 않기
- 장애인을 위한 것이라도 당사자가 원하지 않으면 하지 않기
- 발달장애인의 선택과 결정을 지지하기
- 발달장애인을 아이처럼 여기거나 대하지 않기
- 발달장애인을 과잉보호하거나 안전만 강조하지 않기
- 발달장애인을 대신하여 내가 판단하거나 결정하지 않기

3. 활동지원서비스

1) 활동지원서비스의 개념

활동지원서비스(Personal Assistance Service: PAS)는 장애인의 자립생활과 사회활동 참여를 증진하기 위하여 활동에 필요한 보조서비스를 제공한다. 특히 타인의 도움 없이는 자립생활이 불가능한 중증장애인에게 활동지원서비스는 반드시 필요한 서비스이다. 지금까지 중증장애인의 돌봄 문제는 시설이나 부모의 몫이었으나 자립생활의 운동과 함께 활동지원서비스제도가 발전하여 사회적 서비스로 자리매김하였다. 즉, 활동지원서비스는 신체적 · 정신적 장애 등의 사유로 원활한 일상생활과 사회활동이 어려운 중증장애인에게 활동지원급여[2]서비스를 제공함으로써 자립생활과 사회참여를 지원하고 그 가족의 부담을 줄임으로써 장애인의 삶의 질을 높이는 것을 목적으로 한다.

2) 장애인 활동지원제도

2005년에 보건복지부는 10개 자립생활센터 시범사업을 통하여 활동지원서비스를 제공하기 시작하였다. 2007년 4월부터 장애인 활동지원서비스가 전국적으로 본격화됨으로써 「장애인활동 지원에 관한 법률」(약칭 「장애인활동법」)'이 2011년 1월에 제정되어 그해 10월부터 장애인 활동지원제도의 실시 및 확대 적용되어 오고 있다. 즉, 장애인의 자립생활과 적극적 사회참여를 위해 필수적인 제도로 평가받아 온 활동지원서비스는 신변처리, 가사지원, 일

2) 「장애인활동법」 제2조에 의거, '활동지원급여'란 수급자에게 제공되는 제16조 제1항(활동지원급여의 종류)에 따른 활동보조, 방문목욕, 방문간호 등의 서비스를 말한다.

상생활지원, 외출이동보조 등의 활동서비스에 방문간호, 방문목욕 등이 추가 실시되고 있다.

(1) 서비스 대상

장애인 활동지원제도의 자격 조건은 신청 자격요건과 서비스 이용 대상자 자격요건으로 구분되나, 선정기준에 의하여 서비스 이용 대상자의 자격요건으로 제도 이용을 제한하고 있다. 신청자격 요건은 만 6세 이상 만 65세 미만의 등록 장애인 중 중증장애인과 장애인 활동지원 서비스를 지원받는 도중 만 65세에 도래하여 장기요양인정 신청을 하였으나 등급 외 판정을 받아 장기요양수급자에서 제외된 장애인, 시설입소, 의료기관 입원 및 교정시설 또는 치료감호시설에 수용 중인 퇴소 또는 퇴원을 앞두고 있어 활동지원이 필요한 경우에 소득기준과 무관하게 신청 가능하다. 신청은 읍·면·동에 직접 방문, 우편, 팩스로 할 수 있다. 단, 온라인(www.bokjiro.go.kr) 신청은 신

〈표 15-1〉 인정등급판정을 위한 기본조사(활동지원 인정조사표)

영역	조사항목	항목(점수)
일상생활동작(ADL) 영역	옷 갈아입기, 목욕하기, 식사하기, 잠자리에서 자세 바꾸기, 옮겨 앉기, 걷기, 화장실 사용하기	7개(260점)
수단적 일상생활 수행능력(IADL) 영역 (만 15세 이상)	전화 사용하기, 물건사기, 식사준비, 집안일, 빨래하기, 약 챙겨먹기, 금전관리, 대중교통수단 이용하기	8개(125점)
수단적 일상생활 수행능력(IADL) 영역 (만 6세 이상 15세 미만)	전화 사용하기, 물건사기, 약 챙겨먹기, 금전관리, 대중교통수단 이용하기, 본인물건관리하기	6개(125점)
장애 특성 고려 영역	휠체어 사용(지체장애, 뇌병변장애, 내부장애), 청각기능, 시각기능, 인지기능, 정신기능	5개(60점, 1개 항목만 산정)
사회환경 고려 영역	사회활동참여, 위험상황 대처능력, 장애인보조기구 사용능력, 단어나 문장을 보고 이해하기	4개(25점)

출처: 보건복지부, 2018e.

규신청에 한한다. 서비스 지원대상자가 되기 위해서는 만 6세 이상 만 64세의 「장애인복지법」상 등록된 중증장애인 중 활동지원 인정조사표(등급판정도구)에 의한 방문조사 결과 인정점수가 220점 이상인 경우이다. 다만, 인정점수가 220점 미만인 자 중 추가급여[3] 사유가 있는 경우는 인정점수 20점 이내 조정으로 수급자격 인정이 가능하여 활동지원서비스를 지원받을 수 있다. 방문조사 담당 직원은 활동지원 인정조사 지침 등을 숙지한 사회복지사, 간호사 등이 2인 1조로 방문조사를 나가는 것을 원칙으로 하되, 경우에 따라서는 1인이 방문하기도 한다. 필요시 탄력적으로 운영 가능하다.

활동지원 인정조사표는 일상생활동작영역(ADL), 수단적 일상생활수행능력영역(IADL), 장애 특성 및 사회환경 고려영역 등 4개 영역으로 총 24개 항목(470점)을 조사하여 그 결과를 토대로 1~4급까지 등급을 나누고 그에 따라 서비스(급여) 양을 구매하도록 하고 있다. 활동지원 급여의 내용은 기본급여와 추가급여로 구분되며, 수급자에게 월 한도액에 해당되는 만큼의 바우처가 매월 지원된다. 기본급여는 인정점수에 따라 1~4등급으로 구분하여 제공된다.

〈표 15-2〉 활동지원등급별 기본급여

활동지원등급	인정점수	기본급여
1등급	380~470점	1,270,000원(약 118시간)
2등급	320~379점	1,012,000원(약 94시간)
3등급	260~319점	764,000원(약 71시간)
4등급	220~259점	506,000원(약 47시간)

출처: 보건복지부, 2018e.

3) 생활환경영역(장애인 1인 가구, 취약가구, 출산, 학교생활, 직장생활, 자립준비, 나머지 가구 구성원의 직장생활 등)을 고려하여 인정점수 20점 이내 조정으로 수급자격을 인정한다.

추가급여는 생활환경 및 자립활동 등에 따라 산정되며, 기본급여 외에 추가적으로 지급되는 것으로 추가급여 사유가 중복되는 경우 모두 산정한다. 다만, 최중증 취약가구(2,938천 원)와 나머지 가구구성원이 직장생활 등(786천 원)은 중복산정하지 아니한다.

〈표 15-3〉 추가급여

구분		추가급여	구분	추가급여
1인가구/취약가구	인정점수 400점 이상	2,938,000원	학교생활	108,000원
	인정점수 380~399점	861,000원	직장생활	431,000원
	인정점수 380점 미만	216,000원	보호자 일시 부재	261,000원
출산		861,000원	나머지 가구구성원의 직장생활 등	786,000원
자립준비		216,000원		

※ 출산, 자립준비에 따른 추가급여는 사유발생일로부터 6개월 이내에 신청, 최초 추가급여 개시일이 속한 달의 1일부터 6개월 동안 제공
출처: 보건복지부, 2018e.

바우처 지원액은 수급자에게 활동지원 급여 월 한도액에 해당되는 만큼의 일정액의 바우처를 매월 지원하며, 매월 일정액의 본인부담금 납부 후 바우처 사용이 가능하다. 본인부담금 납부는 사회보장정보원 별도계좌에 입금하면 기본급여와 추가급여를 더한 금액의 월 한도액만큼 바우처를 지원한다. 예를 들어, 월 한도액 1,270천 원이라면 본인부담금 2만 원을 입금하면 1,250천 원이 바우처로 지급된다. 본인부담금은 소득수준과 급여량에 따라 차등부담하게 되는데, 기초생활수급자(생계, 의료)의 경우 본인부담금이 면제되며, 기초생활보장 수급자를 제외한 「의료급여법」상 수급권자나 「기초생활보장법」상 차상위 계층은 2만 원을 부과한다. 그리고 차상위 초과 계층(전국가구 평균소득의 50% 이하, 100% 이하, 150% 이하, 150% 초과)은 기본급여에 대한 본인부담금과 추가급여에 대한 본인부담금을 합산한다. 기본급여에 대한 본인부담

금은 소득수준에 따라 월 한도액의 6~15%를 부과하며, 추가급여에 대한 본인부담금은 소득수준에 따라 월 한도액의 2~5%를 부과한다.

(2) 서비스의 종류 및 비용단가

활동지원서비스(활동지원급여)의 종류는 활동보조, 방문목욕, 방문간호로 구분되며, 부득이한 경우 한시적으로 급여를 제공하는 긴급활동지원도 여기에 포함된다. 활동지원서비스를 받기 위해서는 인정조사 결과를 통해 활동지원서비스 중 장애인이 이용하고자 하는 서비스와 활동지원기관을 선택한 후 급여제공계획을 수립하고 서비스이용을 위해 활동지원기관과 계약을 체결하도록 하고 있다.

활동보조는 활동보조인이 수급자의 가정 등을 방문하여 신체활동, 가사활동 및 이동 보조 등을 지원하는 것으로 급여의 내용이 따로 정해져 있다. 구체적으로, 신체활동지원에는 개인위생 관리, 신체기능 유지 증진, 식사도움과 실내이동 도움이 포함된다. 가사활동지원은 청소 및 주변정돈, 세탁과 취사를 들 수 있고, 사회활동지원은 등하교 및 출퇴근 지원, 외출 시의 동행이 포함된다. 그리고 그 밖의 제공서비스로 수급자 자녀의 양육 보조, 생활상의 문제 상담 및 의사소통 도움 등을 들 수 있다.

〈표 15-4〉 활동보조 급여내용

구분		세부내용
신체 활동 지원	개인위생 관리	목욕 도움(목욕 준비, 몸 씻기 보조 등), 구강 관리(양치질 도움, 틀니 손질 등), 세면 도움(세면 준비, 세면 보조 등), 배설 도움(배뇨 도움, 화장실 이동 보조 등), 옷 갈아입히기(의복 준비, 속옷 갈아입히기 등)
	신체기능 유지 증진	체위 변경(체위 변경 도움, 일어나 앉기 도움 등), 신체기능의 증진(관절구축 예방활동, 기구사용운동 보조 등)
	식사 도움	식사 차리기, 식사 보조, 구토물 정리 등
	실내이동 도움	실내에서 휠체어로 옮겨 타기, 집안 내 걷기 도움 등

가사 활동 지원	청소 및 주변정돈	수급자가 주로 거주하는 장소(방, 거실) 및 화장실 청소, 쓰레기 분리수거, 내부 정리, 이부자리 정돈, 화장대 · 책장 정리, 옷장 · 서랍장 등 정리 등
	세탁	수급자의 옷, 양말, 수건, 침구류, 걸레 등의 세탁 및 삶기 등
	취사	식재료 준비, 밥 짓기, 국 · 반찬 하기, 식탁 청소, 설거지, 행주 삶기, 음식물 쓰레기 분리수거 등
사회 활동 지원	등하교 및 출퇴근 지원	출퇴근 및 등하교 보조(부축, 동행 포함), 직장이나 학교 등에서 식사 및 화장실 이용 보조 등 신체활동지원
	외출 시 동행	산책, 물품구매, 종교활동, 복지시설 이용, 은행, 관공서, 병원 등 방문 및 귀가 시 부축 또는 동행, 외출 시의 신체활동지원
그 밖의 제공서비스		수급자 자녀의 양육 보조(만 6세 이하 등 예외적인 경우에 한함), 생활상의 문제 상담 및 의사소통 도움 등 위에 열거되지 않은 서비스 내용 기록

* 가사활동지원: 수급자 외의 가족의 가사활동지원은 포함하지 않음(단, 수급자 또는 수급자의 배우자가 출산 후 6개월 이내에 한하여 예외적으로 인정)

출처: 보건복지부, 2018e.
법제처 국가법령정보센터(www.law.go.kr).

방문목욕은 활동지원인력인 요양보호사가 목욕설비를 갖춘 장비를 이용하여 수급자의 가정 등을 방문하여 목욕을 제공하는 활동지원급여를 말한다. 이동목욕용 차량을 이용하여 차량 내에서 목욕을 제공하거나, 욕조, 펌프, 호스릴 등 장비일체와 차량 내 온수를 사용하여 가정 내에서 목욕을 제공한 경우에만 인정된다.

방문간호는 활동지원인력인 간호사 등이 의사, 한의사 또는 치과의사의 '방문간호지시서'에 따라 수급자의 가정 등을 방문하여 간호, 진료의 보조, 요양에 관한 상담 또는 구강위생 등을 제공하는 급여이다.

활동지원의 급여비용은 제공하는 서비스에 따라 다르다.

〈표 15-5〉 활동지원의 급여비용

구분	분류	금액(원)
활동보조	① 매일 일반적으로 제공하는 경우 −인정점수 440점 이상인 수급자 급여제공 시 가산*	10,760 가산수당 680
	② 22시 이후 6시 이전 심야에 제공하는 경우 −인정점수 440점 이상인 수급자 급여제공 시 가산*	16,140 가산수당 1,020
	③ '관공서의 공휴일에 관한 규정'에 의한 공휴일과 근로자의 날에 제공하는 경우(1일 최대 8시간까지 적용) −인정점수 440점 이상인 수급자 급여제공 시 가산*	16,140 가산수당 1,020
방문목욕	① 이동목욕용 차량 내에서 목욕을 제공한 경우**	72,540원
	② 욕조, 펌프, 호스릴 등 장비일체와 차량 내 온수를 사용하여 가정 내에서 목욕을 제공하는 경우**	65,410원
방문간호	① 30분 미만***	34,330
	② 30분 이상 60분 미만***	43,060
	③ 60분 이상***	51,810

* 일반, 심야, 공휴일 가산함. 활동지원 원거리 교통비는 거리에 따라 차등 지급(섬·벽지지역과 시·군의 읍·면지역 지원). 단, 활동지원인력이 수급자의 가족이거나 동일 리에 거주하면서 활동지원급여를 제공할 경우 교통비 제외함.

** 방문목욕의 급여비용은 방문횟수 기준으로 산정하고, 요양보호사가 60분 이상 서비스 제공 시 산정, 40분 이상 60분 미만인 경우 해당 급여비용의 80% 산정, 40분 미만인 경우 급여비용 산정하지 아니함.

*** 방문간호 1회 방문당 제공시간 기준 산정, 주 3회까지 가능(응급상황 시 3회 초과가능)

출처: 보건복지부, 2018e.

(3) 서비스 제공체계

① 서비스 전달체계

대상자가 시·군·구를 통해 장애인 활동지원서비스 신청을 하면 국민연금공단(이하 공단)의 조사원이 방문조사를 실시하여 수급자격 및 활동지원 등급을 결정·통보하고 표준급여이용계획서를 제공한다. 만약 이러한 결과에

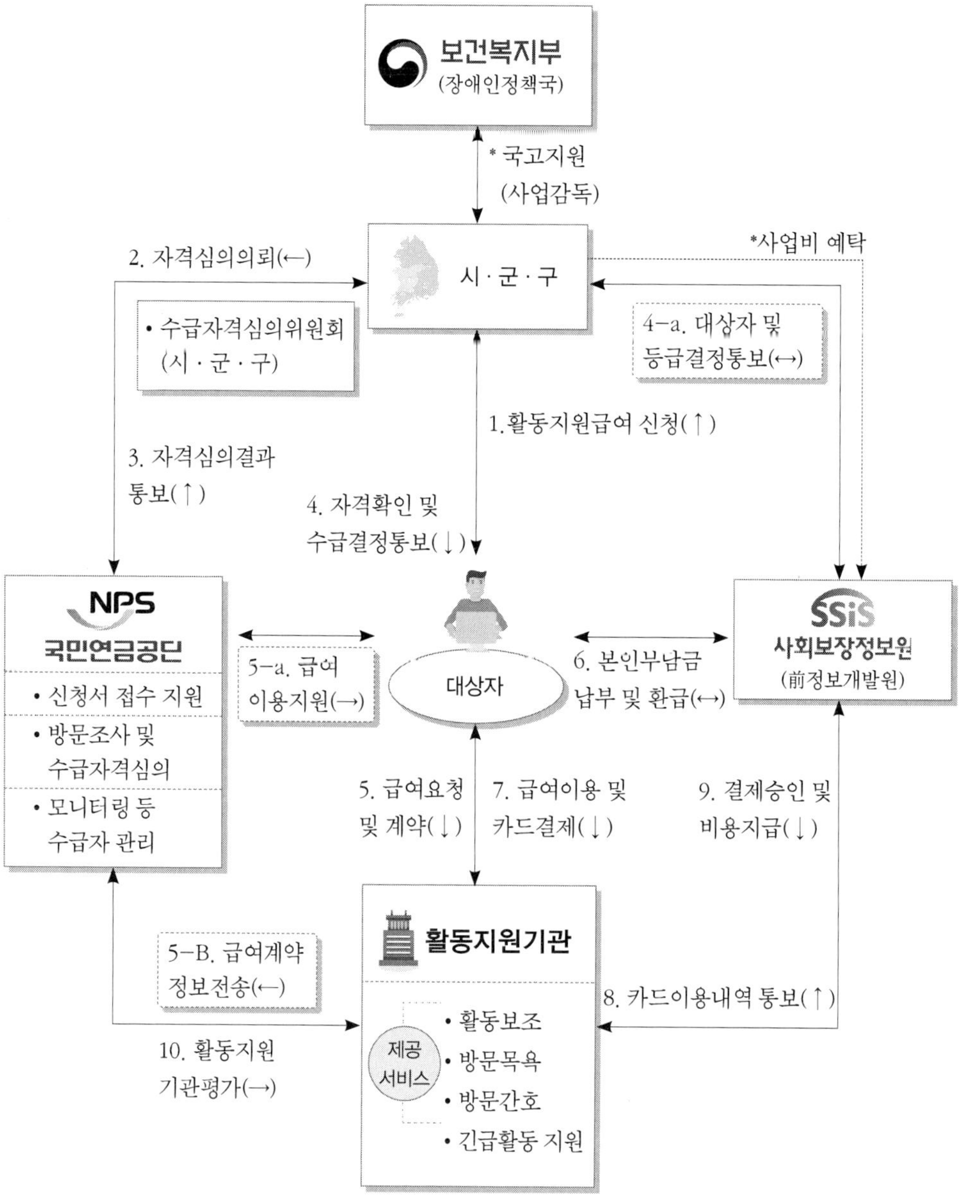

- 지자체: 활동지원급여신청, 장애등급심사의뢰, 수급자격심의위원회 구성, 활동지원급여 등급 결정 및 통보, 이의신청서 접수, 활동지원기관 결정 지원 등
- 사회보장정보원: 바우처 카드 발급, 본인부담금 납부 등
- 국민연금공단: 신청서접수지원, 방문조사 및 수급자격심의, 표준급여이용계획서 작성 등의 업무

그림 15-1 활동지원 서비스 전달체계

출처: 보건복지부, 2018e.

이의가 있을 경우 이의신청을 받아 심의하게 되며, 이의가 없을 경우 사회보장정보원에서 바우처 카드를 발급하면 본인부담금을 납부하고 활동지원기관과 개별 계약을 하여 급여를 이용하게 된다. 이때 공단은 맞춤형 활동지원서비스 계약을 지원하고, 시·군·구는 활동지원기관에 대한 정보를 제공한다. 활동지원서비스를 제공하는 활동지원기관은 시설 및 인력기준을 갖추고 활동지원급여 제공능력과 경험이 있는 공공·비영리·민간기관 중 심사기준에 따른 심사를 실시하여 득점 순으로 기관을 지정하게 된다. 방문목욕 및 방문간호를 제공하는 활동지원기관도 이와 같은 방법을 따르게 된다.

활동지원 기관 운영의 적정성과 공익성 확보 차원에서 공공·비영리 기관을 우선 지정한다. 즉, 국비나 지방비 지원을 받는 중증장애인자립생활센터, 장애복지관, 지역자활센터 등이 우선 지정 기관이 된다. 다만, 경쟁을 통한 서비스 질의 향상을 위하여 하나의 시·군·구당 2개소 이상의 활동지원기관을 지정하는 것이 원칙이다. 지정은 공모에 의하여 적합한 기관을 선정한다. 활동지원기관은 활동지원급여의 제공 및 그에 관한 기록, 이용자 교육, 전자바우처 사업관리, 그리고 활동지원인력 정보입력 등과 같은 의무를 수행해야 한다.

② 활동인력

장애인 활동지원서비스를 위한 활동인력은 급여종류에 따라 활동지원인력의 범위가 달라진다. 활동보조의 경우 활동보조인 교육기관에서 교육과정을 수료한 사람은 40시간의 표준교육과정과 10시간의 현장실습을 이수한 사람을 지원인력으로 한다.[4] 그리고 「노인복지법」에 따른 요양보호사, 「사회복지사업법」에 따른 사회복지사, 「의료법」에 따른 간호사·간호조무사 및 유사

4) 활동지원사 교육과정[「장애인활동법」 제27조 제1항, 시행규칙 별표3 개정(2018. 12. 31. 개정)]에 따라 2018. 7. 1.부터 교육과정을 변경하여 시행하고 있다.

경력자는 32시간(장애과목 8시간 감면)의 전문과정과 10시간의 현장실습을 이수하면 된다. 즉, 활동지원과 방문목욕은 1급 자격을 가진 요양보호사를 지원인력으로 인정한다. 방문간호는 방문간호사가 담당하는데 방문간호사에는 「의료법」에 따른 간호사로서 2년 이상의 간호업무 경력자나 간호조무사로서 3년 이상의 경력자 및 「노인장기요양보험법 시행령」 제11조 제3호 나목에 따른 교육이수자 및 「의료기사 등에 관한 법률」에 따른 치과위생사 등이 포함된다.

〈표 15-6〉 급여종류별 활동지원인력

급여종류	급여내용	활동지원인력의 범위
활동보조	수급자의 가정 등을 방문하여 신체활동, 가사활동 및 이동보조 등을 지원	• 활동지원사 교육기관에서 교육과정을 수료한 자(활동지원사 표준교육과정(40시간)과 현장실습(10시간) 이수한 자) • 「노인복지법」에 따른 요양보호사, 「사회복지사업법」에 따른 사회복지사, 「의료법」에 따른 간호사 · 간호조무사 및 유사 경력자* 중 전문과정(32시간), 현장실습(10시간)을 이수한 자
방문목욕	목욕설비를 갖춘 차량을 이용하여 수급자의 가정 등을 방문하여 목욕을 제공	• 「노인복지법」에 따른 요양보호사 중 1급 자격을 가진 자
방문간호	의사 · 한의사 · 치과의사의 '방문간호지시서'에 따라 수급자의 가정 등을 방문하여 간호, 진료보조, 요양상담 또는 구강위생 등을 제공	• 방문간호사 –「의료법」에 따른 간호사로서 2년 이상의 간호업무 경력자 –「의료법」에 따른 간호조무사로서 3년 이상의 간호보조업무 경력자 및 「노인장기요양보험법 시행령」 제11조 제3호 나목에 따른 교육이수자 –「의료기사 등에 관한 법률」에 따른 치과위생사

* 유사 경력자: 정부(지자체)의 재정이 투입된 돌봄사업에 참여한 경력이 최근 1년간 360시간 이상인 자(예: 아이돌보미, 가사간병도우미 등)

출처: 보건복지부 2018e.

그러나 가족에 의한 활동지원급여 수행은 제한한다. 활동지원인력은 다음의 관계에 있는 수급자에게 급여를 제공할 수 없다. 활동지원인력의 배우자, 직계혈족 및 형제 · 자매, 활동지원인력의 직계혈족의 배우자 및 형제 · 자매, 활동지원인력의 배우자의 직계혈족 및 형제 · 자매는 해당 수급자에게 급여를 제공할 수는 없다. 또한 활동지원 수급자, 활동지원기관이 아닌 사회복지시설의 장이나 종사자, 재가노인장기요양기관의 장이나 종사자, 전담관리인력 등 활동지원인력이 아닌 활동지원기관의 종사자나 장은 활동지원인력이 될 수 없다.

활동지원인력의 교육은 교육 희망자가 활동하고자 하는 지역의 활동지원기관에 신청하거나 활동보조인 교육기관에 직접 신청할 수 있다. 활동보조 가능여부 등을 확인한 후 교육을 실시하는 데 이론교육과 실기교육, 현장실습을 받게 되며 주기적인 보수교육도 받도록 되어 있다.

③ 활동보조의 실제 사례[5)]

사례 1

A는 까다로운 이용자가 아니라 느낌이 빠를 뿐이다

B는 평소에 눈치도 느낌도 빠르다. 일할 때 누군가에게 지적당하는 것을 제일 싫어한다. 그런 B가 B만큼 눈치와 느낌이 빠른 A를 활동지원하게 되었다. 처음부터 끝까지 하나하나 지시하는 대로 해야 하고 세탁기를 맘대로 돌리거나 쓰레기를 맘대로 버려서도 안 된다.

A는 까다로운 이용자일 수도 있다. 가끔 B는 A가 옷을 입거나 휠체어에 앉

5) 보건복지부(2016). 장애인과 함께하는 활동보조인 양성교육과정

을 때 일일이 지시하는 것이 맘에 안 들어 "그냥 나에게 맡기면 안 되나?" 나에게도 순서가 있는데 말이야."라고 혼자서 각을 세울 때가 있다. 그러나 B는 어쩌다가 B의 마음대로 하게 되면 실수를 하기도, 작은 트러블들이 생긴다는 것을 시간이 지나면서 알게 되었다.

그러면서 B는 생각했다. "A가 일일이 지시하는 것은 그만큼 자기 몸에 집중하고 있기 때문일 거야. 나는 시키는 대로만 하자."라고 생각하니 마음이 편했다. A는 까다로운 이용자가 아니라 느낌이 빠를 뿐이다.

> 장애인 이용자 중에는 까다로운 이용자란 없다. 단지 느낌이 빠를 뿐이다.

사례 2

나도 내가 왜 이러는지 모르는데 어떻게 설명을 해

A는 엄마랑 같이 살며 매일 활동지원사와 외출을 한다. A의 엄마는 활동지원사에게 외출을 하거든 박물관이나 공원 전시장에 가라고 한다. 하지만 A는 ○○ 백화점 향수코너의 예쁜 언니를 만나러 가는 것을 제일 좋아한다. 그날도 A와 활동지원사인 B는 A의 엄마에게 인사를 하고 밖으로 나왔다.

그런데 갑자기 현관 앞 복도에서 A가 움직이지 않고 멈추어 섰다. 얼른 아파트 단지를 빠져 나가야 한다는 생각에 B는 빨간 엘리베이터를 만나러 가자고 달랬다. 하지만 A는 움직이지 않고 갑자기 울면서 뛰기 시작했다. 왜 그러냐고 달래면 달랠수록 울음소리는 더 컸고 주위에 있는 물건들을 6층 아래로 던지기 시작했다.

집안에서 A의 엄마가 소리를 듣고 있을 거라는 생각에 B는 더 초조해졌다. A가 좋아하는 전철 이야기, 장난감 이야기, 맛있는 빵 이야기들을 꺼내 보기도 했다. 그리고 무리하게 손목을 잡고 엘리베이터로 이동하려고 했지만 A는 움직이지 않았다.

할 수 없이 지친 B는 주저앉아 멍하게 A를 바라보다 문득 생각했다. '맞아. 어쩌면 지금 A 자신도 본인이 왜 그러는지 모를지도 몰라. 그런데 내가 자꾸 왜 그러냐고 물어보면 설명할 수 없어서 더 짜증내고 소리도 지르겠지!' 갑자기 서럽게 우는 A가 안쓰러워지기 시작했다.

B는 A를 안아 주었다. 그리고 "서럽지! 억울하지! 내가 잘못했어! 알았어! 이해해!"라며 A를 달래 주자 A도 "서러워! 억울해! 억울해!"라며 서러운 눈물을 흘렸다. 한참 후 A가 울음을 그쳤다. 그리고 다시 현관문을 열고 집안으로 들어가 엄마에게 "다녀오겠습니다." 라고 인사하고 나왔다. A는 아마도 엄마랑 헤어지는 것이 싫었던 모양이다.

지적 · 자폐성장애인이 하는 모든 행동에는 반드시 이유가 있음을 잊지 말아야 한다.

// 생각해 봅시다 //

1. 활동지원서비스의 종류에는 무엇이 있는지 구체적으로 짚어 봅시다.
2. 활동지원서비스는 중증장애인을 대상으로 지원되고 있으나 자립생활의 이념이 모든 장애인의 사회참여라는 점에서 그 범위를 중증에서 경증까지 점진적으로 확대해 가기 위한 방안을 모색해 봅시다.
3. 활동지원서비스는 중증장애인 이용자의 필요욕구보다는 행정 중심적으로 이루어지고 있는 문제점이 있습니다. 행정중심에서 중증장애인의 자기결정권과 서비스 선택권에 의한 활동지원시비스기 제공되려면 어떠한 노력이 필요한지 생각해 봅시다.

참고문헌

강영실(2008). 장애인복지의 이해. 서울: 신정.

고용노동부, 한국장애인고용공단 고용개발원(2018). 2018 장애인통계.

국가인권위원회(2011). 장애인 인권증진 중장기계획 수립을 위한 장애유형별 실태조사.

김미옥, 김용득, 이선우(2003). 장애와 사회복지. 서울: 학지사.

김성희, 이연희, 오욱찬, 황주희, 오미애, 이민경, 이난희, 오다은, 강동욱, 권선진, 오혜경, 윤상용, 이선우(2017). 2017년 장애인 실태조사. 서울: 보건복지부, 한국보건사회연구원.

김용득, 김진우, 유동철(2007). 한국 장애인복지의 이해. 서울: 인간과 복지.

남연희, 설진화, 이기량(2010). 장애인복지론. 경기: 공동체.

문선화, 정민숙, 김종윤, 이상호, 장수한, 김현주(2005). 장애인복지론. 경기: 양서원.

박수경(2006). 자립생활 패러다임에 따른 장애인의 사회통합에 관한 연구. 한국사회복지학, 58(1), 237-264.

보건복지부(2016). 장애인과 함께하는 활동보조인 양성교육과정.

보건복지부(2018a). 2018년도 장애인 보조공학기기 지원안내서.

보건복지부(2018b). 2018년도 장애인복지 사업안내 (1).

보건복지부(2018c). 2018년도 장애인연금 사업안내.

보건복지부(2018d). 2018년도 장애인일자리 사업안내.

보건복지부(2018e). 2018년도 장애인활동지원 사업안내.

보건복지부, 한국보건사회연구원(2014). 2014년 장애인실태조사.

보건복지부, 한국보건사회연구원(2017). 2017 장애인실태조사보고서.

오혜경(2001). 지역사회 내에서의 중증장애인 자립생활, 중증장애인 자립생활 현황 및 향후 방향. 장애인의 날 기념 재활세미나 자료집. 서울: 국립재활원.

오혜경, 심진례(2003). 청소년기 장애아동의 양육부담과 가족지원. 서울: 신정.

오혜경, 정소영(2003a). 영유아기 장애아동의 양육부담과 가족지원. 서울: 신정.

오혜경, 정소영(2003b). 학령기 장애아동의 양육부담과 가족지원. 서울: 신정.

유동철(2017). 인권 관점에서 보는 장애인복지. 서울: 학지사.

유태완, 김재웅, 문수열, 손경화, 정신모, 서강훈, 한우섭(2018). 장애인복지론. 서울: 창지사.

윤현오, 김수호(2016). 장애인복지론. 경기: 양성원.

이미정(2013). 장애인활동 지원제도에 관한 한 · 일 비교. 재활복지, 17(4), 1-26.

이승기, 윤상용, 서동명(2016). 장애인복지론. 서울: 신정.

이익섭, 박수경(2012). 장애와 사회참여. 서울: 학지사.

임종호, 이영미, 이은미(2013). 장애인복지론. 서울: 학지사.

정무성, 양희택, 노승현, 정진옥(2017). 장애인복지론. 경기: 정민사.

정일교, 김만호(2007). 장애인복지론. 경기: 양서원.

최윤영, 이경준(2010). 장애인복지론. 서울: 학지사.

한국장애인고용공단 고용개발원(2013). 2013년 장애인통계.

한국장애인고용공단(2018). 장애인보조공학기기 지원안내서.

한국장애인개발원(2013). 2012 장애인백서.

Barnes, C., & Mercer, G. (2005). Disability, work, and welfare: Challenging the social exclusion of disabled people. *Work Employment Society, 19,* 527-545.

DeJong, G., & Branch, L. G. (1982). Predicting the stroke patient's ability to live independently. *Stroke, 13*(5), 648-655.

Dyson, J. M. (1993). Response to the presence of a child with disabilities: Parental stress and family functioning over time. *American Journal of Mental Retardation, 98*(2), 207-218.

Hammond, W. (2010). *Principles of strength-based practice.* Calgary, Alberta: Resiliency Initiatives.

Hanson, S. (2000). Applying independent living principles to state health-care programs for people with disabilities. *Journal of Disability Policy Studies, 11,* 161-170.

Lemay, R. (1995). Social role valorization theory and the principle of normalization. In A. E. Dell Orto & R. P. Marinelli (Eds.), *Encyclopedia of disability and rehabilitation* (pp. 515-521). New York: Simon & Schuster Macmillan.

OECD(2003). *Transforming disability into ability.*

Oliver, M. (1990). *The individual and social models of disability*. Paper presented at Joint Workshop of the Living Options Group and the Research Unit of the Royal College of Physicians.

Oliver, M. (1996, 2009). *Understanding disability: From theory to practice*. New York: Macmillan Education.

Powers, L. E., Ward, N., Ferris, L., Nelis, T., Ward, M., Wieck, C., & Heller T. (2002). Leadership by people with disabilities in self-termination systems change. *Journal of Disability Policy Studies, 13*(2), 126-134.

Schalock, R. L. (2004). The emerging disability paradigm and its implications for policy and practice. *Journal of Disability Policy Studies*, *14,* 204-215.

Teater, B. (2010). *An introduction to applying social work theories and methods.* Berkshire, England: Open University Press.

White, G. W., Simpson, J. L., Gonda, C., Ravesloot, C., & Coble, Z. (2010). Moving from independence to interdependence: A conceptual model for better understanding community participation of centers for independent living consumers. *Journal of Disability Policy Studies, 20,* 233-240.

World Health Organization(1980, 1999). *International classification of impairments, disabilities, and handicaps*. Gen eva: World Health Organization.

World Health Organization(2001). *International classification of functioning,* Disability and Health: ICF.

국가통계포털(www.kosis.kr)

고용노동부(www.moel.go.kr)

고용노동부 공식 블로그(blog.naver.com/molab_suda)
법제처 국가법령정보센터(www.law.go.kr)
보건복지부(www.mw.go.kr)
복지로(www.bokjiro.go.kr)
장애인활동지원(www.ableservice.or.kr)
한국장애인고용공단(www.kead.or.kr)

찾아보기

인명

내용

저자 소개

배화옥(Bae, Hwa-Ok)

경희대학교 평화복지대학원 석사

미국 University of Pennsylvania 사회복지학 박사

한국보건사회연구원 근무

현 국립경상대학교 사회복지학과 교수

임채영(Lim, Chae-Young)

부산대학교 대학원 사회복지학 석사

국립경상대학교 대학원 사회복지학 박사

김해대학교 조교수

현 경상남도사회서비스원 책임연구원

장애와 사회복지

Disability and Social Welfare

2020년 3월 20일 1판 1쇄 발행
2024년 3월 25일 1판 2쇄 발행

지은이 • 배화옥 · 임채영

펴낸이 • 김 진 환

펴낸곳 • (주) 학지사

04031 서울특별시 마포구 양화로 15길 20 마인드월드빌딩 5층

대표전화 • 02) 330-5114 팩스 • 02) 324-2345

등록번호 • 제313-2006-000265호

홈페이지 • http://www.hakjisa.co.kr
인스타그램 • https://www.instagram.com/hakjisabook

ISBN 978-89-997-2069-7 93330

정가 **17,000**원

저자와의 협약으로 인지는 생략합니다.
파본은 구입처에서 교환하여 드립니다.